Avery Corman

« Avery Corman est né en 1935 dans le Bronx, à New York. Il est l'auteur de plusieurs romans, dont le célèbre *Kramer contre Kramer*, publié en 1977 et adapté deux ans plus tard pour le cinéma par Robert Benton (le film a remporté cinq Oscars en 1980, dont ceux du meilleur film et de la meilleure adaptation). Le retentissement de ce roman, une prise de position pour la reconnaissance du droit des pères divorcés à participer activement à l'éducation de leurs enfants, a fait de son auteur un expert en matière de divorces et de garde parentale. Et pourtant, Avery Corman a été marié toute sa vie à la même femme jusqu'à la mort de celle-ci, en 2004. Mais il a toujours été hanté par le divorce de ses parents, survenu à une époque où cela était souvent vu comme une humiliation. Il avait alors cinq ans. Non seulement il ne reverra jamais son père, mais il grandira dans un silence tabou autour de la disparition de celui-ci et du divorce. Des années plus tard, après des études de commerce à la New York University et un premier travail de rédacteur de notices promotionnelles, il devient écrivain “pour faire oublier les stigmates sociaux que porte un enfant d'un divorce dont [il] ne peu[t] jamais parler” » (citation extraite du *New York Times*, 2004). Traduit dans le monde entier, Avery Corman a également publié *Le Vieux Quartier*, et *50 bougies et tout recommence*

kramer contre kramer

avery
corman

kramer contre kramer

le droit du père

traduit de l'anglais (états-unis)
par béatrice gartenberg

pavillons poche
robert laffont

Titre original : KRAMER VERSUS KRAMER

ISBN 978-2-221-12422-2
(Édition originale : ISBN 394-41-053-X Random House, New York)

À ma mère

1.

Il ne s'attendait pas à voir du sang. Cela, il ne l'avait pas prévu : ni les livres ni la monitrice n'avaient mentionné les saignements ou les taches brunes sur les draps. Les douleurs, il était au courant, il s'était donc préparé pour l'aider à les surmonter.

— Je suis là, chérie. Vas-y, respire maintenant.

Il l'encourageait, il faisait ce qu'on attendait de lui, en bon soldat.

— Un, deux, trois, expire…

— Va te faire foutre ! dit-elle.

Il voulait participer activement au travail de l'accouchement sans douleur, c'est pourquoi il avait suivi les cours ; il voulait être ce collaborateur sans lequel rien n'est possible. Mais lorsqu'il arriva dans la chambre, ils avaient déjà commencé sans lui. Joanna insultait « tous ces salopards » en gémissant, et dans l'autre lit, une femme réclamait sa mère et le bon Dieu en espagnol et en hurlant : aucun des deux ne s'étant apparemment manifesté.

— Nous allons faire la respiration ensemble, dit-il avec entrain.

C'était superflu. Joanna avait fermé les yeux pour s'abîmer dans la douleur. L'infirmière le poussa de côté pour pouvoir nettoyer le sang et la merde.

La première fois que Joanna avait fait écouter « la chose » dans son ventre, il avait dit que c'était un miracle. Il l'avait dit machinalement. En fait ces premiers signes de vie ne l'avaient intéressé que modérément. C'était elle qui avait lancé cette idée d'avoir un enfant, et il l'avait acceptée comme une étape logique du mariage.

Lorsqu'elle se retrouva enceinte, un mois seulement après avoir ôté son stérilet, il avait été fort surpris. Il n'avait pas eu l'impression d'y avoir été vraiment pour quelque chose : c'était son idée à elle, son bébé à elle, son miracle à elle.

Il savait qu'il aurait dû se sentir touché par les transformations chimiques qui s'opéraient en elle. Mais ce qui l'intéressait le plus dans ce nouveau corps, ce n'était pas la vie qui s'y abritait, mais la pression de son ventre contre ses propres organes génitaux, pendant qu'ils faisaient l'amour. Il commença à avoir des fantasmes et à se demander ce que pouvait donner l'amour avec une femme obèse. Il les regardait dans la rue, fasciné, se demandant si la grâce déployée par tant de femmes obèses était due à un refus de se voir telles qu'elles étaient, ou à une connaissance secrète d'ineffables plaisirs sexuels donnés et reçus. Ted

Kramer, qui s'était toujours interdit la savoureuse contemplation des photos du hall du cinéma porno à côté de son bureau, s'amusait à imaginer tout l'argent que pourrait rapporter un film porno intitulé *Ted et la grosse dame*.

Joanna commença à perdre beaucoup de sang vers le sixième mois. Son médecin, le docteur Antony Fisk, jeune gynécologue que *Vogue* avait mentionné comme l'un des meilleurs et des plus recherchés du monde occidental, lui enjoignit de « garder le lit et de mettre le bouchon ». Il s'ensuivit une discussion animée entre Ted et Joanna, pour savoir quelle était la signification médicale exacte de ce conseil. Ted téléphona au docteur Fisk au milieu de la nuit en APC (appel précoïtal), ce qui ne manqua pas d'irriter ce dernier, étant donné la nature peu urgente de l'appel ; de plus, le docteur Fisk n'éprouvait aucun plaisir à parler à un homme, et moins encore de sémantique. Il expliqua la signification médicale de son conseil : « Qu'elle se bouge le cul le moins possible et qu'elle arrête de se faire bourrer. » Ted suggéra de changer de médecin, mais Joanna fut inflexible, aussi mirent-ils une distance infranchissable entre leurs lits respectifs. Joanna passa le plus clair de son temps sur le sien pendant les trois mois qui suivirent. Elle arriva ainsi sans encombre au terme de sa grossesse.

Pendant toute cette période, Joanna ne manifesta aucun intérêt pour ce qui aurait pu servir de substitut aux rapports sexuels. Ted s'était pourtant référé à l'un de ces ouvrages sur la naissance où l'on cite toutes les variations sexuelles officiellement autorisées. « Les rapports sexuels entre les cuisses peuvent s'avérer satisfaisants temporairement. »

Une nuit, après qu'elle se fut endormie, Ted entreprit de se masturber dans la salle de bains en imaginant une grosse femme qu'il avait rencontrée le jour même dans le métro. Avant de jouir, il rectifia le fantasme et remplaça la dame obèse par Joanna elle-même, pour ne pas avoir le sentiment de la tromper. Mais, se sentant tout de même coupable de son geste inconsidéré, il sublima ses désirs par la suite et se lança dans une recherche éperdue et obsessionnelle de tout ce qui manquait dans la maison : vêtements, matelas, berceau, lampe, landau et des prénoms pour le bébé.

Joanna montrait un goût du détail de loin supérieur au sien ; par exemple, à propos des mérites comparés des hautes chaises d'enfants avec ou sans boulier. Il attribuait cette attitude à sa condition naturelle de mère, condition qu'elle avait toujours ignorée jusque-là, mais dont elle avait rapidement assimilé toute la terminologie. Il avait du mal à distinguer la différence entre « couche » et « moïse », d'autant que « couche » rappelait « coucher » et faisait davantage penser au sommeil du bébé qu'à ses vêtements. Quant à « moïse », le mot évoquait pour lui des images barbues et bibliques fort éloignées de sa signification actuelle. Par contre, il lui était facile d'identifier les « coussinets pare-choc » disposés autour du berceau et décorés d'éléments visuels éducatifs du genre petits lapins.

Joanna achetait ses vêtements de grossesse chez Lady Madonna. Pour Ted, ce nom semblait particulièrement bien adapté à la situation, son épouse étant l'image même de la future mère radieuse. Elle avait le teint éclatant, les yeux brillants, une véritable madone, et chaste de surcroît grâce à la sagesse du docteur Fisk. Joanna avait presque un physique professionnel : trop menue pour son mètre cinquante-sept, on ne pouvait la prendre pour un mannequin mais éventuellement pour une actrice. Étonnante créature élancée aux longs cheveux noirs, au nez mince et élégant, aux grands yeux marron, la poitrine peut-être un peu trop forte pour sa taille. « La plus belle fille à la ronde », comme l'appelait Ted. L'idée qu'il se faisait de lui-même était bien moins satisfaisante : un mètre soixante-quinze, modérément séduisant, des yeux bruns, des cheveux châtain clair. Deux choses le gênaient chez lui : son nez, qu'il trouvait trop long, et son début de calvitie. À noter qu'il se sentait toujours terriblement séduisant lorsque Joanna était à son bras. Sa seule crainte était que, par une malheureuse ironie du sort, l'enfant lui ressemblât.

Il fut très prévenant pendant la grossesse. Il aurait aimé apporter à sa femme des côtelettes au milieu de la nuit, courir lui chercher des glaces au-dehors, mais elle n'avait aucune de ces fameuses lubies de femme enceinte, aussi lui apportait-il des fleurs, ce qu'il aurait considéré auparavant comme exagérément romantique.

Joanna avait le sommeil paisible pour une femme dans son septième mois. Lui par contre connaissait des nuits pénibles : il se réveillait fréquemment, taraudé par un trouble indéfinissable.

Ils étaient dix couples réunis dans un de ces vieux immeubles en pierre brune de Greenwich Village. « Les femmes auront le contrôle de leur corps », leur avait promis la monitrice. Promesse accueillie solennellement, personne ne trouvant contradictoire que ces dix femmes bedonnantes – dont certaines se déplaçaient avec difficulté – puissent contrôler leur corps. Quant aux hommes, on leur avait assuré qu'ils pourraient participer activement à la naissance de leur enfant. La monitrice était une jeune femme enthousiaste, vêtue d'un collant, la seule femme au ventre plat de l'assistance. Et lorsqu'au beau milieu d'une discussion sur le placenta, ce ventre plat fit naître en Ted les pensées lubriques, il comprit que sa période de déviation sexuelle – celle qui le portait vers les femmes obèses – venait de prendre fin.

Ce « ventre de rêve » assena au pauvre Ted toute une série de chocs. La monitrice projeta sur un écran des diapositives montrant le développement du fœtus dans les moindres détails – il n'avait jamais rien vu d'aussi précis –, suivies de photos de nouveau-nés, de mères détendues et de pères rayonnants. Il allait avoir un vrai bébé ; pas un bébé de roman, ou un bébé caché dans son ventre à elle, mais un être vivant qui arrivait dans sa vie.

Le jour suivant, après avoir étudié les tarifs des faire-part de naissance chez Lord & Taylor et avant d'aller revérifier le prix des berceaux chez Saks, il déjeunait d'une glace, assis sur les marches de la bibliothèque de la 42e Rue, quand il eut soudain la révélation de ce qu'était ce fameux trouble qui le minait sans cesse. C'était la peur. Il avait peur. Il avait peur que Joanna meure. Il avait peur que le bébé meure. Peur que Joanna et le bébé meurent tous les deux. Peur qu'ils aillent bien, mais que plus tard, ce soit lui qui meure. Peur de porter le bébé, peur de le laisser tomber. Il avait peur que l'enfant naisse aveugle, retardé, estropié, avec un bras en moins, ou une jambe, ou sans doigts, ou avec des taches de vin sur la peau. Il avait peur de ne pas être un bon père. Il n'en parla jamais à Joanna.

Il décida de traiter sa peur en l'ignorant tout simplement. Il serait Dieu le Père, il déciderait de tout et ne laisserait rien au hasard. Il serait, de tous les pères préparant l'accouchement sans douleur, le mieux informé et le mieux exercé. Il se montrait extrêmement attentif et appliqué pendant les cours. Les rayons X de son regard de Superman traversaient l'abdomen de Joanna, lui permettant pratiquement de voir la position du bébé. Quand, vers le neuvième mois, Joanna commença à se sentir moins bien, il se montra fort coopératif. Il s'exerçait avec elle d'ailleurs. C'était le futur père modèle.

Pour terminer le cours, on leur projeta un film dans une école du quartier : ils y virent une vraie naissance, pratiquée selon les méthodes de l'accouchement sans douleur. L'assistance était composée de futurs pères de toutes catégories et de ventres de tous formats. Il se sentait quelque chose de commun avec tous ces gens, ces étrangers à qui il souriait. Le film était fini. Le cours était terminé. Ted Kramer était prêt, il pouvait avoir un enfant.

— Tu seras déçu si je n'y arrive pas ?

— Si tu n'arrives pas à quoi ?

— Eh bien, il y a une femme qui m'a dit qu'on avait dû l'endormir et qu'elle s'était sentie coupable de ne pas être restée consciente jusqu'à la fin.

— Il n'y a aucune obligation, ils l'ont dit eux-mêmes. Ne te fais pas de souci pour ça, ma chérie, tu feras ce que tu pourras.

— D'accord.

« Mais je t'en supplie, ne meurs pas, Joanna. Je ne supporterais pas de te perdre ! » Cela, il ne pouvait le lui dire. Il ne voulait pas l'effrayer ni laisser ses propres craintes émerger.

Quand le téléphone sonna, il était à son bureau, exactement là où il était censé se trouver, à dix minutes en taxi de la maison, prêt à intervenir. La situation commença à lui échapper dès le début : il avait compté sans la rapidité et la violence des douleurs de l'enfantement, et lorsqu'il arriva à la maison, il trouva Joanna pliée en deux par terre.

— Mon Dieu !

— Ça ne va pas, Ted !

— Bon Dieu !

Tout ce qu'on lui avait appris aux cours lui sortit de la tête lorsqu'il se rendit compte à quel point elle souffrait. Il la soutint jusqu'à ce que la contraction soit passée. Puis il prit le sac qu'ils avaient préparé depuis longtemps déjà – il avait gardé le taxi – et ils partirent pour la maternité.

— Je ne peux pas supporter ça.

— Tout ira bien, ma chérie, respire.

— Non !

— Mais si, il le faut. Je t'en supplie, respire !

Elle essaya de respirer régulièrement, ce qui était censé déconnecter l'esprit de la douleur.

— Ça y est, c'est parti !

— Chérie, tu dois essayer de faire encore mieux à la prochaine contraction. Rappelle-toi : encore mieux.

— Je crois qu'il vaudrait mieux m'endormir.

Au coin de Park Avenue et de la 9e Rue, le taxi fut pris dans un embouteillage.

— Mais ce n'est pas possible ! cria-t-il au chauffeur.

— Je n'y peux rien, moi, monsieur !

Ted sauta hors du taxi.

— Laissez passer ! Il y a une femme en train d'accoucher ! Laissez passer !

Il se lança dans la mêlée, arrêtant des voitures, en faisant circuler d'autres, transformé soudain en flic affolé.

— Bouge ton camion, nom de Dieu ! Mais avance donc !

Les conducteurs new-yorkais, des durs pourtant, filèrent doux devant ce fou furieux. En ce moment suprême, il était devenu un personnage héroïque, celui qui sauve sa femme enceinte d'un embouteillage new-yorkais. Ils roulèrent à toute vitesse vers la maternité ; Ted avait ordonné au chauffeur de klaxonner tout le long du trajet.

— Brûlez les feux rouges, je paierai les amendes !

Son règne était révolu, il n'avait duré qu'un temps d'ailleurs. Lorsqu'ils arrivèrent à la maternité, on emmena Joanna dans les étages et il resta seul à la réception. On le faisait attendre, lui, le héros d'hier. À présent, c'étaient « eux » les maîtres de la situation. Elle était entre leurs mains et ils étaient en train de lui raser les poils du pubis.

— Ce n'est pas normal, se plaignit-il à la réceptionniste, ma femme a besoin de moi, là-haut.

— Ils vous appelleront.

— Mais quand ?

— Ça prend environ vingt minutes, monsieur Kramer.

— Mais ces minutes sont très importantes !

— Oui, oui, nous savons.

Dans la salle d'attente, il y avait un petit homme trapu, affalé sur une chaise, aussi calme que s'il était en train de regarder la télévision.

— C'est la première fois ? demanda-t-il à Ted.

— Alors vous croyez vraiment que c'est la question à poser : c'est la première fois ? fit Ted d'un ton cassant.

— Écoutez, mon vieux, j'essaye tout simplement de vous aider.

— Oh, excusez-moi ! C'est… la première fois pour moi, et Ted se mit à rire de lui-même.

— Moi, c'est la troisième.

— Cette attente… Juste au moment où vous vous sentez si près d'elle, ils vous emmènent.

— Ça va bientôt être fini.

— Mais je devrais être auprès d'elle ! C'était prévu puisque nous faisons l'accouchement sans douleur.

— Je sais bien !

— Vous aussi ?

— Je ne voudrais pas vous vexer, mais pour moi, tout ça c'est de la foutaise ! Vaut mieux l'endormir, elle ne souffre pas et vous avez votre bébé !

— Mais c'est primitif !

— Ah ouais ?

— Mais… vous n'avez pas envie d'être là ?

— J'y serai, je serai là dans quelques jours. En pleine nuit, je serai là.

Ils n'avaient plus rien à se dire ; persuadé d'avoir raison, Ted déploya un surcroît d'agitation et l'homme se détendit davantage encore.

La réceptionniste annonça à Ted qu'il pouvait monter ; il se rendit à l'étage de la maternité, là où en principe Joanna attendait son assistance. En chemin, il passa en revue toutes les choses qu'il aurait à faire . compter les contractions, l'aider à respirer, la distraire en lui racontant des choses amusantes, lui tamponner le front, humecter les lèvres. Il serait maître de la situation. Il n'aurait même pas le temps d'avoir peur.

Il entra dans la chambre pour trouver Joanna se tordant de douleur sur son lit, en pleine contraction : c'est juste après qu'elle lui avait lancé son « va te faire foutre », lorsqu'il avait essayé de la faire respirer correctement. La femme dans l'autre lit hurlait en espagnol. L'infirmière le poussait de côté. C'était bien différent de ce qui avait été dit au cours.

Le docteur Fisk arriva peu après, grand blond, cheveux au vent. Ses premières paroles pour Ted furent : « Allez attendre dans le couloir. »

Après quelques minutes, l'infirmière fit signe à Ted de revenir dans la chambre, le docteur Fisk lui adressa un petit salut et sortit de la pièce.

— Ça ne va plus être long maintenant, dit l'infirmière, à la prochaine contraction, on la fera pousser.

— Comment ça va, ma chérie ? demanda-t-il à Joanna.

— C'est l'expérience la plus horrible de ma vie !

Quand les contractions arrivaient, il l'encourageait à pousser. Les contractions et les poussées se succédaient de plus en plus rapidement ; il vit alors apparaître peu à peu une tache noire, le couronnement de la naissance : les premiers signes de vie de son enfant. Tout ceci se passait en dehors de lui, c'était terrifiant.

— Monsieur Kramer ? (Le docteur Fisk était revenu.) Nous allons y aller et avoir notre bébé.

Après avoir embrassé Joanna qui grimaça un sourire, Ted accompagna le docteur dans une pièce attenante.

— Vous n'avez qu'à faire comme moi, monsieur Kramer.

Ted joua au docteur. Il se brossa les mains avec application, enfila une blouse bleue. Et en se voyant dans la glace, vêtu comme un médecin, il comprit l'imposture et se rendit compte que la situation lui avait totalement échappé jusqu'alors. Cette peur qu'il avait tant voulu ignorer l'envahit tout à coup.

— Ça ira ?

— Je crois que oui.

— Vous n'allez pas vous trouver mal quand vous serez là-bas ?

— Non.

— Vous savez, au début, quand on a autorisé les pères à assister à l'accouchement jusqu'au bout, un type d'ici a émis une théorie là-dessus : il disait qu'après avoir vu leur femme accoucher, certains hommes devenaient temporairement impuissants.

— Oh !

— D'après lui, les hommes étaient soit dépassés par le processus de la naissance, soit coupables de voir leur femme souffrir. Vous comprenez, tout ça venait de leur pénis.

Le docteur Fisk avait une façon originale de présenter les choses.

— De toute façon, nous n'avons aucune preuve du bien-fondé de cette théorie, mais cela donne à réfléchir tout de même, vous ne trouvez pas ?

— Non, pas vraiment.

— Allez, venez, monsieur Kramer. Ne vous trouvez pas mal et surtout, ne devenez pas impuissant, dit le docteur Fisk en riant.

Sa plaisanterie ne parvint pas à dérider Ted dont le visage était pétrifié d'appréhension.

Ils entrèrent dans la salle de travail où Joanna était étendue, toute dignité perdue, pour affronter cette épreuve capitale. On l'avait préparée comme pour un étrange sacrifice rituel, un drap sur le ventre, les pieds placés en hauteur dans des étriers, au milieu d'une pièce remplie de gens, de médecins, d'infirmières ; il y avait aussi trois petites stagiaires qui étaient venues observer Joanna les jambes en l'air.

— Bon, Joanna, vous ne pousserez que lorsque je vous le dirai, et ensuite vous arrêterez, dit le médecin.

Ça, ils l'avaient répété à la maison, c'était dans le cours. Ted fut rassuré momentanément par le fait que quelque chose lui fût familier.

— Monsieur Kramer, restez près de Joanna. Vous pouvez voir ici, dit-il en indiquant un miroir au-dessus de la table.

— Maintenant, poussez ! Allez, poussez ! cria le docteur.

Et à partir de là, tout se passa très rapidement : Joanna hurlait à chaque vague de douleurs ; elle essayait de se reposer en respirant profondément entre deux contractions et ensuite elle poussait.

Ted la soutenait alors à bras-le-corps et elle continuait à pousser de plus belle.

— Pense au bébé qui doit sortir, lui dit Ted en se souvenant du cours.

Elle poussait de plus en plus et lui l'étreignait ; elle poussa encore et tout à coup il entendit un bébé pleurer. Joanna pleurait aussi. Ted l'embrassa sur le front, sur les yeux, il embrassait ses larmes. Les autres dans la salle n'étaient pas non plus insensibles à la scène. Même le docteur, la super-star, souriait de plaisir. Puis vint le moment solennel où l'on prit l'enfant pour le peser, l'examiner, et Ted Kramer, penché au-dessus de William Kramer, compta les membres, les doigts et les orteils de son fils et vit avec le plus grand soulagement que l'enfant ne présentait aucune difformité.

Dans la salle de repos, ils bavardèrent tranquillement – détails à régler, personnes à prévenir, différentes choses que Ted aurait à faire –, puis Joanna annonça qu'elle voulait dormir.

— Tu as été merveilleuse, ma chérie.

— Et voilà, j'ai réussi, c'est fait. Mais la prochaine fois je l'enverrai par la poste.

— Je t'aime.

— Moi aussi, je t'aime.

Il monta à la nursery pour regarder une dernière fois son bébé avant de partir : il dormait, couché dans une boîte en carton, une vraie petite cacahuète.

— Bonne nuit, petit garçon, dit-il tout haut, comme pour se persuader lui-même que c'était vrai. Je suis ton papa.

Il redescendit, donna quelques coups de fil, et pendant les jours qui suivirent, à part les visites à la maternité où là, il voyait son bébé pour-de-vrai, Ted ne pouvait s'empêcher de penser partout où il se trouvait, aussi bien au bureau que chez lui, à cette petite gueule de cacahuète qui le bouleversait tant.

Bien sûr, il n'avait pas été l'assistant idéal tel qu'on le décrit dans les manuels, mais tout de même, franchir un embouteillage était une gageure. Et puis il y avait eu cet instant fantastique, celui de la naissance, au moment où Joanna et lui étaient cramponnés l'un à l'autre littéralement.

Bien plus tard, quand tout fut fini et qu'il essayait de se souvenir s'ils avaient réellement été aussi proches l'un de l'autre, il lui rappela ce moment :

— Je ne me souviens plus très bien si tu étais là, dit-elle.

2.

Ils s'étaient rencontrés à Fire Island où il partageait la location d'une maison avec un autre célibataire, ce qui lui permettait d'y venir un week-end sur deux. Elle-même possédait le quart d'une location, ce qui lui permettait un week-end sur quatre. Avec le peu de chances que leur laissaient ces possibilités arithmétiques, ils réussirent à se trouver lors de l'un des trois cocktails qui se donnèrent le samedi où tous deux passaient justement le week-end à Fire Island.

Joanna était entourée de trois hommes sur une terrasse bondée. Ted l'observait, et leurs regards se croisèrent, comme cela avait dû se passer pour bien d'autres hommes, venus également là pour draguer. Ted passait ses week-ends dans deux endroits différents : il faisait la navette entre Amagansett où il louait une grande maison avec d'autres gens et Fire Island. Il espérait ainsi, en combinant deux endroits fréquentés par des célibataires, rencontrer « Celle Qui », ou à défaut en rencontrer au moins « Une Qui… ». À présent il était à l'aise dans ce genre d'endroit et savait comment s'y prendre pour aborder la jolie fille, là-bas, sur la terrasse, prête à partir avec un des trois hommes qui l'entouraient. Justement, Ted connaissait vaguement le type en question pour avoir joué au volley-ball avec lui ; il se rapprocha et s'accouda à la rampe de l'escalier qui menait à la véranda. Il arrêta le gars, échangea quelques banalités et, pour ne pas paraître grossier, le type dut présenter Ted à son amie. Elle s'appelait Joanna. Maintenant c'était fait : ils s'étaient rencontrés sur la véranda.

Il ne la vit pas à la plage le jour suivant mais il se dit qu'elle prendrait probablement l'un des ferry-boats qui quittaient l'île le dimanche soir : il s'assit donc sur le quai de départ, essayant d'avoir l'air nonchalant de quelqu'un qui, après avoir passé le week-end dans l'île, abandonne le coucher de soleil à contrecœur. Elle faisait la queue pour prendre le second ferry. Ted remarqua qu'aucun homme ne l'accompagnait, elle était avec deux amies. Deux jeunes femmes séduisantes qui plairaient sûrement à Larry, « l'homme au break ». Larry, l'ami de Ted, avait récupéré le vieux break à la suite de son divorce. À la fin des week-ends, il faisait une fleur aux dames en les raccompagnant chez elles. Il les transportait parfois par groupe entier : on aurait dit des équipages d'hôtesses de l'air revenant d'un aéroport.

— Tiens, Joanna ! Bonsoir, vous vous souvenez de moi, Ted ? Vous avez une voiture pour rentrer ?

— Vous prenez aussi ce ferry ?

— J'attendais mon ami, je me demande où il a pu passer, je ferais bien d'aller le chercher.

Ted se dirigea d'un pas nonchalant vers l'entrée de l'embarcadère et à peine fut-il hors de vue qu'il se rua vers la maison en courant.

— Viens vite, Larry, il y a des jolies filles.

Il le poussa hors de la maison et l'entraîna en direction de l'embarcadère.

Pendant la traversée, ce fut l'une des amies de Joanna qui posa à Ted l'inévitable question : « Qu'est-ce que vous faites dans la vie ? » Cette question l'avait embarrassé tout l'été. Toutes les femmes qu'il avait rencontrées semblaient fonctionner selon un certain système de quotation allant de zéro à dix. En général, elles donnaient dix aux médecins, neuf aux avocats et aux agents de change, sept à ceux qui étaient dans la publicité. Les malheureux qui travaillaient dans la confection n'avaient droit qu'à trois, à moins qu'ils ne soient leur propre patron, auquel cas ils accédaient tout de même au huit. Les professeurs avaient quatre. Quant à tous les autres, y compris les professions indéfinies qui suscitaient automatiquement la question : « Qu'est-ce que c'est au juste ? » – ce qui arrivait souvent à Ted –, ils obtenaient rarement plus de deux. Si Ted devait expliquer ce qu'il faisait exactement, et qu'en dépit de ses explications elles n'avaient toujours pas compris, il pouvait être certain de déchoir jusqu'à un.

— Je vends des espaces publicitaires.

— Pour qui ? demanda Joanna.

Il n'était pas obligé d'expliquer : il aurait probablement un cinq.

— Pour la revue *Leisure*.

— Je vois.

— Comment se fait-il que vous connaissiez ?

— Parce que je travaille pour la J. Walter.

Elle travaillait donc dans une agence de publicité. Il ne savait pas trop s'il devait s'en réjouir ou le déplorer. Ils évoluaient tous deux dans la même sphère, pensa-t-il, et c'était tout de même mieux que si elle avait été l'obscure bibliothécaire d'un minable quartier du Queens.

Joanna Stern avait débarqué à New York nantie d'un diplôme de philologie. Elle ne tarda pas à découvrir que ce diplôme ne lui ouvrait aucune porte dans le monde du travail. Elle fut donc obligée de prendre des cours pour devenir secrétaire, situation ô combien prestigieuse. À mesure que ses qualités bureaucratiques s'amélioraient, elle grimpait les échelons de la profession. Elle finit par obtenir un poste de secrétaire du directeur des relations publiques à la J. Walter Thomson.

Elle avait vingt-quatre ans quand elle avait emménagé toute seule pour la première fois. À l'époque, elle fréquentait un homme marié qui travaillait pour la même compagnie, et c'était fort peu pratique de partager un appartement avec une autre jeune femme. L'aventure avec le monsieur dura trois mois, et prit fin quand il commença à boire un peu trop et à vomir sur tous ses tapis. Il sauta alors dans un train qui le ramena vers son épouse, à Port Washington.

Chaque année, à Noël, elle revenait à Lexington, dans le Massachusetts, pour voir sa famille ; elle leur présentait un rapport idyllique de sa situation : « Je sors beaucoup et je gagne bien ma vie. » Son père était propriétaire d'une pharmacie qui marchait très bien, et sa mère restait à la maison. Elle était fille unique, choyée, la nièce préférée, la cousine préférée aussi. Elle avait envie de passer l'été en Europe ? On l'y envoyait. Elle avait envie de nouveaux vêtements ? On les lui achetait. « Il faut dire qu'avec elle, il n'y a jamais de problèmes », disait sa mère avec satisfaction.

Il lui arrivait de parcourir occasionnellement les offres d'emploi pour voir si elle pourrait éventuellement faire autre chose dans ce monde. Elle gagnait 175 dollars par semaine. Son travail ne la passionnait guère, mais elle était peu ambitieuse et ne désirait pas vraiment changer. C'était exactement ce qu'elle avait dit à ses parents : « Je sors beaucoup et je gagne bien ma vie. » Mais rien de nouveau n'arrivait plus sous le soleil : Bill, l'homme marié du moment, était interchangeable avec Walt, celui de l'année précédente ; quant aux célibataires : Stan avait suivi Walt mais avait précédé Jeff qui, lui, avait remplacé Michael qui venait après Jeff et avant Don. À trente ans, si elle continuait à ce rythme, elle aurait couché avec une trentaine d'hommes, ce qui lui semblait dépasser de loin les limites qu'elle s'était fixées. Elle commençait à se sentir un peu honteuse et légèrement défraîchie. Elle annonça à Bill, l'amant du jour, qu'elle ne supportait plus de passer les week-ends sans lui. Elle se mit à le harceler, lui demandant de l'inviter chez lui à Stamford, ce qui, bien entendu, était absolument impossible : la rupture qui s'ensuivit était inévitable.

Ce ne fut pas Ted qui prit la relève. Elle se le gardait en réserve pour Fire Island et Amagansett. Ted Kramer, lui, abordait la trentaine. Quelques femmes avaient traversé sa vie comme il avait traversé la leur. Il avait fait ses études à l'université de New York, et décroché un diplôme commercial qui le qualifiait pour faire n'importe quoi ou rien. Il entra comme vendeur stagiaire dans une petite entreprise d'accessoires en gros. Il avait toujours refusé de travailler en famille. Son père tenait un snack-bar dans une usine de confection et se plaignait sans cesse : « J'en ai jusque-là de la salade de poulet et des ordures », ce qui n'avait pas incité Ted à suivre ses traces. Il rencontra un jour une dame d'un certain âge qui avait une grande expérience du marché du travail ; elle lui donna un conseil qui devait marquer toute sa vie professionnelle :

— Tu te trompes complètement en voulant vendre des produits, tu n'es pas assez accrocheur.

— Je ne comprends pas très bien ce que vous voulez dire, dit-il timidement.

— Tu es très intelligent, tu peux donc vendre, mais pas des produits. Tu devrais vendre des idées.

Quelques semaines plus tard, elle l'avait fait entrer dans une boîte où il vendait des idées : il vendait des espaces publicitaires pour un groupe de magazines masculins. Dans cette branche particulière, un vendeur devait avoir des connaissances sur la démographie et le marketing et ne pas être effarouché par les chiffres et les tableaux. Un tel poste requérait de l'intelligence. Ted Kramer était plus intelligent qu'entreprenant et ce travail lui convenait à merveille.

C'est en septembre que Ted et Joanna sortirent ensemble pour la première fois. Il l'emmena dîner dans un restaurant de l'East Side. Tout bien considéré, ils passèrent ce qu'on appelle une agréable soirée. Ils faisaient tous deux partie des célibataires « dans le coup » que l'on voyait dans les endroits où il fallait être. Il y avait d'autres prétendants aux faveurs de Joanna, Ted n'était pas le premier de la liste : un agent de change, un éditorialiste et un architecte le précédaient. Mais l'agent de change se préoccupait trop de la Bourse, l'éditorialiste se défonçait trop, quant à l'architecte, il parlait trop de ses autres conquêtes. Ted et Joanna décidèrent donc de se revoir. Dans ce carnaval de célibataires où toute preuve d'imagination était une véritable manne, Ted se comporta d'une manière assez perspicace : il l'emmena dîner dans le même restaurant que la première fois en lui disant :

— C'est un endroit qui me porte bonheur, j'y suis déjà venu une fois.

Leurs mutuelles aventures et mésaventures les rapprochaient en quelque sorte. Finalement elle le trouvait assez amusant ; il n'était pas aussi décontracté que Vince, ce directeur artistique qui travaillait dans le même bureau qu'elle et qui lui faisait des avances tout en lui annonçant qu'il était bisexuel, ni aussi désespéré que Bob, spécialiste des médias, qui essayait également de la séduire, mais qui était « sur le point de divorcer », expression qu'elle connaissait par cœur pour l'avoir déjà entendue avec Walt et avec Bill.

— Généralement, quand je suis avec une dame qui est susceptible de me plaire..., commença Ted.

— Susceptible de vous plaire ?

— Je veux dire que nous ne nous connaissons pas encore très bien. Donc, en général, dans ce cas, je lui propose de venir passer le week-end à Montauk avec moi.

— Vous ne trouvez pas que c'est un peu prématuré ?

— Nous pourrions passer un merveilleux week-end d'automne, et ce serait peut-être l'occasion de voir que nous n'avons rien à nous dire.

— Oui, mais s'il pleut et que nous n'ayons rien à nous dire…

— C'est vrai, mais que de temps gagné ! Et tout cet argent que j'économiserais…

— Une autre fois… plus tard.

Après quelques nouvelles soirées, passées ensemble, il réitéra sa demande. Enfin, elle accepta. Il loua une voiture et ils prirent une chambre dans un motel de Montauk. Il faisait beau, ils avaient des choses à se dire, et quittant le ton badin, ils s'avouèrent, allongés sur la plage enroulés dans une couverture, qu'ils en avaient marre de vivre seuls, de tout ce cirque qu'impliquait la vie de célibataire, etc. Cette confidence enfin partagée, ils firent l'amour.

Ted Kramer n'était pas encore pour Joanna « celui » qu'elle avait décidé d'épouser. Parmi tous ces messieurs plus ou moins interchangeables, c'était Ted qu'elle préférait à ce moment-là, mais sans plus. Selon les normes en cours dans leur milieu, cela signifiait qu'elle coucherait avec lui de temps à autre ; et selon ses propres normes, qu'elle ne coucherait avec personne d'autre tant qu'elle le fréquenterait. Ted devint donc à son tour, comme d'autres qui l'avaient précédé, l'« Homme-du-Moment ». Mais la vie de célibataire n'ayant plus aucun charme pour Joanna, nul autre ne lui succéda.

Les moments qu'ils passaient l'un chez l'autre étaient de plus en plus longs, ils ne vivaient pas véritablement ensemble, mais leur relation était tout de même ce qu'on appelle une relation « privilégiée ». Il avait le sentiment d'avoir dégoté la perle rare : cette femme, du même milieu professionnel, savait de quoi il s'agissait lorsqu'il parlait de son travail ; de plus c'était une femme libre, intelligente et exceptionnellement jolie. Et cette merveille, reine des soirées estivales et dominicales, c'était sa bonne femme.

L'été arrivait, moment critique. Les collègues masculins de Joanna avaient des fourmillements au creux des reins et cherchaient à se placer auprès des secrétaires. Pourtant ils étaient mariés et allaient rejoindre régulièrement femme et enfants à chaque week-end. Au bureau, on avait demandé à Ted de faire connaître ses dates de vacances.

— Il s'agit maintenant de prendre une décision très importante, dit-il.

Un court instant, Joanna craignit qu'il ne s'agisse de projets à long terme. Elle n'était ni prête ni décidée encore.

— J'ai deux semaines de vacances à prendre, veux-tu que nous les passions ensemble ?

— Ma foi, pourquoi pas ?

— Justement, Larry est en train de louer une maison à plusieurs. Réservons une des chambres : nous pourrions y passer nos deux semaines de vacances tous les deux et y retourner chaque week-end.

Elle n'avait jamais passé de vacances à Fire Island, pas plus que dans les autres endroits que les gens fréquentent habituellement pendant l'été. Lui non plus.

— Ça peut être bien.

— Quatre cents par personne, tout compris.

— Tu ne te débrouilles pas mal dans l'ensemble.

— J'ai pensé que ce ne serait pas une mauvaise idée.

— Tu as eu raison, c'est vraiment une bonne affaire, surtout maintenant que je sais que tu ne ronfles pas.

Lorsque Mel, le chef comptable – épouse en vacances dans le Vermont –, lui demanda : « Qu'est-ce que vous faites, cet été ? », Joanna lui répondit : « J'ai loué quelque chose à Fire Island avec mon ami. » C'était la première fois qu'elle disait « mon ami » en parlant de Ted, et elle en éprouva un certain plaisir, surtout lorsqu'elle vit Mel se rétracter vivement en faisant « Oh ! », et aller, sur-le-champ, proposer ses services ailleurs.

Se retrouver tous les deux ensemble, dans un endroit où tant d'autres étaient en chasse et où eux-mêmes avaient dragué, les remplissait d'aise. Quand ils apprirent qu'au cours d'une soirée, une véranda s'était écroulée sous le poids de toute cette faune avide, ils se réjouirent d'y avoir échappé et d'être restés chez eux à grignoter des biscuits. Les célibataires baladant leurs mines alcoolisées ou solitaires, en quête de fêtes, de conversations ou de numéros de téléphone, les retours du dimanche soir sur le ferry où les gens essayaient de rattraper en cinq minutes ce qu'ils avaient loupé pendant le week-end, tout cela les rendait reconnaissants l'un envers l'autre.

Faire l'amour était toute une expédition et demandait une audace inouïe, ce qui rendait la chose piquante : ils devaient en effet se faufiler pour dénicher les moments propices où la maison était vide. Et quelle sensation délicieuse de savoir qu'après l'été, ils pourraient continuer à se voir s'ils le désiraient.

— Joanna, je veux t'épouser. S'il te plaît. Je n'ai jamais dit ça à personne. Tu acceptes ?

— Oui, j'accepte. Oh ! oui !

Ils s'étreignirent tendrement et leur affection était réelle et profonde. Mais ce qu'ils éprouvaient surtout sans se l'avouer, c'était de la gratitude l'un pour l'autre : ils se prouvaient ainsi tout deux qu'ils étaient après tout sains et normaux. Et puis, ils n'auraient plus à arpenter sans cesse les chemins de la drague en cherchant l'âme sœur, un verre à la main.

Le bébé pleurait depuis deux heures au moins.

— Non, quarante-huit minutes, montre en main, fit Ted.

— Seulement ?

Ils n'en pouvaient plus. Ils avaient bercé le bébé, l'avaient caressé, fait sauter, marcher, ils l'avaient recouché, relevé, ignoré, s'étaient promené avec lui, lui avaient chanté des chansons, et pourtant il ne cessait de pleurer.

— L'un de nous au moins devrait dormir, dit Ted.

— Mais moi je dors.

Billy avait quatre mois. Qu'il était loin, le temps où il y avait une nurse pour s'occuper d'un bébé qui ne pleurait pas la nuit, et qui d'ailleurs ne pleurait apparemment jamais. Du jour où elle était partie, un bébé tout différent s'était révélé. Et celui-là, par contre, n'était jamais satisfait ; il pleurait, et très souvent même.

Après la naissance du bébé, toute la famille avait débarqué. Les parents de Joanna arrivaient du Massachusetts et les parents de Ted de Floride où ils vivaient depuis qu'ils avaient finalement pris leur retraite. Le frère et la belle-sœur vinrent de Chicago. Ils étaient tous là, sans rien faire, attendant d'être nourris et abreuvés.

— Heureusement que j'ai passé mon enfance dans un snack-bar, plaisantait Ted.

— Toi peut-être, mais pas moi. Si je dois nourrir une personne de plus, je me ferai payer.

Lorsque la famille et la nurse furent parties, ils se retrouvèrent absolument vidés et épuisés. Ils ne savaient pas que la venue d'un enfant comportait ce surcroît de travail qui semblait ne jamais prendre fin et qui était si pénible.

— Ça fait longtemps qu'on n'a pas fait l'amour, je ne suis pas sûr de me souvenir où je dois mettre ma queue.

— Ce n'est pas drôle.

— Je sais bien.

Au début, Ted n'était pas très à l'aise dans son nouveau rôle, il ne savait pas exactement quelle devait être son attitude. Par exemple, il se levait avec Joanna et lui tenait compagnie pendant qu'elle donnait le sein à Billy. Ils étaient donc trois à somnoler en même temps au milieu de la nuit. Comme il avait failli s'endormir plusieurs fois à son bureau, son assistance nocturne finit par se réduire à quelques marmonnements d'encouragement à l'adresse de Joanna lorsqu'elle se levait pour allaiter l'enfant.

Quand il eut environ huit mois, le bébé se réveilla moins souvent tout de même ; mais pendant la journée, le travail de Joanna était tout aussi absorbant : ce n'étaient que lessives, courses, tétées. Elle aurait dû se réjouir de voir Ted arriver le soir : il était tout de même son mari. Mais c'est surtout parce qu'il l'aidait qu'il lui était nécessaire : il triait la lessive, lavait par terre, etc.

— Joanna, j'ai tellement envie.

— Chéri, moi, je n'ai pas envie de faire l'amour. La seule chose dont je rêve, c'est de dormir toute seule dans une chambre à moi.

Cela les fit rire, du bout des lèvres, mais ils s'endormirent tout de même peu après.

Autour d'eux, tout le monde disait que « ça s'arrangerait », et en effet, cela s'arrangea. Billy finit par dormir toute la nuit sans se réveiller. Il devenait un beau bébé qui était toujours de bonne humeur. L'angoisse de Ted à la pensée d'une ressemblance entre l'enfant et lui – à tort ou à raison – s'avéra sans fondement. Personne d'ailleurs n'y fit jamais allusion. Et pour cause : Billy avait un nez minuscule, de grands yeux bruns, des cheveux noirs et soyeux, et il était magnifique.

Leur vie étant différente à présent, ils changèrent d'amis. Les célibataires faisaient dorénavant partie d'un autre système solaire. Au début de leur mariage, Ted avait emménagé dans l'appartement de Joanna, situé dans la 70ᵉ Rue Est, dans un immeuble occupé en grande partie par des célibataires et quelques « professionnelles » égarées. Par la suite, ils déménagèrent quelques rues plus loin, dans un immeuble très « famille » et se firent de nouvelles relations. Thelma et Charlie Spiegel, leurs voisins du dessous au 3 G, avaient eux aussi une petite fille, Kim, qui avait trois mois de plus que Billy. Charlie était dentiste. Ils sympathisèrent également avec un autre couple : Linda et Marv. Lui, vendait des espaces publicitaires pour le magazine *Newsweek*. Eux aussi avaient un petit garçon, Jérémie, de deux mois plus âgé que Billy. Ils étaient tous parents d'un petit enfant pour la première fois, aussi passaient-ils leurs soirées devant un bœuf bourguignon à parler des mouvements intestinaux et de la propreté de leurs chers petits, comparant au cours de discussions passionnées leurs progrès respectifs : qui se tenait debout, qui marchait ou parlait, qui pissait dans son pot, qui faisait caca par terre. Ils ne parlaient que de cela et ils étaient tous concernés au plus haut point.

— Dites donc, on ne pourrait pas parler un peu d'autre chose ?

Et l'on changeait de sujet momentanément, mais pas pour longtemps et, de toute manière, la conversation tournait toujours autour de l'éducation des enfants à New York, des avantages respectifs des écoles privées ou publiques ; occasionnellement on discutait des films vus ou des livres lus, à supposer que quelqu'un, parmi eux, ait eu le temps de lire.

Lorsqu'il eut dix-huit mois, les gens s'arrêtaient dans la rue pour regarder Billy passer en compagnie de sa ravissante maman.

Sa nouvelle condition de père valut à Ted une augmentation de salaire. C'est du moins ce qu'il supposa, ayant à présent la ferme impression d'appartenir à un club privé. Il allait voir les matches de football des Giants avec Dan, un vieux copain de lycée qui était avocat. Lui, il lisait des hebdomadaires et le *Wall Street Journal* pour son travail, car il travaillait. Les fréquentations de Joanna se limitaient à Thelma et à quelques amies rencontrées sur les bancs du jardin d'enfants, nounous modernes et décontractées. À son avis, rien là de bien excitant, comparé aux gens que Ted rencontrait au bureau. Eux au moins mesuraient plus de quatre-vingts centimètres de haut et prononçaient des phrases complètes. Dans son univers à elle, il n'y avait personne, ni ses amies du jardin d'enfants, ni ses amies de longue date, ni Ted non plus, vraiment personne avec qui partager ce petit secret inavouable.

Joanna avait essayé d'en parler, mais personne ne voulait l'entendre.

— J'aime mon bébé, avait-elle dit un jour à Thelma, mais c'est tout de même ennuyeux, ce genre de vie.

— Oh, je sais, répondit Thelma.

Et Joanna crut pendant un instant qu'elle avait enfin trouvé une alliée, mais Thelma continua :

— Mais c'est passionnant aussi !

Elle parlait dans le vide. Les femmes qu'elle connaissait ne s'avouaient pas la vérité, ou bien acceptaient plus volontiers leur situation. Un jour, en bavardant avec sa mère au téléphone, elle lança :

— Tu n'as jamais trouvé ça pénible, toi ?

— Oh non, pas avec toi. Tu ne m'as jamais donné aucun problème.

Qu'est-ce qui n'allait pas chez elle, alors ? Une nuit, après avoir longuement écouté Ted lui parler d'une question qui le tarabustait – une discussion avec un collègue de bureau –, elle dit ce qu'elle était censée dire : qu'il ne devait pas y attacher trop d'importance. Puis à son tour, elle lui avoua ce qui la tourmentait : non qu'elle n'aimât pas Billy, il était tellement attachant et merveilleux, mais toutes ces journées se ressemblaient tant !

— Ce n'est pas marrant d'être mère, tu sais, Ted. Personne ne veut le reconnaître.

— Ma foi, c'est comme ça. Du moins pendant les premières années, on ne peut rien y changer. Mais il est formidable quand même, non ?

Ted ne voulait tout simplement pas entendre. Ce fut lui qui, cette fois, se retourna et s'endormit.

3.

Elle vivait avec ce secret. Pour elle la situation ne s'améliorait pas. Le jour où Billy fit caca dans son pot, ce fut l'apothéose.

— Bravo, Billy !

Elle applaudit. Ted applaudit et Billy applaudit également. L'enfant avait besoin d'être congratulé pour cette action d'éclat, disait-on. Quelques jours plus tard, il fit caca dans son pot tout seul, après avoir dit : « Billy caca. » Aussi lorsque Ted téléphona chez lui pour annoncer qu'il venait de décrocher un contrat important – une publicité mensuelle sur toute une page –, Joanna n'était pas en reste, elle aussi avait une bonne nouvelle : « Il a dit “Billy caca” et il a été tout seul sur son pot. » La victoire ne lui revenait pas vraiment puisque le fameux caca n'était même pas le sien.

Billy avait deux ans. La mère de Joanna aurait dit que c'était un enfant sans problèmes. Il lui arrivait de se montrer lent ou têtu, mais c'était un petit bonhomme à présent. L'époque où il se collait du fromage blanc dans les oreilles était révolue. Il avait quitté l'état primitif pour se transformer en être demi-civilisé que l'on pouvait emmener au restaurant chinois le dimanche.

Elle le laissait regarder « Sesame Street » à la télévision, et il s'installait devant le poste en clignant des yeux. Il ne comprenait pas tout, évidemment, mais c'était toujours une heure de gagnée.

Quant à Ted, il n'avait plus de problèmes au niveau professionnel, il était lancé. Plus jeune, il manquait d'expérience, mais à présent, bien qu'il ne fût pas très entreprenant, on commençait à l'apprécier dans le métier car il se montrait accrocheur quand il le fallait. Au cours de l'année précédente, il avait gagné 24 000 dollars : pas faramineux pour New York, mais il n'avait jamais autant ramassé jusqu'à présent – et ce n'était qu'un début. Il connaissait son métier à fond et son patron direct aimait à le citer comme son « homme de confiance ». Il ne fréquentait aucun des bars hantés généralement par les gens qui travaillaient dans la publicité, pas plus qu'il ne batifolait avec ses collègues féminines. Il était sérieux, il appartenait tout entier à sa famille : il était comblé chez lui avec une merveilleuse épouse et un enfant non moins merveilleux.

Les week-ends semblaient moins pénibles à Joanna, car Ted l'accompagnait pour faire les courses ; ou même, quelquefois, Ted emmenait Billy pendant quelques heures, ce qui lui permettait d'aller faire des achats pour elle ou de s'échapper un peu, tout simplement.

Lorsqu'au bureau on lui demandait comment ça se passait avec le petit, si ce n'était pas trop difficile d'élever un enfant quand on habite en ville, il répondait que c'était fantastique. Et pendant ce temps-là, Joanna essayait de tenir le coup avec Billy qui construisait un garage avec ses cubes.

— Maman, viens jouer avec moi ! l'implorait-il, alors qu'à quatre heures de l'après-midi elle faisait un effort surhumain pour garder les yeux ouverts et pour ne pas boire un verre de vin avant cinq heures.

Leur vie mondaine se limitait à des dîners entre amis. L'influence du MLF se faisait souvent sentir au cours de ces repas : on y discutait des rôles respectifs de chacun, et il fut une époque où tous les hommes se levaient en même temps pour débarrasser la table. Ted déjeunait de temps à autre avec des vieux amis, Joanna jamais. Il y avait bien Amy, une ex-institutrice qu'elle avait rencontrée au jardin d'enfants. Mais leurs conversations tournaient toujours autour des gosses.

— Ted, je veux travailler.

— Qu'est-ce que tu racontes ?

— Je deviens dingue. Je ne peux plus passer toutes mes journées avec un gosse de deux ans.

— Tu devrais prendre une baby-sitter.

— Ça ne m'intéresse pas d'avoir seulement une ou deux après-midi de libre.

— Joanna, ma chérie, les petits enfants ont besoin de leur mère.

— Linda travaille, elle. Elle se lève, elle sort, elle existe, quoi ! Et moi je reste là, avec Billy, Jérémie et leur copine Cléo qui attendent avec impatience que je les laisse pour pouvoir regarder leur feuilleton débile à la télévision.

— Tu le regardes aussi ?

— Oh, je t'en prie, ne te fous pas de moi.

— Bon, d'accord. Et tu as réfléchi à ce que tu voudrais faire ?

— Ce que je faisais avant, je pense.

— Et tu crois que ça suffirait à payer la bonne ou la baby-sitter ou je ne sais qui ? Tu comprends, si tu travailles, il n'est pas question que ça nous coûte de l'argent, nous n'en avons pas les moyens.

— Ça nous coûte déjà beaucoup si l'on considère l'état dans lequel je suis.

— Qu'est-ce que tu racontes, tu as une mine splendide et Billy se porte à merveille.

— Je n'arrive plus à m'intéresser à Billy. J'en ai marre de ses jeux stupides de gosse de deux ans et de ses cubes tout aussi stupides. Pendant que toi tu parles à des adultes, moi, je suis par terre en train de construire des garages.

— Je trouve que tu as la mémoire courte : vers la fin, tu en avais assez de ton travail, tu ne te souviens pas ?

— Bon, eh bien je ferai autre chose.

— Et quoi donc ? Qu'est-ce qui rapporterait assez ?

— Je trouverai bien. Je m'y connais en relations publiques, non ?

— Tu étais secrétaire, Joanna. C'est tout.

— Ce n'est pas vrai, j'étais l'assistante du…

— Le titre sonnait bien, mais en fait tu n'étais que sa secrétaire.

— Tu veux que je te dise ? Tu me dégoûtes !

— Mais c'est la vérité. Je suis désolé. Et je ne vois pas pourquoi on détruirait l'équilibre naissant d'un enfant de deux ans pour être secrétaire dans un bureau. Tu n'en es plus là, quand même !

— Tu crois ?

— Écoute, quand il sera un peu plus grand, quand il ira à l'école de neuf heures à trois heures, tu pourras peut-être travailler à mi-temps.

— Je te remercie, c'est gentil.

— Joanna, je ne comprends pas, comment c'est arrivé tout ça ?

— Comment ? Je crève d'ennui depuis deux ans !

— Je me demande ce que font les autres.

— Mais elles ne font pas toutes pareil, il y en a qui travaillent !

— Oui, mais…

— Mais quoi ?

— Laisse-moi réfléchir un peu.

— Je veux bien, mais tu es prévenu.

— C'est drôle, je me disais que nous pourrions peut-être envisager d'avoir un autre enfant.

— Ah bon, vraiment ?

— Les gens disent que si l'on attend trop longtemps, ça devient de plus en plus difficile.

— Tiens, les gens disent ça ?

— C'est à dire…

— Je ne veux pas d'autre enfant, Ted.

— Je dis ça parce que c'est un truc que tu fais très bien. Que nous faisons très bien tous les deux, d'ailleurs.

— Rien qu'à l'idée de remettre ça, mon Dieu, quelle horreur ! L'allaiter, le torcher, tout recommencer !

— Ça pourrait être marrant : on mettrait un siège sur ton vélo et on irait se balader dans toute la ville.

— Pourquoi tu n'en loues pas un, Ted ?

En fait, elle parlait de louer un enfant et non un siège de vélo. Elle essaya de se confier à Amy. Elle sortit tout ce qu'elle avait sur le cœur : qu'elle n'en pouvait plus, qu'elle en avait marre, qu'elle ne savait plus où elle en était, qu'elle se sentait paumée. Elle était mal tombée : Amy adorait les enfants, adorait être mère, et adorait l'idée de reprendre son métier d'institutrice plus tard, quand ses enfants seraient grands. En ce qui la concernait, Ted avait entièrement raison. « Si l'on s'ennuie c'est que l'on "choisit" de s'ennuyer », décréta Amy sévèrement. Joanna eut l'impression d'avoir obtenu un zéro de conduite. Immédiatement après, elle apprit quelque chose qui lui fit l'effet d'une bombe : Amy avait elle aussi un secret qu'elle ne pouvait confier à personne : elle avait un amant, un psychiatre. Joanna avait connu des aventures de ce genre lorsqu'elle était célibataire, mais là c'était différent : cette femme qu'elle connaissait personnellement et qui était mariée, acceptait d'avoir un amant, et un psychiatre en plus !

— Mais ils ont le droit de faire ça ? demanda Joanna dissimulant mal son embarras.

Elles se quittèrent en s'embrassant tendrement, elles étaient complices à présent qu'elles avaient échangé ces confidences. Cependant, Joanna était frustrée : elle n'était pas sûre d'avoir gagné au change. « Un amant ? Ce n'est pas ça qui arrangerait les choses », pensa-t-elle. Ça ne ferait qu'engendrer des complications supplémentaires. Mais quelque part, l'idée d'engager une baby-sitter pour pouvoir prendre un amant l'amusait énormément.

Ted disait toujours qu'il était un sympathisant du MLF. Il faisait un effort pour « participer », comme il disait : il téléphonait avant de quitter son bureau pour savoir si Joanna n'avait besoin de rien. Mais c'était tout de même elle qui faisait marcher la maison. Il l'aidait de son mieux avec Billy, il lui faisait prendre son bain, et pendant les week-ends l'emmenait promener. Mais là encore c'était elle qui avait la totale responsabilité du petit : elle s'occupait de ses vêtements, de sa nourriture, de sa santé, du pédiatre, de son développement. C'était elle aussi qui veillait à sa propreté, qui le baladait en poussette, le couchait dans son lit. Il était le papa, mais c'était elle la maman. Il voulait aider. Il sentait qu'il devait l'aider, mais il ne faisait que l'aider. Billy, c'était sa fonction à elle, rien n'y changerait rien.

Au jardin d'enfants, tous les gosses du même âge que Billy possédaient tous la même girafe : en grandissant, ils roulèrent tous sur le même petit vélo ; et à présent, ils avaient tous trois ans, et bien entendu, tous allaient à la maternelle. Ted se demandait comment il avait pu grandir sans aller dans une école maternelle qui coûtait 1 400 dollars par an. N'était-ce pas un peu cher pour faire faire des dessins à un gosse de trois ans ? Mais si Billy allait à l'école, Joanna aurait quelques heures de liberté dans la journée. Elle persuada Ted en utilisant des arguments rédhibitoires : tous les autres enfants y allaient, et si Billy faisait exception, il prendrait un retard considérable et perdrait toutes ses facilités verbales sans pouvoir jamais les rattraper. Ted fit donc un chèque pour l'école maternelle des « Chatons Ronron ».

Cela ne soulagea guère Joanna. Souvent, Ted habillait Billy le matin et le déposait à l'école. Mais le petit rentrait à la maison à midi. Elle devait donc s'en occuper le reste du temps, ce qui lui semblait aussi long qu'une journée entière. Tous les gosses de trois ans sont comme ça, les mères étaient toutes d'accord pour le reconnaître, mais cela ne la consolait pas pour autant de savoir qu'il n'était pas seul à vouloir que ses tartines de beurre de cacahuètes soient coupées en carré et non en triangle, que son lait lui soit servi dans sa tasse-clown et non dans sa tasse-éléphant, que l'on change son papier à colorier parce que celui-ci était froissé. Il n'était pas un cas lorsqu'il râlait parce que son hamburger était trop grillé ou parce que son copain Randy avait une bicyclette avec une cloche au lieu d'un klaxon. Et lorsque dix minutes – 20 dollars – après que la femme de ménage eut quitté l'appartement, le sol était tout collant de jus de pomme renversé, il ne fallait pas qu'elle s'étonne : « Ils étaient tous comme ça à trois ans. »

Et Ted qui râlait : tout coûtait si cher, les affaires ne marchaient pas très bien, on allait peut-être diminuer son salaire ! Seulement, au moins, il avait un travail où il pouvait discuter du prix de la page ou du nombre de lecteurs et non de « Jiffy ». Oh, merde j'ai oublié que tu as dit « Jiffy » et non « Skippy », Billy ; et puis non ! il n'est pas question que tu aies un sandwich à la glace pour le petit déjeuner ! Et pourtant Billy était adorable, et si mignon. Eh bien, ça ne l'aidait même pas !

— J'arrive, j'arrive. J'étais dans la salle de bains ! Tu ne peux pas attraper ce camion tout seul, bon Dieu !

— Maman, ne crie pas comme ça !

— Tu vas arrêter de pleurer, non ?

Et il pleurait de plus belle, alors elle le prenait dans ses bras pour le consoler. Mais elle n'avait personne pour la consoler, elle.

4.

Quand on présenta *Blanche-Neige* au théâtre de l'école, ce fut Joanna qui tint le rôle principal ; elle fut une Blanche-Neige couverte d'urticaire. Lorsqu'elle fut sélectionnée pour le concours de la plus jolie fille de la classe, au bal de fin d'année, nouvelle poussée d'urticaire. La première fois, avec Philip, un étudiant de Harvard, urticaire encore. Chaque fois qu'elle avait eu envie d'un pull en cachemire ou d'un bracelet porte-bonheur pour concourir aux Olympiades locales, ou besoin d'argent pour payer son loyer lors de ses débuts à New York, ses parents l'avaient toujours aidée. Ils lui envoyaient dûment des chèques. À sa troisième aventure, elle commença à se poser des questions sur l'aspect répétitif de sa vie amoureuse, ce qui déclencha à nouveau une crise d'urticaire. Elle eut sa mère au téléphone ; sa mère sentit bien que quelque chose clochait, et elle lui envoya aussitôt un chèque de 25 dollars pour s'acheter une bricole qui lui ferait plaisir. Chaque fois qu'elle était tendue ou angoissée, l'urticaire se manifestait, aussi ne se séparait-elle jamais de sa lotion à base de calamine.

Quand elle apprit à taper à la machine et à prendre sous la dictée, elle sentit venir l'horrible démangeaison sous la peau. Elle se déclarait sous forme d'éruption de petits boutons ressemblant à des piqûres d'insectes ; cela durait quelques jours, et c'était fort gênant. Elle détestait être sous pression. Son bureau était toujours impeccablement rangé et il n'était pas question pour elle de prendre du retard et de devoir se dépêcher pour rattraper le temps perdu. Elle n'avait pas l'intention de prendre trop de responsabilités. Pourquoi ne pas être secrétaire ? Après tout, ce qui comptait, c'était d'être une bonne secrétaire. Rien ne l'obligeait à faire carrière. Le pouvoir ne la tentait pas, sans parler de la tension qui en résultait inévitablement. Elle ne voulait surtout pas devenir comme cette rédactrice en chef boulimique ou comme cette responsable de la régie bourrée de tics. Elle était très bien comme ça. Son seul désir : éviter l'urticaire à tout prix.

— Qu'est-ce que c'est que ça ? demanda Ted.

Elle venait de se déshabiller pour prendre part à l'un de leurs rares ébats sexuels – une fois par semaine au mieux –, un enfant de trois ans réclame tellement d'attention et tous deux étaient si souvent fatigués...

— Oh, ce n'est rien. J'ai dû manger un peu trop de fruits.

Le tennis se révéla un excellent antidote contre son mal. Il lui suffisait de passer quelques heures sur un court pour que son urticaire disparaisse. Au bout de quelques semaines, elle ne pensa plus qu'à son aventure avec MM. Wilson et Dunlop. Ses parents lui avaient fait prendre des leçons de tennis quand elle était au lycée : elle avait également pris des leçons de piano et de claquettes à ce moment-là. On la voyait très régulièrement sur le court lorsqu'elle était étudiante et elle surprenait ses « machos » de partenaires en smashant comme une reine. À New York elle ne joua plus très souvent. Sauf quelquefois en vacances, avant de rencontrer Ted. Avec lui, elle n'avait jamais joué. Lui, il faisait de la bicyclette et allait de temps en temps faire une partie de basket-ball dans une cour d'école du quartier avec les jeunes du coin. Il en revenait la plupart du temps à bout de souffle avec un goût de sang dans la bouche, il regrettait alors sa jeunesse dans le Bronx. Amy avait dit un jour qu'elle jouait un peu au tennis ; toutes deux s'inscrivirent donc sur un court de Central Park et Joanna s'y remit pour de bon. Au début, elles jouaient une fois par semaine pendant que les enfants étaient à la maternelle, puis deux fois, et par la suite, Joanna prit une leçon de tennis tous les mercredis. Lorsqu'elle jouait bien, elle exultait, mais dans le cas contraire elle se sentait terriblement déprimée, revivant mentalement ses revers défectueux partout où elle se trouvait ; avant de s'endormir le soir, ses dernières pensées étaient pour les points marqués ou manqués. Elle prit l'habitude de regarder les matches à la télévision, son jeu s'améliora nettement, elle battit Amy de loin. Grâce au tennis, le printemps lui parut court.

Ted avait été obligé d'accepter une diminution de 10 % de son salaire et de ne prendre qu'une semaine de vacances cette année-là – période de vaches maigres pour sa boîte. Joanna refusa d'emmener Billy jouer chaque jour sur un terrain de jeu vide, prétextant que son cerveau finirait par frire avec cet été suffocant. Ted se montra compréhensif ; ils décidèrent donc d'inscrire Billy à l'école maternelle pour l'été. Eux-mêmes prendraient une semaine de vacances à la campagne en août, mais pour cela Joanna serait obligée de renoncer à quelques leçons de tennis. Elle continua cependant à s'entraîner régulièrement, et comme Billy était à l'école le matin, elle jouait tous les jours en double, avec Amy et deux autres dames de l'école maternelle. Elle était toute bronzée, mince et de blanc vêtue, les cheveux serrés dans une écharpe chic et bon genre, socquettes à pompons et sac Adidas. Extérieurement, elle donnait absolument l'impression de réussir tout ce qu'elle entreprenait.

Les hommes – des types plus forts qu'elle – lui demandaient d'être leur partenaire ; ils condescendaient à jouer avec elle car ils étaient flattés d'être vus en compagnie de cette jolie fille qui avait tant de succès sur les courts. Des fantasmes fugitifs lui traversaient l'esprit : elle s'imaginait faisant une partie de tennis décontractée avec des partenaires séduisants tels que Luis, Eric ou Cal, et revenant avec l'un d'eux, faisant l'amour encore tout luisants de sueur, et parlant tennis.

La semaine de vacances en août lui sembla interminable. Ted était préoccupé, il parlait de son job, de sa boîte – aurait-il du travail toute l'année ? Il traversait une période difficile, elle le comprenait fort bien, mais il en était de même pour elle. On parlait toujours de lui, jamais d'elle, pourquoi ? « Comme tu sais parler des choses avec précision et intelligence ! » Il ne comprenait pas qu'elle se laissât déborder par de petits détails. Pour lui ces problèmes insignifiants n'avaient aucune importance.

Ils avaient loué un petit appartement confortable et pas trop cher à Hampton Bay, lieu de villégiature assez huppé qui promettait beaucoup sur le prospectus. Mais la réalité était un peu différente : il y avait trop de bateaux, trop de pêcheurs et trop de moustiques. Billy ne s'y plaisait pas, il n'arrivait pas à s'adapter à cet environnement étranger, au milieu d'enfants plus âgés que lui. Il tournait autour de sa mère comme un moustique agité : un de plus.

— Va t'amuser, Billy ! Tu ne sais pas à quoi jouer ?

— J'arrive pas à me décider.

À se « décider ! » Elle se demandait si tous les enfants de trois ans utilisaient le mot « décider ». Il était tellement intelligent, tellement mignon, tellement emmerdant.

— Va nager, alors !

— Écoute, Joanna, tu sais bien qu'il ne sait pas nager !

— Eh bien, va nager avec lui. Moi, je me repose. Je n'ai même pas le droit de me reposer ?

Ses deux hommes allèrent se jeter dans la piscine, et elle se jura bien que c'était la dernière fois qu'elle partait en vacances pour leur faire plaisir à eux. Quant à elle, plus jamais dans un endroit où il n'y avait pas de court de tennis.

Ted trouva des courts. Un club local qui louait à l'heure et à la semaine aux vacanciers. Il y avait même une baby-sitter sur place, et Joanna n'avait-elle pas dit un jour qu'elle jouerait avec lui ? Elle avait emmené sa raquette, lui pourrait en louer une sur place. À New York, il plaisantait souvent en disant qu'elle le trompait avec le tennis, mais maintenant qu'ils étaient en vacances, elle pouvait bien sacrifier une heure pour jouer avec lui, non ?

Cette heure lui parut aussi longue qu'une semaine. Ted n'avait joué que quelques rares fois dans sa vie. Il se déplaçait maladroitement sur le court, un vrai ours. À côté d'eux se déroulait une partie en double mixte avec des joueurs expérimentés. Les balles de Ted interrompaient leur match, et il ne cessait de passer derrière eux, sans souci des règles, pour rattraper ses balles et tardait à leur renvoyer les leurs. Billy s'était débrouillé pour échapper à sa jeune baby-sitter ; il regardait à travers le grillage avec de grands yeux, puis réclama un jus de pomme en pleurnichant. Il n'y avait que du Seven Up – il détestait le Seven Up. Joanna le ramena à sa baby-sitter. Ted envoya une de ses balles par-dessus le grillage, et servit une balle du court d'à côté. Elle se sentait humiliée. Qu'il était balourd et maladroit. C'était incroyable ! Cette nuit-là, lorsqu'il s'approcha d'elle pour faire l'amour, elle se laissa prendre passivement, attendant qu'il en eût fini pour pouvoir s'endormir.

Le jour suivant, le dernier, enfin, elle laissa Ted et Billy au bord de la piscine et descendit faire un tour sur la plage. Elle s'assit sur le quai, le regard fixant l'eau tranquille. Avaient-ils seulement remarqué qu'elle était partie ? Allait-elle leur manquer ? Ils ne lui manqueraient pas en tout cas, elle aurait pu rester là pendant des heures sans le moindre regret. À New York, voilà la première chose qu'elle ferait à son retour : elle appellerait Amy et elles joueraient lundi matin. Elle avait perdu toute une semaine et probablement régressé à cause de Ted et de ses conneries. Il faisait très chaud. Quelles vacances épouvantables, elle n'en n'avait jamais passé de pires. D'ailleurs cette période de sa vie était la pire qu'elle ait vécue. On avait sorti des embarcations pour les vacanciers. Elle en prit une et la poussa vers le large. Elle plongea les rames dans l'eau et pagaya pendant un moment, puis au bout d'un certain temps, elle les retira de l'eau et les remit dans la barque qu'elle laissa flotter à la dérive. Des bateaux à moteur passaient près d'elle et faisaient ballotter son embarcation. Elle se laissait aller à vau-l'eau, ramant parfois pour se maintenir contre le courant. Quels avaient été les plus beaux moments de sa vie ? Au lycée ? Quand elle avait fait verdir Vicky Cole de jalousie en sortant avec Marty Russel ? Elle savait qu'elle était jolie dans ce temps-là. Où étaient-ils tous, à présent ? Vicky se trouvait-elle aussi quelque part sur une barque, flottant à la dérive et se demandant ce qui lui arrivait ? Ses années d'étudiante n'avaient pas été mauvaises, dans l'ensemble. Au début, à New York, ça avait été fantastique, mais par la suite, il y avait eu des hauts et des bas ; quoi qu'il en soit, rien n'avait été aussi horrible que ce qu'elle vivait actuellement. Elle s'ennuyait tellement ! Et quand elle ne s'ennuyait pas, c'était parce qu'elle s'énervait et se disputait avec Billy. Et même ces disputes finissaient par l'ennuyer. Ted était tellement ennuyeux ! Et ces vacances qui auraient dû interrompre son ennui, elles avaient été ennuyeuses à crever. Et si elle se jetait à l'eau ? C'était mieux que de se fourrer la tête dans le four. Il faisait trop chaud pour ça. Ses parents pleureraient beaucoup, ils s'occuperaient de l'enterrement, ils choisiraient ce qu'il y avait de mieux, elle en était sûre. Billy ne se ferait plus tout le temps engueuler.

Ted se débrouillerait très bien tout seul. Elle lui donnait deux ans pour se remarier, avec une grosse vache du Bronx qui attendrait patiemment qu'il rentre à la maison – comme son père – et elle le rendrait heureux, elle lui ferait de bonnes pipes, il serait beaucoup mieux qu'avec elle, c'était certain.

En se rapprochant du quai à la rame, elle les vit au bord de l'eau, ses deux hommes. Ils avaient attaché une bouteille de lait contenant du pain à une ficelle et ils essayaient d'attraper des petits poissons dans le piège. Ils ne s'étaient même pas aperçus qu'elle était partie.

— Je suis allée chez J. Walter aujourd'hui.

— Ah bon ?

— Pour voir des gens, pour demander autour de moi.

— Et alors ?

— Il n'y a pas grand-chose.

— C'est évident. Les temps sont durs. Tu sais bien qu'ils m'ont diminué mon salaire.

— Mais ils ont dit qu'ils penseraient à moi si quelque chose se présentait.

— Joanna !

— Je voulais demander. Je ne vois pas en quoi ça te fait chier que je demande.

— Écoute, tu veux que nous parlions de ça, alors parlons-en. Combien gagnais-tu quand tu as quitté ?

Cent soixante-quinze dollars par semaine ? En supposant que tu gagnes la même chose aujourd'hui, combien rapporteras-tu à la maison ? Cent trente, peut-être. Et combien coûte une femme de ménage ?

— Cent.

— Avec de la chance. Donc il te restera trente dollars, et avec les déjeuners – disons douze dollars par semaine –, la voiture cinq dollars, boire un café, manger un sandwich, etc. bon, ça fait environ vingt dollars, il restera donc la somme de dix dollars par semaine que tu auras gagnée en travaillant. Et avec ça tu devras t'habiller : tu devras t'acheter d'autres vêtements si tu travailles à l'extérieur : une jupe, un pull, que sais-je ? Et alors, il ne restera plus rien du tout.

— Ce n'est pas pour l'argent.

— Si, justement. Nous n'avons pas les moyens que tu travailles.

— Moi, j'en ai besoin.

— Et Billy, lui, a besoin d'un foyer stable. Merde quoi, Joanna, encore quelques années et ça sera fini. Tu veux vraiment que ce gosse soit détraqué ?

Lorsqu'il s'agissait de tout le reste, Ted était aussi coulant que n'importe quel autre mari de leur entourage, davantage même. Il emmenait Billy au parc, il lui préparait ses repas, parfois – il lui faisait des choses simples, comme lorsqu'il était célibataire. Il participait à la vie domestique bien plus que ne le faisait son propre père – pour la génération précédente, s'entend – ou ses pairs. Mais lorsqu'on abordait le sujet épineux du travail de Joanna à l'extérieur, il se montrait aussi intraitable que Judex, pour parler comme Billy. Elle essaya d'en reparler à diverses occasions, il resta de glace.

— Écoute, si on faisait un autre enfant, je suis sûr que ça arrangerait tout.

— Je vais me coucher, tu peux commencer sans moi.

Son temps se partageait entre la logistique, les courses, la cuisine, l'achat de vêtements et Billy, qu'il fallait accompagner et chercher à l'école. Et elle jouait au tennis. Et le temps passait – lentement sans doute, mais il passait tout de même. Elle avait trente-deux ans. Son petit garçon allait avoir quatre ans. Elle était heureuse avec lui quand il s'endormait sagement, mais certains aspects de leur vie commune lui posaient tout de même des problèmes qui lui bouffaient toute son énergie : par exemple quand il râlait parce qu'elle avait mal tartiné son beurre de cacahuètes.

En lisant certains articles de journaux elle reprit espoir : elle n'était pas un monstre. D'autres mères – quelques-unes du moins – ressentaient la même chose qu'elle. Être mère, rester à la maison, n'était pas chose facile. C'était monotone, elle avait tout à fait le droit d'être en colère, elle n'était pas la seule. Elles étaient nombreuses, à New York ou ailleurs, les femmes qui, comme elle, Thelma ou Amy, attendaient dans les jardins d'enfants que leurs gosses grandissent et que l'heure du dîner arrive.

Ted se rendait compte qu'elle était à cran. Il espérait l'aider en la soulageant de certaines corvées domestiques. Il essaya d'en parler avec d'autres hommes qu'il connaissait : Marv, le type qui était publiciste à *Newsweek*, lui avoua que son ménage battait de l'aile également. Tous autour de lui avaient le même genre de problème. Ils émigraient vers la banlieue pour tenter quelque chose de nouveau. Un jour, près du distributeur d'eau potable, Jim O'Connor, son directeur de publicité, guru à l'haleine parfumée de scotch dès le matin, marié depuis vingt-cinq ans, fit à Ted la Grande Révélation du Siècle et lui déclara sans ambages : « Les femmes sont des femmes. » Ted et Joanna ne se disputaient pas souvent, mais il y avait comme un froid qui s'installait entre eux, peu à peu. Il lui arrivait d'être en colère, trop fatiguée pour faire l'amour, mais lui aussi l'était, de toute façon. Ça n'allait pas mieux chez les autres. Il déjeuna un jour avec Charlie ; c'était la première fois qu'ils se retrouvaient en tête à tête et qu'ils parlaient d'autre chose que de leur progéniture.

— Ça ne va pas fort entre Joanna et moi.

Charlie fit un signe de tête entendu. Les dentistes, des types sûrs et solides, tout de même. Voilà ce qu'il en pensait, lui : ça faisait deux ans qu'il couchait avec son assistante, ils baisaient au cabinet même, sur le fauteuil dentaire... carrément... obturations temporaires.

Ted restait malgré tout convaincu que leur ménage ne marchait pas plus mal qu'un autre. Peut-être était-il responsable de ce sentiment qu'elle avait d'être délaissée. Il avait lui-même été tellement préoccupé par son travail qu'il l'avait certainement négligée. Elle était encore si belle. Ils devraient avoir un autre enfant, c'est ce qui les rapprocherait, comme lorsque Billy était né. Ted, Joanna et Billy, plus un autre petit être merveilleux. Ils seraient alors une vraie famille, ils se baladeraient tous ensemble à travers la ville sur leur bicyclette, ils ressembleraient à une affiche de publicité. Les premières années avaient été difficiles, mais ça irait mieux ; à présent qu'ils étaient déjà passés par là, les choses deviendraient plus faciles. Et s'ils s'y mettaient très vite, dans quelques années les enfants auraient grandi, ils formeraient alors une vraie famille tous les quatre, une famille merveilleuse : lui, sa femme merveilleuse et ses merveilleux enfants. Un véritable microcosme en quelque sorte : au centre, lui, le mari, le père ; ça serait son domaine, une revanche sur toutes les vieilles souffrances enfouies – parce qu'il n'était pas très séduisant, parce que ses parents l'avaient toujours brimé, parce qu'il avait dû se bagarrer pour arriver – il aurait quelque chose à lui, un merveilleux petit empire qu'il allait se construire lui-même en refusant de voir la vérité : il bâtissait un château de sable sur un terrain marécageux.

— Je veux une nappe avec Charlie Brown dessus.

— D'accord, Billy.

— Et puis je veux des chapeaux comme ceux de Kim. Tout le monde porte un chapeau de clown, moi je veux un chapeau de roi.

— D'accord.

— Note-le, maman, pour ne pas l'oublier.

— Je ne l'oublierai pas, Billy, c'est noté : une nappe Charlie Brown, des chapeaux.

— Un chapeau de roi pour moi.

— C'est fait, je l'ai écrit : tu vois le R ? C'est le R de roi.

— Tu m'achèteras un gâteau ?

— Bien sûr, c'est sur la liste.

— Où est le R ?

— Mais c'est ça, « gâteau », c'est un G pour « gâteau ».

— Je peux avoir un gâteau avec Mickey dessus ?

— Je ne sais pas s'ils font des gâteaux avec Mickey chez Baskin-Robbins.

— Oh maman, s'il te plaît ! J'adore Mickey, c'est vraiment mon préféré.

— Je vais voir s'il y en a chez Baskin-Robbins, sinon, j'essayerai chez Cornel. Et si nous n'en trouvons pas chez eux non plus, tu te contenteras d'un Donald.

— Donald, ça va. Mais je préfère quand même Mickey.

— J'ai bien compris.

— Je vais avoir quatre ans. Je suis un grand garçon maintenant, hein, maman ?

Ils avaient invité une dizaine de gosses du même âge : un vrai cirque ambulant. Ils allaient tous à la même école maternelle, et étaient tous approximativement nés à la même date. Billy avait été invité à leur anniversaire. Ils venaient au sien. Billy avait aidé Joanna à faire le menu. Il voulait que la fête soit « fantastique », ce qui signifiait que l'on mangerait de la pizza, que la limonade coulerait à flots et qu'il y aurait de la glace. Ils trouvèrent Mickey Mouse chez Cornel ; il restait à Joanna des petits paniers pour y mettre des sucreries – elle avait déjà organisé une réception à l'agence – dans la salle « Arc-en-ciel » – pour une centaine de cadres et leurs épouses. Il y aurait des petits cadeaux pour tous les gosses, et elle avait acheté à Billy, de la part de papa et maman, un jeu de grand garçon : un Mécano. Elle finit par dégoter une nappe Charlie Brown et les assiettes en carton assorties. Et un dimanche d'avril – Ted était là pour essuyer les taches –, les enzymes gloutons déferlèrent et saccagèrent tout l'appartement ; la petite Mimi Anderson, qui était allergique au chocolat mais qui, bien entendu, n'en avait pipé mot, se trouva mal dans la minute qui suivit, ce qui déclencha chez Joanna Kramer la crise d'urticaire habituelle.

— Ted, ce n'est pas le moment de jouer avec ce camion, on est en train de nettoyer !

— Je regardais, c'est tout ! Et ne t'énerve pas comme ça, ce n'est pas la peine de crier si fort !

— Il est onze heures du soir et je crève de sommeil.

— Je finirai tout seul.

— Non, non, je sais comment tu ranges !

— Qu'est-ce que tu veux, je ne suis pas une femme de ménage !

— Ce n'est pas nécessaire puisque je suis là.

— Oh, Joanna, tu prends tout mal ! C'était une fête formidable !

— Eh bien, heureusement, je me suis assez crevé le cul pour ça !

— Écoute...

— Tu crois que ça se fait par miracle ? Les petits paniers adorables, et ce motif de Charlie Brown à la con ? J'ai passé trois jours à organiser ce putain d'anniversaire.

— Billy était si content.

— Je sais. Il a eu son gâteau Mickey Mouse.

— Joanna...

— Je suis formidable pour organiser les fêtes d'enfants. En fait, c'est ça mon rôle... organiser des fêtes fantastiques pour les mômes.

— Viens, allons au lit.

— Bien sûr. Tout ça peut attendre jusqu'à demain matin, de toute façon je serai là pour le faire.

Ils s'endormirent sans un mot de plus. Dans la nuit, elle se leva et entra dans la chambre de Billy. Il dormait au milieu de ses « copains », comme il disait : son ours en peluche, son chien et son polichinelle. Le sol était encombré des vestiges de la fête. Le Mécano géant, les dominos, le camion, et le jeu de boules, ultime récompense pour le féliciter de sa victoire : il avait eu quatre ans. Elle aurait voulu le réveiller et lui dire : « Billy, Billy, n'aie pas quatre ans, aie un an à nouveau, nous recommencerons tout depuis le début, je jouerai avec toi, nous rirons, je ne crierai plus autant, nous ne nous engueulerons plus, je te serrerai contre moi, je t'embrasserai, je te serrerai tellement fort, tu verras, tes deux ans ne seront pas aussi affreux, je serai une maman adorable, et tes trois ans seront merveilleux, et quand tu auras quatre ans, alors là, tu seras un petit homme et tu me tiendras la main dans la rue et nous bavarderons de tout et de rien. Je ne serai pas parfaite bien sûr ; ça, ce n'est pas possible, tu le sais bien, mais en tout cas je ne serai pas méchante. Non, mon Billy, je ne serai plus aussi méchante. Et je m'occuperai de toi davantage, et je t'aimerai encore plus, et nous nous amuserons bien tous les deux, j'essayerai… Si seulement nous pouvions recommencer depuis le début, Billy. » Mais elle s'enfuit dans la cuisine pour ne pas le réveiller avec ses sanglots.

Elle commença à se surveiller étroitement. Chaque fois qu'elle était en colère ou fâchée contre lui, ce qui est inévitable quand on élève un enfant de quatre ans et que l'on passe sa journée avec lui, elle y voyait la preuve de sa méchanceté envers lui et, au deuxième degré, envers elle-même. Elle commença à surveiller Ted également. Chaque fois qu'il agissait de manière inélégante, comme par exemple en laissant traîner une chemise sur une chaise, cela devenait la marque indélébile du Bronx, son lieu d'origine. Parlait-il de son travail ! Il parlait trop, ce salaud de sexiste. Il croyait peut-être l'aider, mais c'était quand même elle qui se tapait tout le boulot à la maison : Ah ! on pouvait lui faire confiance, la « Fée du Logis » c'était elle, qui veillait à tout. Elle se sentait insultée personnellement chaque fois qu'elle faisait le ménage ou les courses, ou qu'elle remplaçait un roulcau de papier hygiénique. Et les dîners, encore autre chose, c'était elle qui préparait tout : faire le menu, acheter les provisions, cuisiner – Ted servait les boissons, la belle affaire ! Et Billy qui se réveillait au milieu de la nuit pour réclamer un jus de fruit ! Ted dormait, lui ; c'était vraiment elle qui supportait tout, cette tension, cette horrible tension de chaque jour, et cet urticaire qui ne la lâchait plus à présent et qui la tenait éveillée toute la nuit à se gratter jusqu'au sang.

Et Ted qui refusait d'abandonner ses chimères. Il s'était montré ironique et n'avait pas fait preuve d'enthousiasme au début, il le disait lui-même. Tout comme il reconnaissait que ce n'était pas facile d'être mère. Il l'aiderait davantage, dorénavant. On ne pouvait pas dire que c'était le paradis entre eux, mais un bébé les rapprocherait.

— Tu ne te souviens pas de ce moment extraordinaire quand Billy est né, je te serrais très fort dans mes bras, je t'encourageais…

— C'est vrai ?

— Bien sûr !

— Vraiment ? Je ne me souviens plus très bien si tu étais là. Mais il en fallait plus pour le décourager.

— Joanna, on est des parents formidables tous les deux !

— C'est vrai, Ted, tu es un très bon père.

Elle le pensait. Il était formidable pour Billy. Mais qu'est-ce qu'il racontait ? Un autre bébé ? Comment pouvait-il imaginer une chose pareille ? Alors qu'elle n'en pouvait plus. Et cette saloperie d'urticaire !

Au début, elle s'était dit qu'elle laisserait une lettre. Elle prendrait le temps nécessaire pour mettre de l'ordre dans ses pensées. Elle s'était même demandé si elle allait écrire à la machine ou à la main. À la main, c'était moins officiel ; mais une lettre tapée à la machine serait plus claire et moins personnelle. Puis elle se dit qu'elle enverrait un petit mot très court avec son adresse, après son départ. Finalement elle décida de l'affronter. Elle lui devait au moins ça, par courtoisie : qu'il ait tout de même la possibilité de poser des questions.

Billy était parti se coucher avec ses « copains ». Ils s'apprêtaient à débarrasser la table – ils avaient mangé des hamburgers pour la trentième fois depuis le début de l'année.

— Ted, je te quitte.

— Qu'est-ce que tu dis ?

— J'étouffe ici.

— Tu quoi ?

— J'ai dit : je te quitte.

— Je ne comprends pas.

— Je vois bien. Je recommence : Ted, je te quitte. Tu as compris maintenant ?

— Dis donc, c'est une nouvelle plaisanterie ou quoi ?

— Oh, comme c'est drôle !

— Joanna ?

— Notre mariage est fini.

— Ce n'est pas possible. Je ne peux pas le croire.

— Tu ferais mieux de te rendre à l'évidence. C'est comme ça.

— Mais on parlait justement d'avoir un autre enfant.

— C'est toi qui en parlais.

— Joanna, nous avons eu des problèmes, mais tout le monde a des problèmes.

— Les autres, je m'en fous !

— Mais on ne s'engueule pas tellement dans l'ensemble !

— Nous n'avons rien de commun. Rien du tout. À part les factures, les dîners, et la baise de temps en temps.

— Je ne comprends pas.

— Tu n'es pas obligé de comprendre.

— Mais qu'est-ce qui se passe, bon Dieu, qu'est-ce que j'ai fait de mal ?

— Une femme a le droit d'exister.

— Bien sûr, et alors ?

— Alors… j'étouffe. Je dois partir.

— C'est complètement dingue. Je ne suis pas d'accord.

— Tu n'es pas d'accord ?

— Je ne te laisserai pas partir.

— Vraiment ? Dans cinq minutes, je serai partie, que tu le veuilles ou non.

— Tu ne peux pas agir ainsi, Joanna, pas comme ça.

— Pourquoi pas ?

— Tu dois faire quelque chose avant. On devrait peut-être en parler à quelqu'un, voir quelqu'un.

— Je connais les psychothérapeutes. La plupart d'entre eux ne sont que des bourgeois, et ça les arrange d'être mariés.

— Qu'est-ce que tu racontes ?

— Je te l'ai dit. Je dois m'en sortir. Je m'en vais.

— Joanna…

— Les féministes m'approuveront.

— Quelles féministes ? De quelles féministes parles-tu ?

— Je m'en vais, Ted.

— Tu t'en vas, et où ça, je te le demande ?

— Je ne sais pas.

— Comment, tu ne sais pas !

— D'ailleurs, ça n'a pas d'importance.

— Quoi ? Ça n'a pas d'importance !

— C'est vrai, tu n'arrives pas à comprendre ça, hein ?

— Joanna, je sais que ce genre de choses arrive aux autres, mais je ne peux pas croire que cela nous arrive à nous. On n'annonce pas des choses pareilles de cette façon.

— Qu'est-ce que ça changerait si je te l'avais annoncé autrement ? J'avais l'intention de te laisser un mot, j'aurais peut-être dû le faire.

— Non mais tu te rends compte, on n'est pas à l'école ! Tu laisses tomber ton petit flirt, et voilà ! Mais nous sommes mariés !

— Je ne t'aime pas, Ted. Je déteste la vie que je mène. Je déteste vivre ici. Je suis dans un tel état de tension que j'ai l'impression que ma tête va éclater.

— Joanna…

— Je ne veux pas rester ici un jour, une minute de plus.

— Je vais chercher quelqu'un, un conseiller conjugal, quelqu'un. On doit pouvoir régler ça de façon plus rationnelle.

— Tu ne m'entends pas, Ted. Tu ne m'as jamais entendue, d'ailleurs. Je m'en vais. Je suis déjà partie.

— Écoute, je me rends compte que j'ai trop investi dans mon travail. Je n'avais que ça en tête. Je le regrette.

— Ted, ce n'est pas ça. Il n'est pas question de toi : il s'agit de moi. Je ne peux pas vivre ainsi. Je n'en peux plus. J'ai besoin de vivre ailleurs, toute seule.

— Bon, alors que devons-nous faire ? Je veux dire, comment allons-nous procéder ? Je dois déménager ? Tu as un autre mec ? Il vient s'installer ici ?

— Tu ne veux vraiment pas comprendre, n'est-ce pas ?

— Écoute, c'est toi qui as tout décidé, alors, que faisons-nous à présent, merde ?

— Je prends mes valises, elles sont prêtes, et 2 000 dollars à notre compte commun, et je pars.

— Tu pars ? Et Billy ? Il faut le réveiller ? Tu as fait ses bagages ?

Elle flancha pour la première fois :

— Non… Je… Je ne veux pas de Billy. Je ne l'emmène pas avec moi. Il sera mieux sans moi.

— Mon Dieu, Joanna ! Joanna !

Elle ne put rien ajouter de plus. Elle alla dans la chambre, prit sa valise, son sac de tennis, se dirigea vers la porte d'entrée, l'ouvrit et sortit. Ted restait là à regarder, abasourdi. Il n'en revenait pas. Il était persuadé qu'elle reviendrait au bout d'une heure.

5.

Il s'endormit vers cinq heures du matin ; la clé ne tournerait plus dans la serrure, il n'y aurait pas de coup de téléphone d'excuse disant : « Je t'aime, j'arrive tout de suite », il en était sûr à présent. À sept heures et quart, il entendit des voix dans la maison. Joanna ? Non, c'était Batman, l'homme chauve-souris, et Robin. Le radio-réveil de Billy venait de se mettre en marche : et il s'agissait des voix des deux dynamiques compères dans leur duo matinal. « Mon Dieu, Batman, on nous réclame encore ! — Oui, Robin, allons réveiller nos amis ! » Que s'était-il passé ? Comment faire ? C'était à lui d'annoncer cela à Billy, à présent. Et lui annoncer quoi ?

— Où est maman ?

Billy posa la question d'emblée, pas moyen de l'éviter.

— Eh bien, hier soir, papa et maman se sont disputés… (Était-ce seulement vrai ? Il se le demandait S'étaient-ils vraiment disputés ?) Et maman a décidé de partir pendant quelque temps, c'est mieux que de se fâcher pour de bon. Tu sais comment ça se passe, parfois on se met en colère, on s'enferme en claquant la porte et on ne veut voir personne.

— Moi, j'étais très en colère quand maman n'a pas voulu me donner de biscuit.

— Tu vois ?

— Eh ben, j'ai claqué la porte et je ne l'ai pas laissée entrer.

— Oui, c'est la même chose. Maman est fâchée contre papa et elle a envie d'être seule pour l'instant.

— Oh.

— C'est moi qui te conduirai à l'école, aujourd'hui.

— Oh, quand est-ce que maman reviendra ?

— Je ne sais pas exactement.

— Elle viendra me chercher à l'école ?

Il y avait une minute à peine que la journée était commencée, et déjà les complications surgissaient.

— C'est moi qui viendrai, ou Thelma.

Il aida Billy à s'habiller, prépara le petit déjeuner et l'accompagna à l'école. Une journée « Cirque » était justement prévue à la maternelle ; Billy serait tout à fait à l'abri, là-bas, dans un autre monde, loin de ses parents, et quelle joie en perspective : il allait être dompteur de lions ! Ted ne savait pas très bien s'il devait rester près du téléphone, aller travailler, appeler la police, lancer des coups de pied dans les pneus ou chercher une baby-sitter pour garder Billy l'après-midi. « Ma femme m'a quitté. » Cela ne semblait pas réel.

Il ne lui avait jamais été facile de pratiquer le mensonge pieux. Jamais il n'avait fait semblant d'être malade pour pouvoir tirer une journée de plus pendant un week-end. Il trouvait que ce n'était pas bien de mentir, qu'on ne devait pas le faire, et même maintenant, tout en sachant qu'il ne pourrait se présenter au bureau, il s'y refusait. Mais comment faire pour appeler le bureau et dire du même ton dont on annonce une grippe :

— Je ne pourrai pas venir aujourd'hui, ma femme vient de me quitter.

Il appela sa secrétaire :

— Dites à Jim que je ne me sens pas bien.

— Qu'est-ce qui ne va pas ? s'inquiéta-t-elle.

— Je ne sais pas exactement.

Ce qui n'était pas faux. Mais de toute façon, il ne pouvait mentir à sa secrétaire et faire semblant d'être malade ; pourtant, il n'hésitait pas à se mentir à lui-même : c'est ce qu'il avait toujours fait en prétendant que son mariage allait assez bien.

Il appela sa voisine, Thelma, et lui demanda d'aller chercher Billy à l'école et de le garder chez elle avec Kim. Elle dit que ça ne posait aucun problème ; qu'est-ce qui se passait ? Il lui expliquerait plus tard. Il aimerait que Billy dîne chez elle. À présent, il avait jusqu'à sept heures du soir pour attendre que Joanna revienne et qu'ils puissent se pardonner mutuellement.

En général, dans un cas pareil, on appelle un copain : « À l'aide ! Il m'arrive une merde… Tu ne vas pas me croire… » Il ne savait pas qui appeler. Il réalisa soudain à quel point il s'était isolé depuis son mariage. Il n'avait pas d'amis. Il avait des relations avec qui il sortait pour dîner. Il n'avait pas un copain. Il y avait ce dentiste, Charlie, qui l'avait à peine écouté la dernière fois qu'ils s'étaient parlé, trop intéressé par lui-même, par la révélation qu'il avait à faire, tout content d'annoncer avec orgueil qu'il baisait sur le fauteuil dentaire. Marv, le type de *Newsweek*, n'était pas un ami. Il voyait Dan aux matches de football. Les conversations les plus profondes qu'ils avaient eues ensemble traitaient de la force ou de la faiblesse de l'avant-centre des Giants. Larry et lui s'étaient perdus de vue depuis Fire Island. Larry continuait à draguer avec son « break à filles ». Il avait acheté une nouvelle voiture, mais c'était toujours un break, son objectif restant le même : faire passer aux dames la ligne Maginot des week-ends. Le frère de Ted, Ralph, n'avait jamais été un ami. Il vivait à Chicago et passait chez Ted quand il venait à New York. Ils ne se posaient jamais aucune question pendant toute l'année, si ce n'est quel cadeau ils allaient offrir à leurs parents pour leur anniversaire de mariage afin d'éviter d'acheter quelque chose en double. C'était son grand frère, qui gagnait beaucoup d'argent avec une affaire de spiritueux, mais il n'était pas là. Avant, il avait des copains là où il habitait, et pendant ses études aussi. C'est à cette époque qu'il avait rencontré Larry et Dan, et ensuite, alors qu'il était célibataire, il s'était fait quelques amis, mais ils étaient tous partis, à présent. Marié, il n'avait plus fréquenté que des couples, et n'avait pas un ami à qui parler de temps à autre.

Il avait pourtant besoin de le dire à quelqu'un. Il appela Larry. Celui-ci était à son bureau, il travaillait pour une société immobilière.

— Ted, mon pote, comment ça va ?

— Pas très bien. Joanna vient de me plaquer. Elle est partie. Elle est partie et elle m'a laissé avec le gosse.

— Comment ça se fait ?

— Je ne sais pas très bien.

— Qu'est-ce que tu vas faire ?

— Pour l'instant, je n'en sais rien.

— Où est-elle ?

— Je ne sais pas.

— Elle s'est tirée, comme ça ?

— Ça s'est fait tellement vite…

— Elle a un mec ?

— Je ne crois pas. Les féministes l'approuveront.

— Qu'est-ce que tu racontes ?

— C'est ce qu'elle m'a dit.

— Elle t'a laissé avec le gosse ! Mais qu'est-ce que tu vas faire ?

— Je ne sais pas.

— Qu'est-ce que je peux faire pour toi ? Tu veux venir ici ?

— Je te tiendrai au courant. Merci, mon vieux.

Ce n'était pas très satisfaisant, mais ça lui avait fait du bien. Il s'écroula, épuisé moralement et physiquement, et s'endormit. Quelques heures plus tard, il se réveilla en sursaut. Il y a des gens qui souffrent d'épouvantables migraines et qui essayent de dormir pour y échapper, mais quand ils ouvrent les yeux à nouveau, les douleurs les reprennent. C'était pareil pour Ted : il ouvrit les yeux, et découvrit instantanément que sa femme l'avait vraiment laissé avec le petit.

S'il pouvait tenir jusqu'à vendredi ou même jusqu'au week-end, peut-être qu'elle reviendrait, ou qu'elle téléphonerait. Quand Thelma lui ramena Billy, il le mit au lit et se montra exceptionnellement attentionné, il lui lut même plusieurs histoires. Le nom de Joanna ne fut pas prononcé.

Il s'arrangea avec Thelma pour qu'elle le garde encore le vendredi, et sentant qu'il lui devait tout de même une explication, il lui dit que Joanna et lui s'étaient « querellés ». Il ne pouvait être plus discret dans les termes. Joanna « avait besoin d'être seule pendant quelques jours ».

— Je comprends, fit Thelma.

Il appela son bureau et recommença son « Je-ne-me-sens-pas-bien ». Il nota les coups de téléphone à donner : rien de Joanna. Il attendit le courrier ; il n'y avait que des factures. Il attendit près du téléphone et dès qu'il entendait la sonnerie, il se précipitait pour décrocher : c'était Télé-Machin qui voulait lui vendre un poste de télévision par câble : il en possédait déjà un. Larry aussi voulait lui vendre quelque chose dont il n'avait pas besoin :

— Comment ça va, mon pote ?

— Comme ci, comme ça.

— J'ai raconté ton histoire à une copine. Ça l'a vachement touchée. Pourquoi ne fais-tu pas garder Billy ce soir et…

— Non, je dois rester ici.

— Bon… Alors je te l'amène, on prendra un verre ensemble, tu me feras un signe quand tu voudras rester seul avec elle, et je vous laisserai, comme au bon vieux temps.

— Non, c'est gentil, Larry. Je te remercie quand même.

— Cette fille, elle adore aider les gens. Elle a un tempérament de bonne sœur : elle baise pour consoler.

— Je te rappellerai, Larry.

Il avait suffi d'une journée pour que Ted se retrouve sur le marché des célibataires.

Le soir, Ted et Billy suivirent les aventures de Babar l'éléphant à New York, Washington, et sur une autre planète. Joanna se trouvait-elle aussi dans un de ces endroits ? Épuisé par les voyages de Babar, Ted éteignit la lumière. Une demi-heure plus tard, alors qu'il était persuadé que Billy s'était endormi, il l'entendit appeler de sa chambre :

— Papa, elle revient quand, maman ?

Merde, les gosses posaient-ils les questions toujours aussi directement ? se demanda-t-il.

— Je ne sais pas, Billy, on trouvera bien un moyen.

— Qu'est-ce que tu dis, papa ?

— On verra. Dors. Demain, c'est samedi. On ira au zoo en vélo, on va bien s'amuser. Pense à ça…

— Tu m'achèteras une pizza ?

— Je t'achèterai une pizza !

— Bon, ça va.

Satisfait, le petit s'endormit. Ils allèrent au zoo, et Billy passa une journée exceptionnelle. À onze heures du matin, il avait déjà eu sa pizza. Il se balada dans une charrette tirée par un poney, fit un tour de manège : ensuite, ils allèrent au jardin des enfants où il grimpa à tous les jeux prévus à cet effet et rencontra un petit copain. Ensuite, Ted emmena Billy dîner dans un restaurant chinois. Tout se passait bien, pour l'instant, mais il allait falloir s'organiser, prendre des décisions. Cela ne pouvait durer indéfiniment. Encore un jour et ce serait lundi. Il devait être à son travail, à moins qu'il ne prenne quelques jours de congé pour gagner du temps. Joanna allait peut-être revenir ou appeler.

Le dimanche matin, à huit heures, le facteur apporta une lettre recommandée. Elle était adressée à Billy, il n'y avait pas l'adresse de l'expéditeur. Elle avait été postée à Damas, dans le Colorado.

— C'est une lettre pour toi, de ta maman.

— Lis-la-moi, papa.

La lettre était écrite à la main. Ted la lut lentement pour que Billy puisse l'assimiler, et lui aussi.

Billy, mon chéri.

Maman est partie. Parfois, dans la vie, les papas s'en vont et ce sont les mamans qui élèvent leurs enfants. Mais il arrive qu'une maman parte aussi, et toi tu as ton papa qui prendra soin de toi. Je suis partie parce que je devais trouver des choses intéressantes à faire pour moi-même. Chacun doit trouver sa voie, il faut que je trouve la mienne. Être ta maman était une de ces choses, il y en a d'autres et je dois les chercher. Je n'ai pu te dire tout cela et c'est pourquoi je t'écris cette lettre, je voulais te l'expliquer moi-même. Bien entendu, je suis et je serai toujours ta maman qui t'aime et je t'enverrai des jouets et des cartes pour ton anniversaire. Je ne serai plus ta maman dans la maison, c'est tout, mais je serai toujours ta maman dans le cœur. La nuit, quand tu dormiras, tu recevras les baisers que je t'enverrai. Mainte-

nant je dois partir pour devenir une vraie personne, celle que je dois être. Écoute bien ton papa. Il sera comme ton ange gardien. Je t'embrasse tendrement. Maman.

Au chagrin qu'il éprouva en lisant cette lettre, Ted mesura le chagrin qu'avait dû avoir Joanna en l'écrivant. Billy lui prit la lettre des mains et la rangea dans son tiroir, celui où il gardait ses objets précieux et ses cartes d'anniversaire.

— Maman est partie ?

— Oui, Billy.

— Pour toujours, papa ?

Merde ! Putain de toi, Joanna ! Merde, merde, merde !

— J'en ai bien l'impression, Billy.

— Elle m'enverra des jouets ?

— Oui, bien sûr !

— J'aime bien les jouets.

C'était officiel. Pour tous les deux, elle était partie.

Le lundi, quand il emmena Billy à l'école, il prit la maîtresse à part : « Mme Kramer et moi venons de nous séparer. » Comme c'était lui qui gardait Billy, il tenait à la prévenir au cas où le petit se sentirait malheureux. La maîtresse dit qu'elle était triste d'apprendre cette nouvelle et lui promit de veiller sur l'enfant : il allait être le chouchou du jour. Plutôt que celui-qui-gagne-le-pain-du-foyer, Ted aurait bien aimé être le chouchou du jour, lui aussi. Il n'était pas question de négliger son travail, surtout à présent. Billy dépendait totalement de lui maintenant. S'il était vrai, comme il l'avait soupçonné, que l'augmentation de sa participation était due à son nouveau statut de père de famille, on allait peut-être la réduire maintenant qu'il était cocu ? Non, un cocu, c'est quelqu'un que l'on a trompé. Or, il n'avait pas été trompé : qu'est-ce qu'il était alors ?

« Mon pauvre vieux », voilà ce qu'il fut pour son directeur de publicité.

— Elle est partie comme ça ? demanda Jim O'Connor.

— Ouais.

— Elle a appris que tu baisais ailleurs ?

— Non.

— Peut-être qu'elle avait un mec ?

— Je ne crois pas.

— Dis donc, ce n'est pas marrant pour toi.

— Je sais bien. Bon, ce qui m'arrangerait, c'est de prendre une semaine sur mes vacances maintenant, le temps de m'organiser.

— Tu penses bien, c'est sans problème !

— Bien entendu, tout ceci n'aura aucune incidence sur mon travail ici.

— En ce qui te concerne, Ted, il n'y a pas de problème, tu réussis très bien. Mieux que la boîte, d'ailleurs. Il est question de diminuer encore la participation.

Ted blêmit, ses actions n'avaient pas mis longtemps à dégringoler.

— Mais étant donné ta situation, nous te laisserons en dehors de cela. Comme on ne t'a pas diminué, tu peux considérer que tu viens d'être augmenté.

— Si seulement je pouvais dire ça à la banque !

— Alors, qu'est-ce que tu comptes faire, pour le gosse ?

— Qu'est-ce que tu veux dire ?

— Tu vas le garder ?

— Mais… c'est mon fils.

— Il n'a pas de grands-parents ? Ça va être dur pour toi.

L'idée de ne pas garder Billy n'avait même jamais effleuré Ted. Mais O'Connor était un type sensé, il soulevait la question. Ted se demanda si O'Connor savait des choses que lui-même ignorait.

— J'ai pensé que je pourrais me débrouiller.

— Ma foi, si tu crois que tu peux, et si c'est ça que tu veux !

Que voulait-il au juste ? Il allait réfléchir à la question posée par O'Connor. Il voulait garder Billy… Et s'il refusait ? Ce serait un moyen pour forcer Joanna à le prendre. Il fallait la trouver, d'abord.

Et même s'il la trouvait, pourquoi aurait-elle changé d'avis ? Elle détestait la vie qu'elle menait, disait-elle. Elle étouffait. Ted ne pouvait imaginer que tout à coup elle acceptât toutes les difficultés qu'elle avait refusées, tout simplement parce qu'il l'aurait dénichée dans un Holiday Inn avec un joueur de tennis professionnel – il se faisait son petit cinéma tout seul. Tu as vraiment trouvé un moyen original de fêter le Bicentenaire, ma belle !

Y avait-il d'autres possibilités ? Il n'allait tout de même pas mettre un gosse de quatre ans en pension. Les grands-parents ? Les parents de Ted n'en pouvaient plus d'être grands-parents, c'est du moins l'impression qu'ils donnaient. Ils l'avaient été pendant des années pour les deux enfants de Ralph. Ted leur en voulait un peu du manque d'intérêt qu'ils portaient à Billy lorsqu'ils venaient occasionnellement à New York. Son père restait dans la chambre à regarder « The Lucy Show » qui repassait pour la énième fois à la télévision, alors que, pour Ted, Billy était bien plus intéressant à regarder : il souriait, quel spectacle ! Sa mère ne cessait de répéter que les enfants de Ralph étaient merveilleux quand ils étaient petits. Si ses parents ne pouvaient s'intéresser à Billy pendant un seul week-end, il doutait qu'ils puissent lui accorder une quelconque attention pendant une longue période – surtout à la saison des pluies en Floride... Ses beaux-parents étaient tout le contraire. C'était trop, même. Ils étaient pathologiquement anxieux.

— Ne le laissez pas là, il va passer par la fenêtre.

— Maman, il y a une rambarde à la fenêtre.

— Il a de la fièvre.

— Non, Harriet, c'est la température extérieure qui est élevée : il fait 40 °C à l'ombre.

Il pourrait leur confier Billy, en espérant que le gosse y survive. Avec eux, il ne passerait pas par la fenêtre, c'était sûr. Mais se sentiraient-ils même concernés par Billy, à présent ? Étaient-ils encore les beaux-parents de Ted ? Tout cela n'avait aucun sens pour lui. Ni les uns ni les autres n'auraient Billy. C'était son enfant. Il lui appartenait, c'était sa petite gueule de cacahuète à lui. Ted ferait du mieux qu'il pourrait. C'était bien ça qu'il voulait.

Il alla chercher Billy à l'école et le ramena à la maison. Thelma lui avait téléphoné pour lui proposer de le garder. Les enfants s'entendaient bien, et cela ne la gênait pas du tout. Elle voulait savoir s'il avait reçu des nouvelles de Joanna ; il se crut obligé de lui donner une explication, alors il lui annonça que Joanna ne reviendrait pas. Elle abandonnait Billy – Thelma en eut le souffle coupé, il l'entendait bien : elle suffoquait littéralement à l'autre bout de la ligne.

— Mon Dieu !

— Ce n'est pas la fin du monde, dit-il en prenant un air dégagé, c'est le début d'autre chose.

— Mon Dieu !

— Thelma, je t'en prie, on se croirait dans un mauvais film. Mais ce sont des choses qui arrivent, dit-il, bien qu'il n'eût jamais rencontré personne à qui ce soit arrivé.

Il passa pratiquement sa journée au téléphone. Il avait trouvé une explication qui lui convenait : Joanna se sentait dans une situation impossible, elle croyait s'en sortir en agissant ainsi. Elle refusait toute aide extérieure, on n'y pouvait rien, c'était comme ça. Les gens lui proposaient de l'aider pour le petit, pour les repas, il pouvait compter sur eux, ils feraient n'importe quoi pour l'aider. « Ramenez-la-moi, pensait-il. Ramenez-la-moi, c'est tout ce que je demande. »

Pendant que Billy se trouvait chez Thelma, Ted alla regarder dans les affaires du petit : les vêtements, les médicaments, les jouets, essayant de se familiariser avec tous ces détails qui lui étaient étrangers puisqu'ils avaient toujours été du ressort de Joanna.

Le jour suivant, Ted reçut un mot très court, toujours sans adresse, le cachet de la poste indiquait cette fois Lake Tahoe, dans le Nevada.

Cher Ted, il y a un tas de conneries administratives à régler. Je te fais parvenir par mon avocat tous les papiers concernant notre divorce. Je t'envoie également les documents dont tu auras besoin pour avoir la garde de Billy. Joanna.

De sa vie entière il n'avait reçu de lettre aussi moche.

6.

Avant de prévenir ses parents, ceux de Joanna ou qui que ce soit, il appela M. Gonzales qui devenait soudain la personne au monde la plus importante à joindre. M. Gonzales était son conseiller à l'American Express. Les 2 000 dollars que Joanna avait retirés de leur compte commun représentaient exactement la somme que ses parents lui avaient donnée lorsqu'elle s'était mariée. Ted supposa qu'elle considérait cet argent comme lui appartenant personnellement. Tous deux avaient des cartes de crédit à l'American Express, mais Ted en était le titulaire. Toutes les dépenses lui parvenaient à lui. Elle pouvait se balader partout, aller de ville en ville par avion, commander des gin-tonic au bord de la piscine, faire monter des gigolos dans sa chambre, c'est à lui que les factures seraient adressées. Façon moderne de cocufier son mari, décréta-t-il. Il appela donc M. Gonzales, annula leurs anciennes cartes de crédit, s'en fit faire une nouvelle pour lui seul avec un nouveau numéro.

Une Mme Colby avait fait paraître une annonce dans les pages jaunes du *New York Times* : « Gouvernantes pour personnes exigeantes ». Le langage publicitaire lui étant familier, Ted savait que le mot « exigeant » signifiait : « Ça vous coûtera plus cher. » Au moins, dans son annonce, cette Mme Colby ne proposait pas des laveurs de carreaux et des frotteurs de parquets. Ted cherchait une agence qui fournissait des gens de confiance dont c'était le métier. Il n'était d'ailleurs pas certain que ce genre de chose existât. Il commença donc à se poser des questions qui ne l'avaient jamais effleuré jusqu'alors : valait-il mieux engager quelqu'un qui soit plus porté sur le ménage que sur la cuisine, qui s'occuperait bien de l'enfant mais aux dépens de la propreté ? De l'avis de tous ses amis, il ne pourrait jamais trouver la perle, une espèce de Mary Poppins qui corresponde à tous ses phantasmes de père. L'idée de placer Billy dans une garderie d'enfants toute la journée le rebutait. Ces garderies étaient un vrai scandale à New York ; l'état des locaux était lamentable par manque de fonds. De toute façon, avec ce qu'il gagnait il aurait eu du mal à le faire accepter, et puis il ne tenait pas à changer les habitudes de Billy ; il veillerait à ce qu'il conserve un rythme de vie à peu près normal. Il se rendit chez Mme Colby à son bureau de Madison Avenue. Sur les murs, des lettres de recommandations de délégués des Nations Unies adressées aux différents maires de Brooklyn. L'endroit ressemblait à un salon de thé victorien, et derrière son bureau, siégeait Mme Colby, sèche créature d'une soixantaine d'années dotée d'un accent anglais fort distingué.

— Monsieur Kramer, vous cherchez quelqu'un à demeure ou qui ne vienne que pendant la journée ?

— Pendant la journée, je pense.

Ted avait fait son calcul : une gouvernante à demeure lui coûterait au minimum 125 dollars par semaine, ce qui dépassait son budget. Il aurait pu trouver une étudiante au pair pour garder Billy et faire un peu de ménage et de cuisine, mais cela n'aurait pas créé une atmosphère assez stable pour le petit. Ted voulait quelqu'un qui puisse un peu remplacer sa mère. Une femme qui viendrait de neuf heures à six heures lui conviendrait mieux et ce serait dans ses moyens – environ 90 à 100 dollars par semaine. Elle devrait parler un bon anglais, Thelma le lui avait conseillé. « C'est quelqu'un qui sera pratiquement tout le temps avec Billy, lui avait-elle dit, tu ne veux tout de même pas qu'il prenne un accent étranger. » Cette idée avait amusé Ted au premier abord mais il comprit qu'il ne fallait pas que Billy se sente trop différent des autres enfants.

— J'aimerais une personne qui parle bien anglais madame Colby.

— Oh, bien anglais ? Alors dans ce cas, il faut compter 105 dollars par semaine plutôt que 90 ou 100.

— Simplement pour quelqu'un qui *parle* bien ?

— Pour avoir quelqu'un qui *soit* bien, monsieur Kramer. Nous ne prenons pas n'importe qui chez nous.

— Bon, d'accord, plus près de 105.

Ted réalisa qu'il venait de perdre une manche.

— À présent, j'aimerais que vous me parliez de votre situation personnelle. Il s'agit de vous et de votre petit garçon de quatre ans, n'est-ce pas ? Et vous êtes dans la publicité, c'est bien ça ?

— C'est cela même.

— Et Mme Kramer ?

— Elle s'est « envolée », madame.

Une nouvelle façon d'envisager la chose.

— Ah bon, nous avons de plus en plus de cas de ce genre en ce moment.

— Vraiment ?

— Oui, en effet.

« Dans votre petit bureau, vous savez tout ce qui se passe dans cette putain de ville, chère madame, une espèce de thermomètre en quelque sorte », pensa-t-il.

— Mais bien entendu, continua-t-elle, notre clientèle principale se compose essentiellement de mères sans mari. Pour nos pères sans épouse, il s'agit généralement de problèmes normaux, décès, crises cardiaques, accidents de la route, ou bien d'accidents stupides, chute dans l'escalier, noyade dans la baignoire…

Elle avait comme une lueur dans le regard en énumérant toutes ces possibilités.

— … Les attaques, les…

— Je vois, je vois.

— Mais nous avons eu quelques « oiseaux envolés » également, pour reprendre vos termes. Je me souviens d'un cas récent d'ailleurs, une femme de trente-huit ans, deux enfants, deux filles de dix et sept ans, elle est partie sans laisser un mot ni rien. Elle a simplement sorti toutes les chemises de son mari et a fait ses besoins dessus.

— Madame Colby…

— Elle a fini dans un asile, donc je ne considère pas qu'elle se soit « envolée » comme vous dites, il s'agit plutôt d'un cas pathologique.

— Pouvons-nous revenir à nos moutons, s'il vous plaît ?

— J'ai en vue trois personnes très, très bien. Dans les 115 dollars par semaine.

— Vous aviez dit plus près de 105.

— Attendez que je vérifie mes fiches : ah oui, c'est cela, 110 dollars.

— Avez-vous déjà eu l'idée de vendre des espaces publicitaires, madame Colby ?

— Je vous demande pardon ?

— Bon, envoyez-moi ces personnes et nous discuterons du prix ensuite. J'aimerais bien régler tout ceci assez rapidement.

— Très bien, monsieur Kramer, je vous téléphonerai dans la journée.

Thelma et Charlie passèrent le voir. Thelma lui avait apporté un roastbeef qu'elle avait préparé. C'était une jeune femme séduisante d'une trentaine d'années ; elle était mince, véritable publicité vivante pour cosmétiques américains, elle se teignait les cheveux et ses verres de contact la faisaient cligner des yeux : elle était très « mode », elle suivait le dernier régime alimentaire en vogue, et si ses revenus avaient été tant soit peu inférieurs, elle n'aurait été qu'une femme ordinaire – ce qui lui arrivait lorsqu'elle était fatiguée et qu'elle ne pouvait plus faire son cinéma. Ce jour-là, elle était totalement décomposée. Le départ de Joanna l'ayant profondément bouleversée et confrontée à ses propres problèmes conjugaux, elle avait immédiatement repris sa psychothérapie.

— J'aimerais savoir pourquoi elle a fait ça, dit-elle.

— Peut-être qu'elle a flippé, tout simplement, suggéra Charlie avec précaution (il marchait en terrain miné et le savait bien).

— J'ai vraiment épousé un dentiste, pas un psychanalyste, ça c'est évident, dit-elle d'une voix acerbe.

Ted évitait de croiser leurs regards, il se sentait gêné et coupable à cause de Charlie et de ses confidences.

— Vous savez, elle voulait recommencer à travailler et je lui avais dit que ça nous coûterait trop cher. Eh bien maintenant, je dois payer une gouvernante de toute façon, moins le salaire que Joanna aurait rapporté si elle était restée.

— C'est marrant tout de même, fit Charlie, tu dois payer quoi qu'il en soit, avec ou sans…

Et il éclata de rire. Les autres ne trouvaient pas ça drôle !

— Arrête, Charlie ! s'écria Thelma.

Ted se rendit compte que ses propres difficultés leur donnaient une bonne occasion de se bagarrer.

— Tu ne vois pas qu'il est malheureux ? dit-elle pour dissimuler son propre chagrin.

Elle sait, réalisa Ted. Tout le monde savait que Charlie la trompait.

— Mais pourquoi est-elle partie ainsi, vous ne pouviez plus communiquer tous les deux ? demanda Thelma d'un ton plein de reproche pour les deux hommes en présence.

— Non, pas vraiment, je suppose.

— Écoute, Ted, je ne veux pas te faire de peine. Ne prends pas mal ce que je vais te dire, mais je trouve qu'elle a eu un certain courage quand même.

— Thelma, ne dis pas de conneries !

— Ferme ta gueule, Charlie ! Je veux dire qu'il faut un sacré courage pour faire quelque chose d'aussi antisocial. Et je la respecte d'avoir osé faire ça, si tu veux savoir !

— Thelma, je ne pense pas du tout qu'elle ait été courageuse. Je ne vois pas ce qu'il y a de courageux à partir de cette manière !

Toute la rage qu'il avait essayé de réprimer s'échappait malgré lui à présent.

— Et toutes ces conneries féministes, vraiment des conneries ! Joanna n'était pas plus féministe que... que Charlie, tiens !

— Laisse-moi en dehors de ça, tu veux bien, Ted ?

— Qu'est-ce que ça peut foutre, pourquoi elle est partie ? Elle est partie, c'est tout ! D'ailleurs ça te préoccupe plus que moi-même, Thelma.

— Vraiment, Ted ?

— La partie est jouée. Tu es comme ces commentateurs de télévision qui discutent et analysent les matches à la fin du jeu. Bon, et alors, qu'est-ce que ça aurait changé si nous avions communiqué ? La partie est jouée. C'est fini, elle est partie, c'est tout !

— Et si jamais elle revenait, tu ne saurais jamais pourquoi elle est partie.

— Elle ne reviendra pas !

Il alla chercher le mot de Joanna qu'il avait laissé sur la table. Ils voulaient des détails ? Ils en auraient. Ils pourraient voir comme tout cela était vraiment moche. Il tendit la lettre à Thelma. Elle la lut rapidement, se sentant très gênée par la tournure qu'avaient prise les choses. Ted la lui arracha des mains et la poussa devant Charlie.

— Bravo, hein ? Ça, c'est une héroïne ! Quel courage ! Ce n'est qu'une sale lâcheuse, c'est tout. Elle s'est tirée, c'est tout. Tirée !

Il reprit la lettre, en fit une boule qu'il lança dans la cheminée.

— Ted, fit Thelma, tu ne crois pas – même si Joanna refusait – que ça te ferait du bien de voir quelqu'un ! Tu pourrais en parler à ma psychothérapeute.

— Pourquoi aurais-je besoin d'une psychothérapeute ? N'ai-je pas mes chers amis ?

— Écoute, Ted, tu n'es pas obligé d'être odieux, dit Charlie, tu es malheureux, je sais…

— Tu as raison. J'ai envie de rester seul, maintenant. Merci pour le roastbeef et les conseils.

— La lucidité ne peut pas faire de mal, Ted, dit Thelma.

Ils se dirent bonsoir avec raideur. Thelma et Ted s'embrassèrent sans se toucher. Il ne tenait pas à être plus lucide envers lui-même qu'il ne l'était, et toute explication sur le comportement de Joanna lui semblait inutile. Il en savait assez, ça lui suffisait. Il n'avait pas envie d'entendre ses amis élaborer des théories. Qu'ils décortiquent leur propre mariage s'ils en avaient envie, mais qu'ils laissent le sien tranquille ! La seule chose qu'il voulait, c'était trouver une gouvernante pour organiser la vie à la maison ; il fallait quelqu'un à la maison pour Billy. Et quand ce serait fait, Joanna serait enterrée.

Mme Colby lui organisa un rendez-vous avec une miss Evans. C'était une petite bonne femme d'un certain âge qui faisait preuve d'une verve incomparable lorsqu'il s'agissait de son régime alimentaire : du fromage blanc Gervais, pas un autre ; des yaourts Danone, pas des Chambourcy ; du pain sans sel, de régime, pas de ce pain auquel on ajoutait du sel, disait-elle. Avant même de demander à voir Billy qui dormait, elle demanda à visiter la maison et sa première question fut de savoir où se trouvaient les toilettes – elle n'avait pas besoin d'y aller, précisa-t-elle, c'était juste pour voir. Ted décida qu'il y avait entre eux une incompatibilité diététique rédhibitoire.

Il avait relevé le nom d'une Mme Roberts dans les offres d'emploi du *Times*. L'annonce disait : « Bonne cuisinière ; aime les enfants. » Elle se présenta : c'était une plantureuse Porto-Ricaine qui avait probablement été envoyée par une agence étant donné la clarté avec laquelle son annonce avait été libellée alors que son anglais était pratiquement incompréhensible en dépit de son nom très anglo-saxon.

— Moi trabaille abec veaucoup diflomates espagnols.

— Je vois, dit-il pour rester poli.

— Veaucoup cad espagnols.

L'affaire se corsait.

— Mais vous savez, j'ai seulement un petit garçon.

— Botre femme ?

— Partita, vamos !

— Loca, dit-elle, ce qui voulait dire « folle » en espagnol.

Elle lui pinça la joue chaleureusement mais fermement. Il ne put déterminer si ce geste était mécanique ou s'il comportait une certaine connotation sexuelle… En tout cas, cela faisait mal.

— Vous vous êtes déjà occupée d'enfants ?

— J'ai six bébés. Porto-Rico. Bronx. Le plus bébé, vingt-deux ans. Lui ingène.

S'il engageait Mme Roberts, Ted pouvait être sûr qu'à six ans, Billy parlerait espagnol couramment.

— Bous von.

— Pardon ?

— Bous vonne person.

Lui faisait-elle des avances hors de circonstance, ou bien son agence lui avait-elle recommandé d'être très très avenante ? De toute façon, Mme Roberts n'était pas libre pour l'instant : elle partait en « bacances » à Porto-Rico, où son époux « trabaillait » pour un « diflomate ». À la fin de l'entretien, Ted avait enfin compris que diflomate signifiait diplomate ; cad, cadre ; ingène probablement indigène ; Mme Roberts était elle aussi une « vonne person », mais Ted n'avait toujours pas trouvé sa Mary Poppins.

Après avoir contacté d'autres agences de placement et épluché de nombreuses petites annonces, il réussit à dégoter quelques gouvernantes : une charmante Jamaïcaine à la voix mélodieuse – Ted l'aurait bien engagée pour lui faire la lecture, ou autre chose, mais elle n'était libre que pendant l'été. Une femme très sévère au visage aussi amidonné que son uniforme blanc. Une nurse anglaise : elle avait élevé des générations d'enfants qui l'appelaient « nounou », mais elle ne voulait plus travailler à plein temps – pourrait-elle ne venir que deux jours et demi par semaine ? Une Irlandaise enfin, avec un accent du terroir très prononcé et qui à la fin de l'entretien tança vertement Ted pour avoir laissé partir sa femme, celle-ci ayant de toute évidence perdu la tête. Mme Colby l'appela et lui promit qu'elle lui trouverait quelqu'un dans la journée, elle en faisait une affaire personnelle puisqu'elle s'était personnellement intéressée à Ted – eu égard à l'infortuné départ de Mme Kramer : quelque part, dans sa tête, elle avait associé le départ de Joanna aux accidents de la route, aux noyades et autres calamités du même genre.

Mme Colby lui envoya quatre personnes. La première appartenait à la catégorie des 125 dollars, ce qu'elle annonça immédiatement d'ailleurs en lui demandant également s'il avait une cuisinière. La seconde était une dame fort sympathique, mais complètement dans la lune : elle s'était déjà engagée pour le mois d'août, mais l'avait complètement oublié. Une personne rondelette et souriante qui semblait faire l'affaire le rappela plus tard pour lui dire qu'elle avait trouvé une autre place où elle était non seulement logée, mais mieux rémunérée. Et la dernière enfin, une Suédoise : Mme Larson, qui jugea l'endroit trop sale à sa convenance. Ted en fut ulcéré – il n'avait pas balayé et lavé le sol pour qu'une espèce de Suédoise vienne lui faire des réflexions sur la propreté des lieux.

Il avait bien pensé mettre une annonce dans les journaux sans passer par une agence, mais il craignait de s'exposer à des fous en liberté. Il mit une note sur un panneau réservé à cet effet dans le supermarché en face de chez lui : « On demande gouvernante – de 9 heures à 18 heures – Bonne famille. »

Il reçut un appel d'une Mme Etta Willeska qui habitait le quartier. Elle était intéressée bien qu'elle n'ait pas travaillé depuis un moment déjà. Elle était d'origine polonaise, petite, large, au visage rond et rose. Elle avait mis pour l'occasion ce qui était probablement sa plus jolie toilette : une robe noire très stricte qui ne convenait guère en l'occurrence. Elle avait un léger accent, elle et son mari étaient citoyens américains depuis trente ans, annonça-t-elle fièrement. Elle avait été gouvernante pendant longtemps mais par la suite elle avait surtout travaillé dans les blanchisseries industrielles. Son mari travaillait dans une usine de Long Island. Elle aimerait bien travailler à nouveau dans une bonne famille. Elle posa ensuite une question à Ted. Une question qu'aucune des autres n'avait encore posée.

— Quel genre d'enfant est-ce ?

Il ne savait pas très bien. Il pouvait en parler en termes généraux, mais il n'avait jamais eu à définir la personnalité de Billy.

— Il est très gentil, un peu timide. Il aime jouer. Il s'exprime bien.

Il ne savait quoi dire d'autre.

— Puis-je le voir ? demanda-t-elle.

Ils restèrent sur la porte et regardèrent Billy endormi au milieu de ses « copains ».

— Qu'il est beau ! murmura-t-elle.

La lumière du couloir tomba sur le visage de l'enfant qui se réveilla en sursaut.

— N'aie pas peur, mon chéri, c'est moi. Et cette dame, c'est Mme Willeska.

— Mme Willeska, fit Billy d'une voix endormie.

— Dors, mon chéri.

— Il est très intelligent, lui dit-elle en retournant au salon, il a prononcé mon nom sans une faute, c'est très rare.

— Je ne sais pas s'il est intelligent. À quatre ans, c'est difficile à dire. Mais je crois qu'il l'est.

— Vous avez beaucoup de chance, monsieur Kramer.

Il n'aurait pas cru, surtout depuis quelques jours.

Il lui expliqua l'essentiel de ce qu'elle aurait à faire, il la paierait 110 dollars – il ne pouvait lui offrir moins que ce qu'il avait proposé à Mme Colby. Pourrait-elle venir quelques heures pour faire connaissance ? Pourrait-elle commencer lundi ? Elle répondit qu'elle serait heureuse de travailler chez lui et de s'occuper de William. En partant, elle demanda ce que Ted aimait manger le soir quand il rentrait. Il fut surpris, il ne s'y attendait pas.

Et voilà, cette dame au visage de chérubin lui ferait à dîner et s'occuperait de Billy. « Fais confiance à ton intuition », lui avait conseillé Thelma, et cette fois-ci, il avait vraiment l'impression d'avoir trouvé la Perle.

Il allait pouvoir téléphoner maintenant, il avait tout arrangé. Il pourrait dire à ses parents : « Ma femme m'a quitté, mais attendez, ne vous affolez pas, j'ai trouvé une gouvernante formidable, tout va bien, j'ai tout organisé. » Il pourrait dire à ses beaux-parents : « Savez-vous où est Joanna ? Elle est partie, vous savez ? Mais j'ai trouvé une gouvernante pour la maison, elle est formidable. » Il pourrait leur dire : « Je n'ai pas besoin de votre aide. Je n'ai pas besoin de vous. C'est moi qui le garde, je m'en occupe. Tout ira bien. »

Il alla dans la chambre de Billy et se pencha au-dessus de lui. Quelle sorte d'enfant était-il, en réalité ? Pouvait-on le savoir, à quatre ans ? Quelle sorte d'enfant allait-il devenir ? Quel genre de vie allaient-ils avoir tous les deux ?

— Tout ira bien, Billy, nous avons Mme Willeska. Et nous sommes tous les deux, nous ne sommes pas seuls.

Le petit s'agita dans son sommeil, plongé dans ses rêves d'enfant. Il remuait les lèvres, marmonnant des paroles inintelligibles. C'était fascinant, mais Ted ne pouvait rester là, à l'observer ainsi : il se sentait indiscret, comme s'il cherchait à s'immiscer dans un monde qui ne lui appartenait pas. Il avait l'impression d'être un intrus. « Mon petit garçon, ne crains rien. Tout ira bien. » Il l'embrassa et s'éloigna à reculons. L'enfant était en plein rêve, il disait quelque chose concernant « Snoopy ».

7.

Au bord de l'hystérie, elle criait : « Comment ça, elle est partie en te laissant avec le petit ! Qu'est-ce que tu racontes ? » Sa mère hurlait en répétant la même question, comme si la répétition était nécessaire à sa compréhension. « Elle est partie comme ça, en vous laissant tous les deux ? Ahhhh ! » Le hurlement de son enfance : « Comment ça, on t'a attrapé en train d'entrer en fraude au cinéma Fordham ? Comment ça, tu es dans le bureau du directeur ? » Le directeur du cinéma connaissait sa famille. À l'époque, le père de Ted tenait un petit restaurant rue Fordham, aussi au lieu d'appeler la police, il téléphona directement au restaurant. Johnny Marin et lui-même allaient s'introduire par la porte de sortie que Jimmy Perretti devait leur ouvrir de l'intérieur, et ils s'apprêtaient à ramper parmi les ombres de la salle tels les commandos dans *Les commandos attaquent à l'aube* ; au lieu de cela, ce fut l'ouvreuse qui les attrapa et les arrêta, tels les forçats de *La Grande Taule*. « Comment ça, mon fils est un criminel ? Ahhh ! » « Je ne savais pas que tu avais ça en toi », lui dit son frère après que le directeur l'eut libéré contre une assiette de dinde rôtie.

Avant la naissance de Billy, Ted et Joanna étaient allés à Fort Lauderdale pour voir le nouvel appartement que Dora et Harold Kramer avaient acheté en copropriété : un appartement moderne avec jardin et piscine. Pendant qu'Harold regardait la télévision, Dora leur fit visiter les lieux. « Je vous présente mon plus jeune fils, Ted, et son épouse », disait-elle. Du côté de la piscine, les fils étaient catalogués selon leur profession, les filles et les brus selon les professions de leurs époux respectifs. « Ted s'occupe de vente », ajoutait-elle sans jamais préciser qu'il vendait des espaces publicitaires puisqu'elle-même n'avait pas encore saisi clairement ce dont il s'agissait. Il lui aurait été plus facile d'expliquer si Ted avait été marchand de spiritueux en gros, comme son frère – là elle pouvait dire : « Voici Ralph, mon fils aîné, il est grossiste en spiritueux » – ou médecin comme le fils des Simon.

— Mais enfin, qu'est-ce qui s'est passé chez vous ?

— Nous nous sommes séparés.

— Je n'ai jamais entendu une chose pareille !

— C'est très moderne.

— Qui permet une chose pareille ?

— Ted ?

Son père avait abandonné le match à la télévision ; avant de se déranger, il voulait être sûr que ce soit vraiment important.

— Comment vas-tu, papa ?

— Tu as laissé ta femme te quitter ?

— La décision n'a pas été prise de façon tellement démocratique, tu sais.

— Et elle a laissé le petit bébé. Ahhhh !

Il poussa un hurlement lui aussi. Le choc avait dû être terrible. Il n'avait jamais entendu son père hurler comme sa mère auparavant.

— Tout va bien, je m'occupe de tout.

— Tout va bien, tu l'entends ? Comment tout peut-il aller bien ?

— Écoute, maman…

— Ta femme t'a quitté…

— J'ai engagé une gouvernante, une femme fantastique. Elle a élevé son propre enfant et s'est occupé d'autres enfants également.

— Qu'est-ce qu'elle est ? demanda-t-elle immédiatement.

— Euh… polonaise.

— Bon, ça va. Ils travaillent dur. Ahhh ! Mais qu'est-ce que ça change ? C'est une tragédie, une honte !

— Elle est très gentille. Elle viendra tous les jours et s'occupera de tout.

— Une honte, je te dis ! Cette femme est une aventurière. Une aventurière, voilà ce qu'elle est.

— Maman, Joanna est probablement un tas de choses que je ne connais pas moi-même, mais une aventurière…, dit-il en essayant de réprimer son envie de rire, comment en es-tu arrivée à cette conclusion ?

— Une aventurière, je te dis.

C'était définitif.

— Une putain, ajouta son père pour plus d'effet encore.

Il avait essayé d'amortir le coup. C'était raté. En raccrochant, il riait encore intérieurement, se demandant comment les mots « aventurière » et « putain » avaient pu leur venir à l'esprit.

Elle l'appelait William, il l'appelait Madame Willewska. Ted l'appelait Madame Willewska aussi, et elle l'appelait Monsieur Kramer, formalité qui lui plaisait assez car elle lui donnait l'impression d'appartenir à une famille de vieille souche ayant toujours eu du personnel à son service. Elle était raisonnable, très gentille et savait s'y prendre avec un enfant. Quant à Billy, il ne pouvait encore imaginer que sa maman était partie pour toujours. Seuls les détails de la vie quotidienne étaient réels pour lui : qui m'amène à l'école, qui vient me chercher, qui prépare mon déjeuner, qui m'autorise à regarder la télévision, qui me prépare mon dîner, qui fait ce que faisait maman ? Ces détails étaient tangibles et le moindre changement dans le déroulement de la journée l'effrayait terriblement. L'absence de sa mère ne bouleversait pas son univers, ce qui le bouleversait, par contre, c'est qu'il n'y ait personne pour lui faire une tartine de beurre de cacahuètes. Pendant que Ted cherchait une gouvernante, c'étaient de semblables détails qui préoccupaient Billy plus que toute autre chose ; il verbalisait son anxiété en posant sans arrêt des questions sur les heures d'arrivée ou de départ à l'école, sur les dates, sur les repas. Qui fait quoi ? Qui prend les décisions ? Etta Willewska dans les lieux, le grand mystère demeurait : où est maman ? Cette question mise à part, toutes les autres furent réglées, Mme Willewska y parvint. Quelques jours plus tard, Billy disait : « Papa, Mme Willewska ne veut pas que je prenne un autre biscuit, j'en ai déjà eu un. » Un matin, Ted faisait un bout de chemin en leur compagnie sur le trajet de l'école, lorsqu'il se fit vertement admonester par Billy parce qu'il traversait en dehors des passages cloutés.

— Papa, c'est écrit : « Ne pas traverser. »

— Nous traversons seulement quand c'est vert, monsieur Kramer, comme cela il apprendra.

— Très bien. Prenez-moi aussi par la main, madame Willewska, et faites-moi traverser.

Elle leur avait apporté la stabilité. Ils étaient encore tous deux très désorientés. Mais en ce qui concernait les détails quotidiens : tartines de beurre de cacahuètes, feux verts, feux rouges, etc., Mme Willewska avait réussi.

Pour les gens de son bureau, il avait trouvé une explication : « Ma femme ne supportait plus la vie conjugale ni le gosse », et il ajoutait généralement : « Mais nous avons trouvé une gouvernante extraordinaire, et nous n'avons plus de problèmes. » Il disait cela très vite pour couper court à tout commentaire.

Il retourna travailler et la vie reprit un cours normal à la maison. Au bout de quelques jours, n'ayant aucune nouvelle des parents de Joanna, il décida de les appeler. Peut-être savaient-ils où se trouvait Joanna. Ils ne savaient pas. Elle avait laissé à Ted le soin de les prévenir.

— Vous n'êtes pas au courant ?

— Au courant de quoi ?

— Joanna nous a quittés, Harriet. Elle est partie. Elle nous a quittés tous les deux pour « aller se chercher ».

« Tu es quand même adorable, Joanna, songea-t-il. C'est vraiment gentil à toi de me laisser cette corvée. »

Il y eut un long silence à l'autre bout du fil.

— J'espérais qu'elle vous aurait prévenus elle-même.

— Elle a laissé son fils ? Son propre enfant ?

— Et son mari. Moi aussi, elle m'a laissé.

— Qu'est-ce que tu lui as fait ?

— Mais rien, Harriet. Je ne l'ai pas chassée.

— Je sens que je vais avoir une attaque.

— Je t'en prie, Harriet, calme-toi. Où est Sam ?

— Derrière la maison.

— Va le chercher, je reste au bout du fil.

— Je vais avoir une attaque.

— N'aie pas d'attaque et va chercher Sam.

Quelqu'un qui annonçait ainsi sa prochaine attaque était peu susceptible d'en avoir une, selon lui.

— Allô ?

— Sam, Harriet va bien ?

— Elle vient de s'asseoir.

— Elle t'a dit ?

— Comment oses-tu annoncer ça au téléphone ?

— C'est vrai, j'aurais peut-être dû écrire.

— Joanna a laissé son enfant ?

— Oui, elle…

— Son petit garçon, si mignon ?

— Elle a dit qu'elle était obligée de le faire, pour elle-même.

— Je vais avoir une attaque…

— Attends, Sam…

— Je vais avoir une attaque, Harriet, parle-lui, toi. J'ai une attaque.

— Sam, tu n'as pas une attaque, sinon tu ne pourrais pas en parler.

Harriet lui en avait donné la preuve.

— Ted, c'est moi, Harriet. Sam est assis.

— Il va bien ?

— Nous ne pouvons pas te parler maintenant. Tu nous as terriblement bouleversés avec cette nouvelle. Tu n'as vraiment aucune considération ?

Et elle lui raccrocha au nez.

Pendant la semaine, Ted rentrait à la maison vers six heures en général. Il dînait avec Billy, lui faisait prendre son bain, ensuite ils jouaient un moment ensemble, Ted lui lisait une histoire, et vers sept heures et demie, Billy allait au lit. Ces quatre-vingt-quinze minutes passaient très vite. Le week-end, Etta était de congé. Long moment ininterrompu qu'il fallait remplir à tout prix pour occuper Billy et le distraire. Aussi Ted organisait-il ces journées à la manière des agences qui font visiter New York. Ce matin-là, en particulier, il avait prévu de l'emmener au musée d'Histoire naturelle. On sonna à la porte : c'étaient les parents de Joanna. Ils se précipitèrent à l'intérieur de l'appartement et fouillèrent dans tous les coins telle une équipe de détecteurs de bombe en alerte. Ils ouvraient les portes avec fracas, et derrière l'une d'elles, ils découvrirent un petit enfant en train de regarder la télévision. Ils lui sautèrent dessus et l'effrayèrent en le couvrant de baisers, de caresses et d'albums à colorier. Ils terminèrent leur visite de l'appartement ; puis, ayant reconnu l'évidence du fait, Harriet annonça : « Elle n'est pas là. »

Sam rôda encore un moment dans toute la maison, comme pour y chercher un indice important, il alla jeter un coup d'œil chez Billy qui n'avait pas bougé de sa chambre. La « Compagnie électrique » venait d'arriver avec l'« Homme Araignée », leur préséance sur les grands-parents ne faisait aucun doute, même si ceux-ci venaient de Boston. Sam fit « Tst-Tst » à Billy en faisant claquer sa langue et s'assit pesamment sur le divan.

Ils formaient un couple séduisant tous les deux. Elle était menue, la jeune cinquantaine, des yeux sombres et les cheveux grisonnants au naturel. Lui-mëme avait belle allure, un beau visage raviné et le cheveu blanc distingué. Ted avait oublié combien ils étaient impressionnants. Pas de doute, Joanna était bien leur fille, Billy était de leur sang. Il se serait lourdement trompé en imaginant qu'ils se soucieraient peu de l'enfant.

— Quelle explication vas-tu nous donner ?

Le père de Joanna avait la voix tendue. On aurait dit qu'il avait répété sa phrase pendant tout le trajet depuis Boston.

Ted relata les circonstances du départ de Joanna, essayant d'être objectif et de répéter les paroles exactes de Joanna – « ferais-tu la même chose pour moi ? » –, ils écoutaient, écarquillant les yeux comme s'ils essayaient de comprendre quelqu'un qui parlait une langue étrangère.

— Elle n'avait jamais posé aucun problème, dit sa mère.

— Eh bien, en voilà un à présent.

Ils ne comprenaient pas. Ils lui avaient confié une merveille et voilà ce qu'il en avait fait. Ils commencèrent à se remémorer les premiers succès de Joanna, la période « avant Ted », ignorant totalement ce dernier assis devant eux – se souvenant comme elle était jolie le soir du... puis ils retombaient dans de longs silences. Billy appela de la chambre de Ted où se trouvait le poste de télévision : il voulait savoir s'il pouvait regarder l'émission « Sesame Street ». L'enfant, l'enfant ! Ils se levèrent d'un bond et se ruèrent dans la chambre ; il était là, sa présence les rassurait, ils le serrèrent et l'embrassèrent à nouveau ; il les regardait d'en bas, tout étonné par ces gens qui ne cessaient de l'embrasser et de le toucher pendant qu'il regardait la télévision. Ils visitèrent à nouveau l'appartement en vérifiant les rambardes des fenêtres. Comment Ted allait-il faire ? Il n'était pas qualifié pour s'occuper tout seul d'un enfant. Qui était cette gouvernante ? Avait-il entendu parler de cette infirmière qui avait enlevé et assassiné un enfant ? Pourquoi Billy restait-il tellement longtemps devant la télévision ? Est-ce qu'il mangeait, au moins ? Qui s'occuperait de ses vêtements ? Il essayait de répondre à leurs questions. Ils n'écoutaient pas les réponses. Ils n'arrêtaient pas de fouiller partout. Des sucettes ? Tu lui donnes des sucettes ? C'était le pharmacien qui parlait. Ne sais-tu donc pas que le sucre est un poison pour l'organisme ? Les sucettes, c'est mauvais pour les dents. Ils habitaient Boston, se dit Ted pour se rassurer. Ils voulaient que Mme Willewska se soumette à leur investigation personnelle pendant son jour de congé. Il refusa. Ils voulaient emmener Billy au zoo. Il accepta, mais qu'ils essayent de ne pas blablater à propos de Joanna devant Billy, car il en aurait du chagrin. Il leur rappelait Joanna à nouveau.

— Nous lui avions fait une si belle vie. Nous ne savons pas ce que tu as fait, toi, dit Harriet avec dureté.

— C'est peut-être à cause de cela, justement, riposta Ted, vous l'avez peut-être trop gâtée, et lorsque les choses ont été trop difficiles pour elle, elle a réagi en enfant gâtée.

— Je ne te permets pas de parler de ma fille de cette façon ! s'écria Sam.

— Chut, l'enfant, leur chuchota Harriet.

Ils assiégèrent à nouveau Billy de leurs caresses et de leurs baisers. Ted les envoya au zoo et lui-même alla au cinéma dans le quartier. Il y vit un western qui avait l'avantage de n'avoir rien de commun avec lui. Ils revinrent tard dans la soirée, Billy tout collant de bonbons, la chemise maculée de pizza. Enfant : 2, Pharmacien : 0. Ils avaient décidé de rester un jour de plus à New York pour être avec leur petit-fils, préférant une chambre d'hôtel au lit que Ted leur avait offert chez lui pour rester courtois.

Le lendemain matin, à huit heures tapant, Harriet et Sam étaient à la porte, prêts à sillonner la ville. Billy voulait retourner au zoo, ils partirent donc réveiller les animaux. Ils revinrent en début d'après-midi.

— Nous devons trotter à présent, dit Harriet à son petit-fils.

« Trotte, trotte vers Boston, trotte, trotte vers Léon, si tu ne fais pas attention, tu vas tomber pour de bon. » Un jeu pour les petits enfants, Joanna y jouait avec Billy. Ted s'en souvenait. Elle avait pris ses vêtements, ne laissant que des échos derrière elle.

— Eh bien, si vous avez des nouvelles de Joanna, fit-il au moment du départ, dites-lui… (il ne savait quel message lui faire parvenir), dites-lui que nous allons bien.

Au cours des semaines qui suivirent, lorsque les gens réalisèrent que Joanna Kramer avait quitté son mari et son enfant pour de bon, ils commencèrent à chercher à intervenir. Ils avaient tant besoin de se rassurer eux-mêmes. Pour Larry, il fallait absolument que Ted baisât. Ted lui expliqua qu'il n'avait aucune envie de sortir et de rencontrer des gens. Son esprit était ailleurs. « Qui te parle de ton esprit ? » fit Larry. S'il réussissait à convaincre son copain Ted de cavaler et de draguer comme lui, la chasse et la drague en seraient justifiées. Il n'était pas aussi obsédé que certaines de ses petites amies le prétendaient puisque Ted Kramer faisait de même.

Les parents de Ted avaient une optique tout à fait opposée. Pour eux, l'important, c'était qu'il se marie. Ils s'en fichaient complètement qu'il baisât ou non.

— Mais nous ne sommes même pas divorcés !

— Alors, qu'est-ce que tu attends ? lui dit sa mère.

Il fallait engager la procédure *ad hoc.* Ted s'était renseigné auprès de son ami avocat, Dan, qui l'avait envoyé à un confrère de renom, spécialiste en divorce. Un divorce « rapidos » et un remariage non moins « rapidos » avec une autre femme, n'importe laquelle pourvu qu'elle sauve sa réputation à Miami, ainsi que celle de Dora et d'Harold.

— Un divorce, les gens peuvent comprendre, lui expliqua sa mère, je leur ai dit que tu es déjà divorcé.

— Je crains que ce divorce-là n'ait aucune validité dans l'État de New York.

— Si tu te crois drôle ! Dans la situation actuelle, je suis obligée de me justifier. Je dois dire que le petit vit avec toi pour le moment pendant que l'aventurière a un amant.

Il parla à son frère ; la distance qui les séparait dépassait de loin les kilomètres. Ralph lui proposa de l'argent, Ted refusa. Ayant offert la seule aide à laquelle il pouvait penser sur le moment, Ralph tendit le récepteur à Sandy, sa femme, qui dit que de toute façon elle n'avait jamais beaucoup aimé Joanna. Elle aurait bien pris Billy pendant quelque temps si leurs enfants n'avaient pas été si grands, mais il y avait trop de différence d'âge entre eux. Ces amabilités dispensées, ils se dirent au revoir et ne se reparlèrent plus pendant des mois.

Pour Thelma, Joanna représentait l'ange de vengeance de tous les mariages pourris. Elle vint prendre le café chez Ted et lui confia que le départ de Joanna avait déclenché « certaines choses » cachées jusque-là.

— Charlie m'a avoué qu'il avait une maîtresse. Il m'a demandé de lui pardonner et je lui ai pardonné. Et je divorce aussi.

Le lendemain soir, Charlie débarqua.

— Thelma m'a dit que j'étais libre d'épouser mon assistante. Comme si j'avais envie d'épouser mon assistante !

En partant – il ne marchait plus droit tellement il avait bu –, il dit à Ted :

— Si je ne suis plus un homme marié heureux, c'est à cause de toi.

Les parents de Joanna prirent la situation en main en envoyant des quantités de jouets, essayant de compenser la perte de leur fille en couvrant leur petit-fils de cadeaux et en lui téléphonant de Boston. Mais ces communications exorbitantes n'impressionnaient nullement le petit garçon.

— Billy, c'est grand-mère !

— Et grand-père ! Je suis là aussi, Billy !

— Oh, bonjour.

— Comment vas-tu, Billy ? Qu'est-ce que tu fais ? demanda-t-elle.

— Rien.

— Rien ? Mon Dieu, mon Dieu, un grand garçon comme toi devrait pourtant faire quelque chose.

— Je joue.

— Formidable ! Tu as entendu, Sam ? Il est en train de jouer.

— Au poisson.

— Au poisson ? C'est très bien, ça. Qu'est-ce que c'est, au juste, comme jeu ?

— Au poisson ? Eh ben, je me couche sur mon lit, je fais sortir mon zizi de mon pyjama, et il se redresse comme un poisson.

— Oh !

Quelle sorte de garçon était Billy ? Oh, il était un gamin très enthousiaste. Il lui arrivait de s'exclamer avec candeur : « Oh, quelle belle journée, papa ! » Il est formidable, décida Ted. Pourtant, lorsqu'il jouait avec les autres gosses, il manquait un peu d'agressivité, et Ted se demandait si ce comportement qui lui était propre allait également devenir celui de Billy. Manquerait-il totalement d'agressivité comme son père ?

L'imagination de l'enfant ne cessait de le surprendre : il inventait des histoires de lapins volants, et d'un certain Oscar le ronchon qui prenait le métro pour Paris ; il transformait les bâtons en fusées spatiales, les cailloux en moteurs. Il semblait tellement y croire que Ted s'inquiéta et en parla au pédiatre. Le médecin lui affirma que loin de s'en inquiéter, il devait plutôt s'en réjouir. Débarrassé de son anxiété, Ted s'en réjouit donc, tout autant que de leurs dialogues sur la nature de l'existence.

— Qu'est-ce que tu faisais, papa, quand tu étais petit ?

— Je faisais comme toi, je jouais.

— Tu regardais *Sesame Street* ?

— Ça n'existait pas, à l'époque. Il n'y avait pas de télévision.

Billy avait du mal à le concevoir.

— Tu n'avais pas la télévision ?

— Ça n'avait pas encore été inventé. Personne n'y pensait.

Quelque chose d'aussi concret que la télévision pouvait ne pas avoir existé ? L'enfant essayait de comprendre.

— Il y avait du jus de pomme ?

— Oui, le jus de pomme existait.

Ce n'est pas facile d'avoir quatre ans et d'essayer de concevoir le monde, se disait Ted. Ils sortaient juste d'un Burger King, restaurant où l'on servait d'énormes hamburgers : faveur spéciale accordée à Billy le vendredi soir.

— Ça existait, les hamburgers géants, quand tu étais petit garçon ?

— Non, mon fils, ça n'existait pas.

— Qu'est-ce qu'il y avait d'autre qui n'existait pas ?

— Eh bien, il n'y avait pas de Mac Donald's. Pas d'astronautes, pas d'esquimaux que l'on peut garder au réfrigérateur, parce que les congélateurs étaient trop petits, « et pas de maman qui abandonnait son mari et son petit garçon », se dit-il en lui-même.

Le cabinet Shaunessy et Phillips lui avait été recommandé par Dan l'avocat, le fan de l'équipe des Giants. Il avait mentionné dans sa recommandation que John Shaunessy était également un fan des Giants. Pendant les quinze premières minutes, Shaunessy, un homme d'une cinquantaine d'années, grand, mince et distingué, l'entretint de l'évolution des Giants au cours des dernières années, probablement pour créer des liens entre son éventuel futur client et lui-même. Puis ils en vinrent à Ted.

— Je vous préviens, mon cas est très simple.

— Rien de tel n'existe. Je pourrais vous citer vingt cas… très simples, comme vous dites, à vous arracher les cheveux littéralement.

— Non, non, je vous en prie, épargnez-moi ça. Est-ce que Dan vous a mis au courant ?

— Votre femme est allée se balader. Elle vous a envoyé des papiers et elle est prête à signer tout ce qu'on veut.

— Dites-moi comment ça marche. Combien de temps ça prendra. Combien ça coûtera.

— D'accord. La première chose que vous devez savoir, c'est que nous nous occupons des deux parties à la fois. Nous avons des maris comme clients, mais nous avons également leurs épouses. Nous avons tous les cas. La deuxième chose, c'est que le divorce peut être très compliqué et exiger beaucoup de doigté. En tout cas, comme vous habitez ici, c'est ici que vous devez divorcer. Ne pensez pas à ce qu'elle fait, elle. Il y a deux façons de procéder : l'abandon du domicile conjugal – ça prendra environ un an. Trop long. Ou la cruauté mentale – qui ne prendra que quelques mois.

— Cruauté mentale…

— Vous irez voir un médecin. Il dira que vous êtes tendu et nerveux. Vous l'êtes, n'est-ce pas ?

— Eh bien…

— Absolument, vous êtes tendu et nerveux. Quant à la dernière question : ça fera 2 000 dollars.

— Aïe ! Aïe ! Aïe !

— Vous savez que je suis dans la profession depuis longtemps : un vieux routier, comme on dit. J'enseigne à St John. Je publie. Je ne suis pas très bon marché. Certains prennent moins, d'autres plus. Ça vaut la peine de chercher, vous devriez voir.

— Franchement, je crois que je n'en ai pas le courage. C'est d'accord ; après tout, je m'en fous, allons-y !

— Bien. Vous comprenez, Ted, vous devez avoir un bon avocat. La rupture d'un mariage doit être faite proprement et légalement. Après tout, il s'agit de votre vie, n'est-ce pas ?

Il avait confiance en l'avocat. Mais 2 000 dollars… Il comprit que Joanna l'avait de toute façon coincé avec une facture à payer.

L'école maternelle de Billy prenait les enfants le matin pendant les vacances d'été. Cela ne coûtait pas cher, et Ted confia le petit à la maîtresse d'école. Elle s'était occupée de lui pendant cette première période difficile et trouvait que Billy s'en sortait très bien.

— Les enfants sont plus malléables que nous ne l'imaginons, dit-elle.

Ted s'était un peu calmé et avait ralenti les folles tournées du week-end ; il ne se sentait plus obligé de remplir chaque heure de l'emploi du temps de Billy. Près de chez eux, il y avait un terrain de jeu où Billy pouvait s'amuser et se dépenser. Il y avait également un bassin avec un jet d'eau et de l'endroit, on pouvait voir les bateaux de l'East River. Il y avait aussi un marchand ambulant qui servait tout ce qu'on pouvait désirer comme glaces, cassates et sodas. Ted s'installait dans un coin et lisait ses journaux. Billy venait l'interrompre de temps en temps pour lui demander un tour de manège ou une glace. Ted ne tenait pas à ce qu'il joue exclusivement avec son papa, mais il partageait très souvent les jeux de Billy : dans l'arbre-maison ou sur la balançoire, c'était Ted le plus grand de tous. Il acceptait de partager les jeux imaginaires de Billy également :

— On joue aux singes !

— Qu'est-ce que c'est que ce jeu ?

— Toi tu fais le papa singe et moi je suis le bébé singe et nous grimpons partout sur le terrain de jeu.

— Pas partout.

— D'accord. Je grimperai sur le toboggan. Et toi, tu dois pousser des petits cris, comme les singes.

— Ton papa ne poussera pas des petits cris de singe.

— Et tu dois marcher à quatre pattes.

— Ne puis-je pas être un singe qui se tient debout ?

— Ça, c'est pas un singe.

Ils venaient d'atteindre un point délicat de leurs négociations.

— Bon, d'accord, reconnut Ted, toi tu pousseras les cris et tu marcheras à quatre pattes et moi je me gratterai un peu.

— Ah, très bien. C'est vrai que les papas singes se grattent.

Et de grimper sur le toboggan ; quelque part en Afrique, ils étaient des singes, et pour ce qui était de Ted, un singe légèrement modifié.

Un dimanche après-midi, par une journée très chaude, ils avaient pique-niqué sur le terrain de jeu et Billy avait passé presque tout son après-midi dans le bassin ; à un certain moment, Ted l'avait même rejoint, et comme d'autres parents également, il avait relevé son pantalon et s'était mis pieds nus. Ted était maintenant retourné dans son coin, et il lisait pendant que Billy courait partout, pataugeant dans l'eau, gambadant et babillant, tout heureux de passer une journée entière en maillot de bain.

— On va dire que tu es le jardinier et que tu m'arroses, lui proposa Ted.

Et Billy remplissait d'eau un gobelet de plastique, revenait vers Ted et le lui versait sur la tête : cela le faisait rire comme un fou. Ils restèrent longtemps ce jour-là ; l'air commençait à se rafraîchir, les ombres s'allongeaient et le parc devenait de plus en plus beau. Ted se sentait vraiment heureux ; Billy n'avait cessé de rire et de danser toute la journée. Finalement, ils s'en sortaient bien, tous les deux : les enfants sont plus malléables que nous ne l'imaginons, mais peut-être que les grandes personnes aussi, qui sait ? En regardant autour de lui, il se rendit soudain compte qu'il ne voyait plus Billy. Il n'était pas près du jet d'eau, pas sur le tas de sable, ni sur le toboggan, ni sur la balançoire. Ted le chercha partout. Il ne le trouva pas. « Billy ! criait-il, Billy ! » Il courut vers l'entrée du parc, à l'endroit de la fontaine : il ne s'y trouvait pas non plus.

— Billy ! Billy !

Et soudain, il l'aperçut. Le petit avait quitté le jardin d'enfants et courait dans une allée extérieure qui longeait le parc. Ted se précipita à sa poursuite en l'appelant, mais il ne se retourna pas. Il continuait à courir d'un pas mal assuré. Ted força l'allurc ct rcgagna du terrain ; quand il fut à quelques mètres derrière Billy, il l'entendit appeler : « Maman ! maman ! »

Devant lui, dans l'allée, marchait une femme brune. Billy la rattrapa et agrippa sa jupe. Elle se retourna et baissa les yeux vers lui. Ce n'était qu'une femme qui marchait dans l'allée.

— J'ai cru que vous étiez ma maman, dit-il.

8.

Larry disait que c'était l'affaire du siècle : une maison à louer à Fire Island ; le malheur des uns… une des locataires faisait une dépression nerveuse.

— À cause de la maison ? s'enquit Ted.

— Je ne sais pas. C'est arrivé pendant le week-end du 4 juillet. Elle n'avait encore rencontré personne, elle se sentait seule et à la fin du week-end, elle ne pouvait plus bouger de sa chaise.

Ted n'était pas très chaud pour louer une maison dont les occupants faisaient des dépressions nerveuses. Mais, poussé par Larry, il se décida à appeler la personne qui louait la maison, une décoratrice d'intérieur qui sortait avec Larry et qui avait un fils de dix ans.

— Nous sommes tous des parents célibataires, annonça-t-elle à Ted au téléphone.

L'entendre dire cela d'une façon aussi décontractée le mettait mal à l'aise. Il se sentait classé dans une catégorie.

— Nous ne voulons pas de célibataires sans enfant, continua-t-elle. D'autre part, vous êtes un homme. Et un homme de plus serait le bienvenu.

Le vendredi à dix-sept heures trente, Etta accompagna Billy au bureau des informations de la gare de Long Island. La gare était remplie de gens qui jouaient des coudes pour fuir la ville par le prochain train en direction de la banlieue ou de la plage, et Ted fit comme les autres. Lorsqu'il aperçut Etta et Billy qui l'attendaient, le tableau le frappa tellement qu'il ralentit le pas et s'arrêta net. Billy, ce personnage qui occupait le premier plan dans sa vie, qui était si important pour lui, Billy vu à l'échelle d'une gare au milieu d'un monde fou lui paraissait tellement minuscule ! Il tenait Etta par la main, un tout petit garçon.

— Salut ! cria Ted.

Et l'enfant courut vers lui pour se précipiter dans ses bras comme s'il ne l'avait pas vu depuis des semaines, étonné du miracle : son papa à lui venait de se matérialiser au beau milieu de tout ce chaos.

Ted avait toujours considéré la plage d'Ocean Beach à Long Island comme un endroit surpeuplé et assez ordinaire. Et soudain, vu à travers les yeux de Billy, avec tous ces cornets de glace, ce drugstore rempli de jouets et un comptoir où l'on vendait des pizzas – « Tu ne m'avais pas dit qu'il y avait des pizzas ! » –, Ocean Beach, c'était Cannes.

Il finit par trouver la maison ; elle ressemblait à beaucoup d'autres du même genre, avec une véranda extérieure et un écriteau rose au-dessus de la porte :

« Chez Gloria ». C'est Gloria elle-même qui les accueillit, plantureuse créature d'une trentaine d'années en bermuda. La grande vogue était aux tee-shirts imprimés d'aphorismes intelligents ; le sien étalait sur ses seins ce qui était évident : « Gros Lolos ».

— Je parie que vous êtes Ted, lança-t-elle d'une voix sonore, et Billy essaya de se dissimuler dans le tunnel, entre les jambes de Ted.

Elle le présenta aux différents « hôtes » : Ellen, journaliste *free-lance*, et sa fille de onze ans, Georges, un psychiatre, et son fils de seize ans qui passait l'été avec lui, et une femme de quarante-six ans qui tenait un magasin d'alimentation diététique, Martha, avec sa fille de dix-neuf ans. La maison était composée d'une salle à manger/living-room commune et de cinq chambres. Il était prévu que chaque parent dormirait dans la même chambre que son rejeton.

Le règlement de la maison, affiché au-dessus du lavabo, stipulait que chaque parent était entièrement responsable de son propre enfant à la table du dîner. Les hôtes préparaient les repas chacun à tour de rôle, mais personne, à part le parent concerné, ne devait s'occuper de préparer une nourriture spéciale pour un enfant difficile. C'étaient des allées et venues de parents faisant refroidir des épis de maïs brûlants sous le robinet ou réchauffant des épis de maïs pas assez chauds. Ellen, la journaliste *free-lance*, grand échalas d'une trentaine d'années, regardait faire les autres avec condescendance, son rejeton à elle ne lui posait aucun problème. Le psychiatre, homme austère d'une quarantaine d'années aux épaules voûtées, n'était pas très causant. Son fils, un garçon austère aux épaules voûtées, ne l'était guère davantage. La dame du magasin d'alimentation diététique avait apparemment découvert les qualités nutritives des produits qu'elle vendait : elle mesurait un mètre cinquante-cinq et pesait environ quatre-vingt-dix kilos ; quant à sa blonde enfant, elle était un peu plus grande qu'elle et plus grosse aussi. Au dessert, elles se partageaient un énorme gâteau au chocolat.

Après le dîner, Larry passa le voir. Les deux amis ne s'étaient pas beaucoup vus durant ces dernières années. En retrouvant Larry dans le contexte de Fire Island, jadis un de leurs terrains de chasse communs, il s'aperçut que la chevelure bouclée de son ami se raréfiait et que son estomac s'arrondissait : le temps avait passé pour Larry, il avait passé pour lui aussi.

— Il y a une soirée terrible. Des filles formidables. Rien de nouveau sous le soleil.

— Je dois rester avec Billy.

— Amène Billy, on lui trouvera quelqu'un.

— Formidable, Larry !

— Bien sûr, mon vieux, c'est ça, Fire Island !

Et il s'éloigna en compagnie de Gloria qui avait changé le tee-shirt « Gros Lolos » qu'elle avait sali au dîner pour un autre tee-shirt « Gros Lolos » plus propre.

Ted et Billy passèrent des journées agréables sur la plage ; Ted avait même fait quelques parties de volley pendant que Billy construisait des châteaux de sable à proximité. Un dimanche après-midi, Larry lui téléphona de Ocean Bay Park. Il lui fixait rendez-vous à six heures sur le continent et le raccompagnerait à la maison en voiture. Quel ami dévoué !

— Une seule chose, ne parle pas de moi à Gloria, nous avons rompu.

— Larry, comment avez-vous pu rompre, vous n'étiez même pas ensemble !

— Mais si, ça a duré une semaine. Et toi, mon vieux, où en es-tu ? Tu as trouvé quelqu'un ?

— Je n'ai pas cherché.

— Qu'est-ce que tu attends ? Sors, lance-toi !

Quatre mois s'étaient écoulés depuis le départ de Joanna. Quatre mois pendant lesquels il n'avait touché aucune autre femme.

Gloria fit sonner la cloche pour le rassemblement des unités. Elle s'excusa auprès de Ted pour l'aspect militaire de la chose, sans cesser pour autant. « Ça facilite l'organisation de la maison. » Ils étaient donc tous présents au rassemblement des unités, on allait faire les comptes : le total des frais engagés pour la maison, divisé par unité, moins les dépenses engagées par chaque unité. C'était un côté de la vie communautaire qu'il avait oublié – diviser l'argent. Pour le moment, il s'agissait de savoir si Ted était d'accord pour signer : sa part s'élevait à 200 dollars. Ce n'était pas du tout ce que Larry avait dit.

— Attendez, dit-il.

Les autres le regardèrent ébahis, comme s'il venait de les attaquer personnellement.

— Je dois en parler au reste de mon unité.

Billy était dehors, il jouait à cache-cache avec un petit copain qui habitait la maison voisine. Ted lui annonça qu'ils devraient retourner à New York. Billy éclata en sanglots avant même que Ted ait eu le temps d'ajouter que c'était à eux de décider si oui ou non ils allaient rester. Billy ne voulait pas quitter son copain, sa maison, son île. Ted paya les 200 dollars. Il était officiellement locataire, unité et parent célibataire « chez Gloria ».

Pendant les week-ends, Ocean Beach regorgeait de gens qui draguaient dans les bars et dans les soirées. Les personnes qui habitaient avec Ted étaient plutôt du genre casanier. Ce qui lui convenait fort bien. Il restait au salon avec les autres et bavardait ou lisait sans se sentir obligé d'affronter la clique habituelle des célibataires en chasse qui sévissait à l'extérieur.

— Toute la semaine, je suis tellement sous pression, disait Martha, que je n'ai qu'une seule envie : me détendre pendant le week-end.

Mais il régnait une certaine tension dans cette maison ; Ted l'avait ressenti dès le premier week-end. Martha, Gloria et Ellen avaient tenté quelques incursions dans la vie nocturne et en étaient revenues bredouilles : elles n'avaient fait aucune rencontre. Georges le psychiatre restait pratiquement vissé à sa chaise. De tous, c'est Billy qui semblait le plus heureux. Il avait son copain Joe, le petit garçon d'à côté – cinq ans –, et ils jouaient ensemble sous la véranda, soit chez l'un, soit chez l'autre ; Billy s'amusait aussi avec d'autres gosses et ils dévalaient les allées en bande sur une petite moto rouge.

Un samedi soir, c'était le troisième week-end à Fire Island, Ted se retrouva seul dans le salon en compagnie de Georges. Chacun avec un livre. Il se sentit obligé de dire quelque chose. Ils s'adressaient rarement la parole.

— C'est intéressant ? s'enquit Ted – question totalement dépourvue d'intérêt en l'occurrence.

— Oui.

Georges se replongea dans sa lecture.

— Ça parle de quoi ?

« C'est vraiment moi qui pose une question pareille ? » Il aurait voulu la retirer immédiatement.

— De sénilité, répondit Georges, ce qui mit fin à la conversation.

Une demi-heure plus tard, Ted referma son livre – qui traitait d'océanographie – et dit « bonne nuit » avant de s'éloigner.

— Votre femme vous a quitté ? fit Georges tout à coup, laissant Ted fort surpris.

— Oui, il y a quelques mois.

— Je vois.

Georges semblait réfléchir à ce qu'il venait d'entendre. Ted attendait. C'est que le bonhomme était psychiatre tout de même !

— Je trouve (Georges s'exprimait avec lenteur en choisissant ses mots avec soin), je trouve que vous devriez sortir un peu plus.

— Je devrais sortir un peu plus ?

« Ça, Georges, ma mère aurait pu me le dire aussi. »

Il ne pouvait pas atermoyer plus longtemps : la deuxième semaine d'août déjà. Billy jouait chez son petit ami qui l'avait invité à dîner. Ted disposait d'au moins deux heures et il y avait une fête près de chez lui. Il se versa à boire et s'y rendit verre en main. Tout lui revint en mémoire. C'est là-bas qu'elle se tenait, sur la véranda, la plus jolie de toutes, il cherchait une manœuvre d'approche, il réussissait à obtenir son nom et son numéro de téléphone, ils se revoyaient à New York, ils se mariaient et… Oh, Joanna, Joanna, où es-tu ? Ses yeux se remplirent de larmes, mais il se reprit sur-le-champ. Elle ne méritait pas ça.

Larry se trouvait là aussi, enlaçant une de ses généreuses découvertes. Il fit signe à Ted de s'approcher et Ted se fraya un chemin parmi la foule, essayant de reconnaître quelques visages familiers au passage : vieux réflexe de stratège.

— Ah, te voilà, mon vieux ! Viens que je te présente : voici Barbara et ses amies Rhoda et Cynthia.

L'amie de Larry était jolie mais trop maquillée. Elles avaient la trentaine environ. Rhoda était petite et boulotte, avec une vilaine peau. Avant, Ted l'aurait totalement ignorée à cause de son physique. Maintenant, à cause de son physique justement, il éprouvait pour elle une sorte de compassion. Marchandise en attente, tout comme lui. Cynthia était un peu moins laide ; elle donnait une impression de fragilité : petite brune toute maigrichonne.

— Ted revient à ses anciennes amours.

— Si l'on peut dire.

— Je vais vous faire une confidence, les filles, mais gardez ça pour vous ! Ted était une des plus fines lames des alentours.

Ils éclatèrent de rire. Un rire un peu tendu. Dès que Ted reprit son sérieux, Cynthia cessa de plaisanter.

— Qu'est-ce que vous faites dans la vie, Ted ?

— Je vends des espaces publicitaires.

Il pouvait voir tout de suite qu'elle ne connaissait rien à la chose.

— Quand vous voyez des pages de publicité dans les magazines, il y a quelqu'un qui vend ces pages aux publicistes, ce quelqu'un c'est moi. Je travaille pour les magazines, je contacte les agences publicitaires et j'essaye de leur faire acheter des espaces ou des pages pour leurs clients.

— Ça a l'air passionnant.

— Et vous, que faites-vous ?

— Je suis secrétaire chez un avocat.

— Ah, c'est bien.

Barbara avait invité Larry à dîner, et maintenant Cynthia l'invitait lui aussi. Il retourna chez lui et demanda à Martha si cela ne la dérangeait pas de faire coucher Billy. Cela ne posait aucun problème ni à Martha ni à Billy. Ted se rendit donc à ce dîner. Les jeunes femmes partageaient la maison avec une autre locataire qui elle aussi avait un invité : un type d'une trentaine d'années. La mère de Barbara, venue passer le week-end, essayait de paraître plus jeune que sa fille : elle avait invité deux malabars en maillot de corps qu'elle avait levés sur le port où leur bateau à moteur était ancré. Ils avaient apporté une caisse de bière.

— J'ai comme l'impression que cette soirée figurera dans le carnet mondain du *Times*, murmura Ted à Larry.

— Attends de voir ce que nous allons manger. Des œufs cuits sur le gril.

À la surprise générale, Barbara apparut avec des steaks pour tout le monde. Les types du bateau s'occupèrent de faire cuire la viande, Ted et Larry préparèrent une salade. La bière et l'alcool coulaient à flots. L'un des « marins » se révéla un passionné de football et, pendant tout le repas, la conversation roula autour du sport. La tarte aux noix que la mère de Barbara avait préparée fut appréciée et applaudie à l'unanimité. Ils parlèrent de la nourriture et se trouvèrent tous mutuellement merveilleux, déclarant qu'ils devraient louer une grande maison ensemble. Cynthia se montrait très réservée, comme si elle craignait de faire fuir son interlocuteur en parlant trop. Elle manifestait de l'intérêt pour le travail de Ted, il manifesta de l'intérêt pour le sien. Quelqu'un mit de la musique très fort, et Ted se retrouva dans une de ces bruyantes soirées dont les échos parvenaient jusqu'à sa chambre quand il essayait désespérément de dormir. Il dansa avec Cynthia, elle pressa sa maigreur contre lui et déclencha, ce faisant, sa première érection naturelle depuis des mois. La soirée devenait un peu trop bruyante ; il prit Cynthia par la main et ils allèrent marcher le long de la plage. Au bout d'un moment, il se décida à l'embrasser. Elle ouvrit les lèvres, il la serra contre lui et lui mit sa langue dans la bouche, ensuite il promena ses mains partout : sur elle, sous ses vêtements, dans elle. Il l'entraîna hors du chemin et la coucha dans les dunes, loin de tous les regards. Il l'embrassait, la caressait et elle disait : « Oh, Ted ! » Il mit du temps à répondre car il avait oublié son nom ; il lui brouta la chatte dans les dunes en se disant qu'il pourrait être arrêté pour ça. Pendant qu'il était à l'œuvre, son prénom lui revint, il réussit enfin à sortir un « Oh, Cynthia ! ». Une voiture de police faisait sa ronde sur la plage et éclaira le voisinage de ses phares : dans l'obscurité ce fut comme si on avait dirigé des projecteurs sur eux, ils bondirent sur leurs pieds et arrangèrent leur mise. Ils repartirent par le même chemin, s'arrêtant tous les deux mètres pour s'embrasser dans le noir. La soirée battait son plein chez elle, et chez lui les lumières étaient encore allumées. Ne sachant où aller ni que faire d'autre, ils continuèrent à marcher en s'embrassant. Ted se sentait triste pour elle, qui avait si désespérément envie d'être aimée, rien qu'un tout petit peu, envie d'être emmenée loin de la véranda, loin de cette soirée, même par quelqu'un qui ne retenait pas son nom. Appuyés contre une barrière dans la nuit, il la pénétra encore de ses doigts.

Ocean Beach était d'une trivialité choquante. Il se sentait aussi trivial que la ville.

Les lumières de la maison s'étaient éteintes, il la prit par le bras.

— Allons dans ma chambre.

— Mais ton petit garçon ?

— Il ne se réveillera pas.

Ils se glissèrent sans bruit dans la maison, dans sa chambre, dans le lit voisin de celui de Billy. Le petit ronflait ; ils essayaient de garder le drap sur eux pour que, s'il s'éveillait, Billy voie un drap et non une personne – pourvu qu'il ne croie pas à un fantôme. Ils bougeaient avec précaution pour que le lit qui grinçait ne couinât pas trop fort. Il l'embrassa encore un peu pour la forme puis il la pénétra. Il jouit très vite, presque dès qu'il fut en elle.

— Je suis désolé, dit-il, ça faisait si longtemps.

— Ce n'est pas grave.

Ils étaient là, serrés l'un contre l'autre dans ce lit étroit, cachés sous le drap à côté d'un enfant qui ronflait. Ted attendit un peu et se prépara pour un nouvel essai : le lit grinça, Billy remua dans son sommeil, et elle avait eu sa dose de romantisme insulaire pour la nuit.

— Ne bouge pas, dit-elle.

Elle remit de l'ordre dans ses vêtements qu'elle n'avait d'ailleurs pas complètement retirés. Il défroissa les siens qu'il n'avait pas quittés non plus, et parce qu'on reconduit-toujours-la-dame-chez-elle-après, il la raccompagna en silence. Chez elle, la soirée n'était pas encore terminée. Il l'embrassa. Elle lui rendit son baiser par convenance et rentra dans la maison. Cinq minutes plus tard, il était dans son lit, auprès de Billy.

Le lendemain, ils se croisèrent sur la promenade, ils se saluèrent et détournèrent leur regard. Leur relation n'avait duré que l'espace d'une nuit, même pas. Et pourtant, cette Cynthia dont il oubliait le nom même lorsqu'il était auprès d'elle, représentait pour lui plus qu'il ne l'aurait souhaité. Elle était la première femme depuis Joanna. C'était donc possible. Il espérait seulement que cela se reproduirait avec plus de bonheur la prochaine fois : il y mettrait plus d'affection, il ferait mieux. Mais ça serait avec quelqu'un d'autre, pas avec Joanna, jamais plus avec Joanna. Jusqu'à présent, il n'avait jamais voulu accepter cette évidence, mais c'était fait, maintenant. Sa femme l'avait quitté, et si votre femme vous quitte, un jour ou l'autre vous rencontrerez d'autres femmes. Il se retrouvait célibataire, avec tout ce que cela impliquait.

S'il avait pu croire un instant qu'il lui suffirait de paraître dans une soirée pour avoir une femme dans son lit le soir même, il déchanta très rapidement. Le week-end suivant, il se rendit à une autre fête, mais personne ne lui sauta dessus. Il en fut de même le week-end d'après. Et le week-end du Labor Day, alors que tout le monde se bousculait pour faire connaissance, il se trouva sur la promenade en train de boire un verre en fin d'après-midi et de regarder passer les gens qui se rendaient à des fêtes. Il aperçut une jeune femme, la plus élégante qu'il ait vue depuis des semaines, une jolie fille habillée de blanc. Il l'arrêta et la complimenta sur sa beauté, elle lui sourit, ne parut pas indifférente, mais elle était invitée à un cocktail. Comme il ne pouvait l'accompagner, il la regarda s'éloigner, sachant qu'il ne la reverrait pas car il avait un fils de quatre ans à la maison et que ce fils, après avoir vomi sur le tapis du salon, se reposait dans sa chambre ; son papa ne pouvait donc le laisser tout seul pour aller lutiner des jeunes filles, fantômes tout de blanc vêtus. Regardant ces gens qui allaient aux dernières fêtes de l'été, il les enviait d'être seuls : c'était tellement plus simple de n'avoir à s'occuper que de soi-même. Lui qui ne pouvait même pas aller faire un tour sur la promenade !

— Comment vas-tu, mon chaton ?

— Je suis malade, papa.

— Je sais. Je crois que tu as mangé trop de pop-corn chez Joe. Essaye de dormir, mon chéri. Demain, c'est notre dernier jour ici. Nous allons bien nous amuser. Nous allons construire le plus grand château de sable de l'été.

— Je ne veux pas rentrer à la maison.

— Mais ça va être l'automne. L'automne est merveilleux à New York. Allez, dors maintenant.

— Papa, reste avec moi jusqu'à ce que je m'endorme.

— D'accord, mon chaton.

— J'ai mangé trop de pop-corn chez Joe.

Le dernier jour Chez Gloria, Ellen la journaliste, qui n'avait fait aucune rencontre de tout l'été, fut incapable de quitter sa chaise. Georges le psychiatre, le Zorro de l'analyse, pensait qu'Ellen, étant influençable et sensible au plus haut point, avait été impressionnée par ce qui était arrivé pendant le week-end du 4 juillet, lorsque la locataire précédente n'avait pu se lever de sa chaise elle non plus. L'anecdote fit partie du folklore de Fire Island et entra dans l'histoire de l'île : un record, la loi des nombres, un maximum de dépressions nerveuses dans une même pension et en une seule saison.

Il faudrait jouer serré, à New York. Ted aurait pu se coucher en se disant que c'était comme cela à Fire Island mais que cela ne durerait pas au-delà ; en fait, il savait très bien que « la saison » ne faisait que commencer.

9.

Le divorce dura sept minutes. La séance eut lieu dans le cabinet du juge. John Shaunessy, l'avocat amateur de football, fit intervenir son équipe en plein milieu : quelques dépositions, l'épouse ne faisait aucune, opposition, une lettre du médecin confirmait que Ted avait souffert nerveusement de la situation. Ted répondit par écrit à une liste de questions : l'expérience avait été douloureuse pour lui, le juge semblait indifférent. Ils se tournèrent vers l'opposition qui n'engagea aucune contre-attaque. Le juge prononça le divorce et la garde de l'enfant fut confiée au père, puisqu'il était clair que la « cruauté mentale » rendait toute cohabitation impossible et dangereuse pour le mari. Dix jours plus tard, les papiers dûment signés par le juge arrivèrent au courrier : Ted Kramer et Joanna Kramer étaient légalement divorcés.

Ted pensa qu'un geste s'imposait. Il emmena Billy manger un hamburger géant dans un restaurant Burger King. La fête fut sobre et de courte durée car, en fait, Billy n'avait envie que d'une grande assiette de frites. L'enfant avait une connaissance précaire de ce qu'était le mariage et il ne savait pas très bien d'où venaient les enfants. Aussi Ted avait-il évité de lui compliquer la vie en lui parlant de procédures judiciaires en cours. Mais à présent, il voulait que Billy soit au courant.

— Billy, il y a quelque chose qui s'appelle le divorce. C'est lorsque deux personnes mariées se démarient.

— Je sais. Seth a divorcé.

— Les parents de Seth ont divorcé. Comme ton papa et ta maman. Ton papa et ta maman sont divorcés, maintenant, Billy.

— Est-ce que maman n'avait pas dit qu'elle m'enverrait des cadeaux ?

« Je ne peux pas parler au nom de la dame, Billy. »

— Peut-être le fera-t-elle.

— Je peux encore avoir des frites ?

— Non, mon petit vieux, tu en as déjà eu assez.

Ted le regardait avec admiration, comme on regarde un tableau de maître – son Billy, le front ceint d'une couronne en papier, cadeau de la maison.

Ce n'était pas vraiment désagréable, mais tout de même, manger cette nourriture merdique en compagnie de son fils pour fêter un tel événement – l'événement en question ayant coûté 2 000 dollars –, il trouvait qu'il méritait mieux. Du restaurant, il appela une jeune fille qui habitait son immeuble et qui lui avait proposé de garder Billy lorsqu'il en aurait besoin ; il lui demanda de venir ce soir-là. Il n'y avait aucune femme dans sa vie pour célébrer l'événement avec lui. Depuis deux mois qu'il était revenu de Fire Island, il avait momentanément abandonné la vie mondaine – si l'on pouvait dire. Larry aurait été trop excité. Il n'avait pas non plus envie d'aller seul dans un bar pour raconter sa vie à un étranger. Il appela Charlie.

Charlie s'était installé dans un studio avec son assistante dentaire, mais ils s'étaient séparés après seulement deux semaines de vie commune. Charlie avait appelé Ted à ce moment-là pour lui dire que les mecs devraient rester entre eux et qu'ils devraient se voir. Quand Ted lui proposa de sortir ce soir-là, Charlie fut aux anges. Ils se donnèrent rendez-vous au coin de la 72ᵉ Rue et de la Deuxième Avenue, là où se trouvaient tous les bars pour célibataires. Ils avaient décidé de prendre une cuite. Ted portait une veste de velours côtelé, un pull et des jeans. Charlie, corpulent bonhomme de quarante-cinq ans, arriva en blazer et pantalon à carreaux d'un mauvais goût si criard que c'en était de l'Op Art.

Le premier endroit qu'ils choisirent fut le Pals, très convenable de l'extérieur. Ils y entrèrent, et n'y trouvèrent que des hommes, tous vêtus de cuir. À la porte, un cow-boy à la braguette protubérante, au regard de vrai cuir, les salua d'un « Bonsoir, les tigres ». Ils détalèrent hors du corral, sans plus attendre. Le bar suivant était le Rio Rita avec un jukebox qui gueulait et ce qui se passait au bar faisait penser aux soirées de Fire-Island. Des lycéens, décida Ted. Ils burent un ou deux verres puis il écouta Charlie l'absoudre de la responsabilité de sa rupture avec Thelma. Chez Hansel, les jeunes dames et les jeunes messieurs étaient d'une telle beauté que Ted se demanda s'il n'était pas tombé au milieu d'un Festival européen de la jeunesse. Là-bas, Ted apprit que Thelma sortait avec un collègue de Charlie, un autre dentiste. Quand enfin ils débarquèrent au Zappata, ils trouvèrent une clientèle plus âgée, mais là encore c'étaient eux les plus vieux. Chez Zappata, Charlie pardonna à Ted de l'avoir fait rompre avec son assistante dentaire. Ted, l'esprit embrouillé par la vodka, n'était pas certain d'avoir joué un rôle quelconque dans cette histoire. Au Glitter, la clientèle était tellement sophistiquée et l'endroit tellement bondé qu'il était impossible à deux « nouveaux » de rester au bar. Ils reprirent leur déambulation nocturne et atterrirent sur les tabourets du bar Home Again.

— Si on fait le compte des conneries qu'on a dites aux femmes de tous ces bars, jusqu'à maintenant ça fait seize, remarqua Ted, plus conscient que Charlie de l'inanité des propos échangés au cours de la soirée.

Il est vrai que Charlie ne démordait pas de son « Bonsoir, jolie madame, comment vous appelez-vous ? » Il venait d'accoster une charmante créature très « mode », vêtue d'un uniforme scout. La chef taine l'avait planté là pour aller allumer un feu un peu plus loin.

Ted et Charlie, appuyés contre un mur de la Deuxième Avenue, parlaient à cœur ouvert comme ils l'avaient fait toute la nuit, mais ils étaient dans un tel état à présent que la conversation s'avérait difficile.

— Est-ce que je t'ai déjà dit combien j'étais désolé de ce qui est arrivé avec Joanna ? dit Charlie.

Ted lui répondit :

— Tu sais, j'essaye de ne pas y penser.

— Moi je pense tout le temps à Thelma.

Et il se mit à pleurer.

Ted le consola en marchant et suggéra avec la lucidité propre aux ivrognes qu'ils devraient aller prendre un dernier verre au Emerald Isle – un whisky-soda à 85 cents, prix spécial. Charlie essaya de dormir. Ted l'extirpa du bar et le raccompagna chez lui. Ensuite il s'efforça de paraître présentable pour faire bonne impression sur la nouvelle petite baby-sitter. Il revint chez lui et la remercia pour la délicieuse soirée qu'il avait passée.

Il avait parlé de son divorce à quelques personnes de son entourage. Il pensa qu'il devait en informer Joanna. Quand son avocat commença les procédures légales, Ted obtint de ses beaux-parents l'adresse de Joanna, un numéro de boîte postale à La Jolla, en Californie. Il voulait lui envoyer un double des papiers. Les relations diplomatiques entre lui et les parents de Joanna ne s'étaient guère améliorées. Ils vinrent à New York une autre fois mais ils n'avaient pas grand-chose à lui dire à lui. « Demande-lui à quelle heure nous devons ramener le petit », dit son beau-père. Ted désirait savoir s'ils avaient eu des nouvelles de Joanna et sa mère lui répondit : « Si Joanna veut vous tenir au courant de ses activités, elle est assez grande pour le faire elle-même. » Ted remarqua que leur hostilité était également dirigée contre Joanna ; il en déduisit donc qu'eux-mêmes ne savaient rien des activités de leur fille. Thelma, sa conseillère en matière de psychologie – elle avait été en analyse pendant sept ans –, lui dit que Joanna se rebellait probablement contre ses parents aussi. Ils ne devaient donc pas savoir grand-chose de ce que faisait leur fille. Elle les avait fuis, en quelque sorte, en laissant à Ted le soin de les prévenir.

— Tu ferais mieux de t'occuper de tes propres manifestations psychiques, tu sais, ajouta Thelma.

— Oh ! oui, tu as raison, qu'elle aille au Diable !

— Ce n'est pas ce que je voulais dire. Je trouve que tu devrais vraiment commencer une psychothérapie. Cette histoire, c'est à toi qu'elle est arrivée. Tu n'as pas envie de savoir pourquoi ?

— Tu n'as qu'à demander à Joanna.

— Mais tu es impliqué là-dedans, Ted. Pourquoi ne vas-tu pas voir mon docteur ?

— Non, ce n'est pas la peine. C'est trop tard, de toute façon.

Assis, avec tous les papiers du divorce étalés devant lui, il composait dans sa tête la lettre qu'il allait envoyer à Joanna. « Tu es libre de te remarier dans le Nevada ou à New York, ma beauté. » Non, trop puéril. « Puisque je t'envoie ces papiers, j'en profite pour te donner de nos nouvelles et pour te parler de Billy surtout. » Non, elle ne m'a rien demandé. Il décida de mettre les papiers dans une enveloppe et d'envoyer le tout tel quel, sans y ajouter un mot : de toute façon, c'était suffisamment éloquent. À une époque, ils communiquaient par les yeux, par les gestes, par les mots ; à présent, ils communiquaient par ordonnance de divorce.

Les parents de Ted arrivèrent à New York, visite promise depuis longtemps. Ils étaient tout ronds et tout bronzés.

— Le petit est trop maigre, dit sa mère.

— Il va très bien : c'est sa nature.

— Je sais reconnaître un enfant trop maigre. Je n'ai pas été dans la restauration pour rien, tout de même !

Après avoir décrété que « cette Polonaise » ne le nourrissait pas convenablement – ils avaient rencontré Etta en arrivant et l'avaient saluée avec la chaleur humaine réservée habituellement aux livreurs –, Dora Kramer décida donc de jouer son rôle de « grand-mère gâteau » jusqu'au bout. Elle remplit le réfrigérateur de poulets et de roastbeefs. Lorsqu'elle les fit cuire, Billy ne mangea pas.

— Je ne comprends pas cette façon de s'alimenter.

— Essaye donc de la pizza, lui dit Ted.

— Billy, tu n'aimes pas le rôti que t'a fait ta grand-mère ?

— Non, grand-mère, c'est trop dur à mâcher.

Ted aurait voulu lui sauter au cou. Des générations entières avaient toléré la cuisine de Dora Kramer, toujours trop cuite, et seul William Kramer, son fils à lui, avait osé s'opposer à elle. Billy dit bonsoir à tout le monde, après avoir également délaissé le puzzle compliqué que ses grands-parents lui avaient apporté et qui aurait convenu pour un enfant de dix ans.

— Tu n'aimes pas le puzzle que ta grand-mère t'a choisi ?

— Non, grand-père, les pièces sont trop petites.

Les grandes personnes purent ensuite parler librement et Dora en vint au sujet qui la préoccupait tant.

— Elle n'est pas très méticuleuse, cette Etta.

— Elle est très bien. Nous nous débrouillons très bien.

Elle négligea de répondre. Qu'ils descendent de Boston ou montent de Floride, que ce soit ses parents à elle ou ses parents à lui, ils étaient d'accord pour le trouver incompétent. Il ne tiendrait aucun compte de leur opinion.

— Billy est un gosse fabuleux, maman.

— Il a une expression lointaine dans le regard.

— Moi je trouve qu'il est assez heureux, étant donné les circonstances.

— Qu'en penses-tu, Harold ?

— Oui, oui, il est trop maigre, dit-il.

Au moment de partir, Dora jeta un dernier regard sur l'appartement.

— Tu devrais arranger cet endroit.

— Qu'est-ce qui ne va pas ?

— On voit bien que c'est chez elle. Je suis étonnée que tu ne te sois pas débarrassé des objets qui lui appartenaient.

L'appartement était meublé en moderne, sans style particulier – des beiges, des bruns, un divan suédois, des rideaux indiens imprimés dans le salon, un étal de boucher en guise de table dans la salle à manger – avec goût et pas forcément celui de Ted qui n'était pas très défini. Joanna avait décidé de la décoration. Après son départ, il ne lui était même pas venu à l'idée d'y changer quoi que ce soit.

— Et ce truc-là ? (Dora montrait un grand cendrier en céramique noire qui venait de ses beaux-parents.) Qu'est-ce que ça fait encore ici ?

— Merci d'être venus, dit-il.

Dès qu'ils furent partis, Ted fut pris d'une migraine. Sa mère avait-elle raison pour l'appartement ? Était-il si passif qu'il ne pouvait qu'accepter son état sans changer ce qu'il aurait dû changer ? Aurait-il dû redécorer son appartement, son appartement à elle ? Billy n'en aurait-il pas été chagriné ? Ne se servait-il pas de Billy comme d'un prétexte ? Il prit le cendrier que personne n'aimait, pas même Joanna, et le jeta dans l'incinérateur. Y avait-il quelque chose qui n'allait pas chez lui pour ne pas l'avoir fait plus tôt ? Il n'en était pas certain.

Après que Larry, ce Larry si peu compliqué en apparence, lui eut confié qu'il était en analyse, Ted cessa de nier l'existence de certaines forces obscures qui rôdaient autour de lui ou à l'intérieur de lui.

— J'ai la trouille d'avoir le complexe du Casanova, mon vieux. Je baise un tas de filles parce que j'ai peur d'être pédé.

— Larry, tu déconnes !

— Je ne dis pas que je suis pédé. Je ne dis pas que j'ai le complexe de Casanova. Je dis simplement que j'ai peur de l'avoir, et c'est là-dessus que nous travaillons.

— Ce n'est pas très simple.

— Je sais. Sacrée merde à déblayer, mais j'adore ça !

Trois semaines passèrent au cours desquelles l'événement le plus marquant du calendrier mondain de l'automne fut une matinée théâtrale, un samedi : Ted avait emmené Billy voir *Aladin*. À présent, même Charlie essayait de le secouer, lui refilant des numéros de téléphone alors que lui-même restait à la maison le soir pour finir le travail qu'il emportait du bureau. Encore deux numéros que Ted n'appellerait pas. Beaucoup de gens semblaient aller mieux après une psychothérapie, alors ? Alors il décida d'appeler Thelma pour avoir le numéro de son psychanalyste.

Le psychanalyste en question lui fit savoir que la consultation coûterait 40 dollars. Après tout, s'il avait dépensé 55 dollars pour le dernier rhume de Billy, il pouvait bien se permettre de dépenser 40 dollars pour sa propre santé mentale ; il prit donc rendez-vous. Le docteur Martin Graham était un homme d'une quarantaine d'années. Il portait une magnifique chemise de soie italienne à col ouvert.

— Où êtes-vous, Sigmund Freud ? dit Ted.

— Ce qui signifie ?

— Je m'attendais à trouver un bonhomme barbu en costume sombre.

— Détendez-vous, monsieur Kramer.

Ils s'installèrent l'un en face de l'autre, séparés par le bureau du docteur.

Ted essayait d'être calme – genre tout-va-bien-pour-moi-docteur – en parlant de son mariage, du départ de Joanna et des événements des mois passés. Le docteur écouta très attentivement, puis il posa quelques questions : quelles étaient ses impressions à propos de certains aspects de la situation… Il ne prit aucune note. Ted se demanda si rien de ce qu'il disait ne valait la peine d'être noté.

— Très bien, monsieur Kramer, une première consultation ne peut être très probante. Elle présente un danger dont je suis d'ailleurs conscient, c'est que l'on a tendance à faire une espèce d'analyse éclair.

— Du genre « vous présentez tel et tel complexe », fit Ted nerveusement.

— Oui, quelque chose comme ça. Je vais simplement vous faire part de mes impressions premières. J'ai peut-être raison, je suis peut-être complètement à côté de la plaque, je ne sais pas.

Ted se disait que, depuis le temps, ce devrait être une science exacte et non un « je-ne-sais-pas ».

— Il semble que vous ayez refoulé tous vos sentiments concernant ces événements. Par exemple, parlons de votre colère : où est-elle ? Vous dites que vous ne sortez pas. D'accord. En voulez-vous aux femmes en ce moment ? Et votre mère ? Votre père ? D'après ce que vous me racontez, ce n'était pas la faute de votre famille ?

Ted sourit, mais il n'avait pas vraiment envie de sourire.

— Il est possible – mais ce n'est aussi qu'une impression – que vous ayez pris l'habitude de refouler vos sentiments ; c'est peut-être ce qui se passe encore actuellement.

— Vous voulez dire que j'ai besoin d'une psychothérapie ?

— Les gens sont tous très différents, monsieur Kramer. Certains ont du mal à vivre. D'autres ont un problème spécifique qui les dépasse et ils ont besoin d'une aide ponctuelle pour résoudre ce problème. Et d'autres enfin ont tout simplement besoin d'être aidés pour comprendre où ils en sont.

— Moi, par exemple ?

— Je n'ai pas l'intention de vous faire l'article. C'est à vous de décider. Je crois qu'une psychothérapie pourrait vous aider. Il me semble que vous avez quelques problèmes.

Il ajouta qu'il prenait 40 dollars de l'heure ; un de ses patients arrivait justement en fin d'analyse, il pourrait donc prendre Ted. Deux ou trois fois par semaine serait l'idéal, pensait le docteur, une fois constituerait un minimum. Il ne s'agissait pas d'un traitement d'urgence, et Ted savait que certaines personnes restaient des années sans analyse. Cela coûtait très cher, le docteur le reconnaissait, mais il ne connaissait personne qui prenne moins cher et qu'il puisse recommander. Il existait des thérapies de groupe, mais il pensait qu'elles seraient de peu d'effet sans thérapie individuelle parallèle. Il pouvait aussi s'adresser à un dispensaire – si on l'acceptait – dont les thérapeutes avaient moins d'expérience ; mais leurs prix avaient augmenté également. Seul Ted pouvait décider s'il était prêt à payer cher pour être plus lucide et pour se sentir mieux dans sa peau, selon l'expression du docteur.

— Je m'en sors quand même. Enfin, je ne me débrouille pas trop mal, dans l'ensemble, fit Ted en reprenant son couplet : « Tout-va-bien-pour-moi-docteur. » Le médecin n'était qu'un médecin après tout.

— Vous attendez de moi que je vous décerne une médaille, monsieur Kramer ? S'en sortir n'est pas nécessairement le but final.

La consultation était terminée, ils se serrèrent la main.

— Docteur, puisque je suis ici de toute façon, puis-je vous demander une ou deux choses, très vite ?

— Si je peux y répondre.

— À votre avis – il se sentait ridicule de poser une telle question, mais il continua –, croyez-vous que j'aurais dû redécorer mon appartement ?

Le docteur ne lui rit pas au nez. Il prit cela très au sérieux.

— Vous déplaît-il tel qu'il est ?

— Non.

— Alors pourquoi désirez-vous le transformer ?

— C'est juste.

Il avait une autre chose à demander :

— Pensez-vous que je devrais sortir davantage ?

Et cette fois, Ted posa la question pour en minimiser l'importance.

— Avez-vous envie de sortir davantage ? demanda le docteur toujours aussi sérieusement.

— Oui, j'en ai envie.

— Alors, faites-le.

Ted considéra sérieusement l'idée d'entrer en analyse. Ce toubib lui plaisait, il appréciait sa façon de dire les choses sans employer de jargon psychanalytique. Peut-être pouvait-il l'aider en effet. Mais comment trouver 40 dollars chaque semaine ? Même si cela avait été moins cher, 30 dollars par exemple, et une semaine sur deux seulement, il n'aurait pas pu se le permettre, pas avec le salaire de la gouvernante. Son désordre intérieur allait devoir rester tel quel, décida-t-il. Il allait essayer de s'en tirer. L'appartement resterait comme il était. Il allait sortir davantage, c'était décidé. Ordre du médecin.

10.

Le nouveau style de la faune new-yorkaise dépaysa quelque peu Ted Kramer, d'autant qu'il ne s'y était plus aventuré depuis fort longtemps. Certaines femmes trouvaient le mariage « démodé » ; c'était le cas de Tania, jeune danseuse de vingt ans. Elle était « portée sur les femmes » également, elle l'en avait informé au lit. « Mais ne te laisse pas abattre. Tu es un mec sympa. Ça me plaît avec toi aussi. »

Beaucoup de femmes étaient divorcées maintenant, leur mariage avait eu tout le temps nécessaire de se détériorer. Quelques-unes poussaient même la générosité jusqu'à lui donner le numéro de téléphone de leurs amies dès qu'elles se rendaient compte que leur aventure ne présentait pas les signes extérieurs de l'Amour, avec un grand A. Lorsque la dame avait elle aussi un enfant, ils s'arrangeaient tous deux pour que la soirée soit courte et satisfaisante, sans perte de temps inutile. Il payait une baby-sitter, elle payait une baby-sitter. À raison de 2 dollars de l'heure, ça leur coûterait 4 dollars au total, rien que pour bavarder. L'affaire devait être non seulement intéressante, mais rapide aussi. Ils devaient se plaire très vite ou décider très vite de coucher ensemble. Et coucher ne signifiait pas seulement coucher. Il fallait compter plus de temps et donc plus d'argent : payer les baby-sitters, le taxi probablement, les taxis pour les baby-sitters probablement aussi. S'ils s'étaient rencontrés quelque part au centre géographique de la ville, il fallait la ramener chez lui et relever la baby-sitter de ses fonctions ; à ce moment-là, il ne pouvait plus raccompagner la dame chez elle, aussi devait-elle prendre un taxi pour rentrer. S'il lui proposait de payer le taxi, une question se posait : allait-elle accepter son argent ? C'était donc à elle de calculer si elle pouvait se permettre de payer des heures supplémentaires à sa baby-sitter et son taxi en plus. Arrivés à ce point, les protagonistes pouvaient renoncer à poursuivre le jeu tout simplement par fatigue : ils étaient tous les deux parents et devaient donc se lever plus tôt que la plupart des gens normaux.

Ces calculs logistiques étaient susceptibles d'entraver l'expérience. C'est ce qui arriva un soir à Ted. Il était en train de se dire : il est dix heures et demie, 6 dollars pour la baby-sitter, on reste ici ou on fait l'amour ? Si on fait l'amour, il faut s'y mettre dans les cinq minutes qui suivent, sinon ça va faire une heure de plus pour la baby-sitter, et justement cette semaine-là, il était à court d'argent. Il détourna son attention de la dame pour commencer à surveiller l'heure, ce qui, bien entendu, ne favorisa pas le rapprochement amoureux. Il lui arrivait cependant d'oublier l'heure, la dame ou ce qui se passait entre eux étant devenu plus important – mais c'était rare.

Billy n'appréciait guère la vie mondaine de son père :

— Tu sors encore, papa ?

— Moi aussi j'ai des amis, Billy. Toi tu les vois pendant la journée, moi je les vois le soir.

— Je veux que tu restes avec moi.

— Moi aussi, je voudrais bien rester avec toi, mais je te verrai demain matin.

— Papa, s'il te plaît, ne sors pas !

— Je suis obligé.

À l'école, Billy s'était mis à chiper les jouets de ses petits copains, une façon de s'accrocher le plus possible à tout ce qui l'entourait. Ted en parla au pédiatre et à la maîtresse d'école ; ils pensaient qu'il s'agissait là d'une réaction à l'absence de Joanna ; cela passerait peut-être, ou cela ne passerait pas. Généralement, Ted et Billy passaient des moments tranquilles ensemble ; parfois pourtant, lorsqu'il était très fatigué, Ted supportait mal l'immense besoin d'affection de Billy qui se collait littéralement à lui et l'étouffait presque. Il devait pratiquement détacher de lui les bras ou les jambes de Billy : il s'en voulait d'agir ainsi, mais c'était plus fort que lui, il ne le supportait pas.

Au cours d'une soirée, Ted fit la connaissance de Phyllis, jeune avocate d'une trentaine d'années, originaire de Cleveland. C'était une jeune personne très posée, vêtue de tweed épais, sans souci de la mode. Elle paraissait très réfléchie et leur conversation de haute teneur intellectuelle fut des plus précieuses. Il l'avait invitée à dîner et, ce soir-là, il n'avait pas regardé l'heure. Ils décidèrent d'aller « prendre un café » – comme on dit euphémiquement – chez lui.

Plus tard dans la nuit, prête à partir, elle traversa le couloir pour se rendre à la salle de bains. Billy, sans faire de bruit, s'était levé lui aussi et sortait justement de la salle de bains. Ils s'arrêtèrent tous deux et se dévisagèrent dans l'obscurité comme deux biches effrayées : elle toute nue et lui dans son pyjama à girafes, serrant son polichinelle contre lui.

— Qui êtes-vous ? demanda-t-il.

— Phyllis. Je suis une amie de ton papa, dit-elle, désirant être précise.

Il la regardait fixement, elle essaya de se couvrir, pensant que c'était probablement ce qu'il fallait faire devant un enfant. Ils restaient figés. Il continuait à la contempler intensément dans le noir. Il devait probablement se passer quelque chose de très important dans sa petite tête.

— Est-ce que vous aimez le poulet frit ? demanda-t-il.

— Oui, répondit-elle.

Satisfait de la réponse, il retourna dans sa chambre et s'endormit aussitôt.

— Je viens de rencontrer ton fils.

— Oh ?

— Il voulait savoir si j'aimais le poulet frit.

Ted se mit à rire :

— Et tu aimes le poulet frit ?

— Oui, oui, j'aime le poulet frit. J'étais même un peu gênée.

— Vraiment ?

— Ce n'est pas une situation très conventionnelle, dit-elle sans perdre son sérieux.

Phyllis resta dans sa vie pendant deux mois. Elle ne supportait pas les conversations superficielles – ils discutaient de problèmes sociaux, de la moralité du pays. Ted lut un nombre incalculable de magazines ; rien de ce qui s'était passé dans la semaine dans le domaine des idées ne lui était étranger. Leur relation était avant tout intellectuelle, le sexe était en supplément. On offrit à Phyllis un poste à Washington, auprès d'un membre du Congrès. La proposition était intéressante et « ils se connaissaient depuis trop peu de temps pour qu'elle sacrifiât à leur relation une situation importante pour sa carrière future », dit-elle. Et Ted, ambigu quant aux sentiments qu'il éprouvait à son égard, l'approuva dans sa décision. « Et d'autre part, pour être tout à fait honnête, je ne crois pas être à la hauteur : c'est une tâche trop ambitieuse pour moi. » Ils se dirent tout de même au revoir, s'embrassant affectueusement et se promirent de s'écrire ou de se téléphoner, ce qu'ils ne firent ni l'un ni l'autre.

Ted était satisfait de cette relation qui avait duré plus d'une ou deux nuits. Elle avait tout de même duré deux mois. Mais Phyllis lui avait bien fait comprendre que, pour une femme, « c'était une tâche trop ambitieuse » de s'engager avec un homme divorcé qui avait un petit garçon.

Ted et Thelma devinrent très bons amis. Il se méfiait de ses propres envolées romantiques et se disait que s'il essayait de coucher avec Thelma, il y gagnerait peut-être une nuit mais qu'il y perdrait sans doute une amie. Tous deux tenaient à préserver cette mutuelle amitié. Elle leur était précieuse et leur permettait de s'entraider et de se libérer de temps en temps pendant quelques heures. Si Ted s'inquiétait – ce qu'il avait tendance à faire de plus en plus – d'être trop préoccupé par l'enfant, Thelma était là pour lui rappeler que c'était inévitable : ils étaient seuls, chacun avec leur enfant, et Billy était fils unique. Un jour, ils étaient allés tous les quatre au parc et ils y avaient passé un moment particulièrement pénible. Les gosses n'avaient cessé de se chamailler.

— Je n'aime pas Kim, elle veut toujours commander.

— Je n'aime pas Billy, il est trop brutal.

Ils s'étaient disputés à propos de tout : le seau, la pelle, le jus de pomme, la motocyclette, et Ted et Thelma avaient passé l'après-midi à les réconcilier. Ted s'éloigna avec un Billy en larmes pour tenter de le calmer. En traversant le parc, il vit venir vers lui un père et son petit garçon.

— Si vous les emmenez, recommanda l'homme, si vous les emmenez acheter une glace chez le marchand qui se trouve là-bas, à l'autre bout du parc, s'ils mangent leur glace sur place, et si vous revenez jusqu'ici, vous aurez déjà tué vingt minutes.

Ted ne comprenait pas où le type voulait en venir.

— Vingt minutes, facile, je vous assure !

Ce type devait être un père-du-dimanche qui faisait son temps, ou alors sa femme était partie faire des courses et ne tarderait pas à revenir.

— J'ai un peu plus de vingt minutes à tuer, lui dit Ted.

À la fin, le couronnement de tout, Billy et Kim allièrent leurs forces communes pour lancer du sable à un troisième enfant dont la mère se mit à invectiver Thelma en la traitant « d'animal ». Le soir, Billy était dans un tel état d'excitation qu'il ne put s'endormir qu'après que Ted lui eut fait prendre un bain très chaud et raconté de nombreuses histoires. Ted se demandait pourquoi le gosse s'était conduit de la sorte ce jour-là : avait-il fait ça pour se rendre intéressant ou était-il tout simplement turbulent ? Kim, elle, pouvait rester tranquille beaucoup plus longtemps que Billy. Elle faisait de la peinture ou du coloriage ; Billy, lui, avait plus de mal à fixer son attention. Les garçons et les filles étaient-ils différents ou bien ces deux enfants-là étaient-ils particulièrement différents ? Billy est-il trop actif ? Va-t-il bien ? Est-ce que c'est moi qui m'occupe trop de lui ? Mon Dieu, comme je l'aime, ce môme ! Merde, quelle putain de journée !

Des morceaux de plastique, vestiges de camions cassés, des personnages en bois au torse craquelé, des pages détachées d'albums à colorier, la chambre de Billy était jonchée de toutes sortes d'objets inutilisables et Ted, l'Ange exterminateur, arrivait pour un grand nettoyage, suivi de Billy qui essayait de sauver chaque bout de crayon-pastel.

— Quand tu auras dix ans, cet endroit ressemblera à l'antre des frères Collier.

— Des frères quoi ?

— Deux vieux bonshommes qui vivaient dans une chambre qui ressemblait à la tienne.

Il aurait bien fait ce grand ménage pendant que Billy était sorti, mais qu'aurait dit le gosse si l'un de ses vieux camions cassés avait disparu ?

— Allez, on jette ça ! (Un camion mécanique dont la mécanique était fichue depuis longtemps.)

— Non, pas ce camion, celui-là je l'adore !

Ted contempla la chambre. C'était toujours l'antre des frères Collier. Il décida de s'y prendre autrement.

Il emmena Billy dans une quincaillerie et acheta plusieurs boîtes transparentes en matière plastique. Rien que pour ranger la chambre d'un gosse, il avait réussi à dépenser 15 dollars.

— Bon, maintenant tu vas me ranger tous ces pastels dans la boîte à pastels et toutes les petites voitures dans la boîte à petites voitures.

— Mais, papa, si je me sers des pastels, la boîte va être vide. Alors, comment je saurai si c'est la boîte à pastels ?

C'était une question très Zen, un Quoan, en quelque sorte.

— Je vais mettre des étiquettes sur les boîtes.

— Mais je ne sais pas lire.

Ted ne put s'empêcher de rire.

— Pourquoi tu ris ?

— Excuse-moi. Tu as tout à fait raison. Ce n'est pas drôle du tout. Mais un jour tu sauras lire. En attendant, je vais dessiner à l'extérieur de la boîte ce qui est censé se trouver à l'intérieur. Tu vois ce que je veux dire ?

— Oh oui, très bonne idée !

— Tu es le plus merveilleux des chatons. Je t'adore !

Et c'est là, à quatre pattes sur le tapis, en train de ranger trois différentes sortes de pastels dans la boîte à pastels, qu'il eut soudain une illumination. Comme si une pomme, ou un pastel en l'occurrence, lui était tombé sur la tête. Allez vite, nettoyons et rangeons !

Le lendemain matin, il était devant la porte de Jim O'Connor, avec son idée de la veille.

La société pour laquelle il travaillait publiait différentes revues traitant d'activités de loisir : photographie, ski, bateau, tennis, voyage. Il apparut soudain à Ted qu'une seule revue réunissant toutes ces rubriques serait la bienvenue. Elle offrirait d'intéressantes possibilités aux publicistes.

— C'est tellement logique. Nous pourrions continuer à vendre chaque magazine séparément comme nous l'avons fait jusqu'ici, mais nous aurions cette nouvelle publication en plus.

— Avec un nom.

— Nous pourrions lui donner n'importe quel nom, un nom qui nous plaira. *La Revue des loisirs*, par exemple.

— Ted, j'aimerais bien te dire que ton idée est bonne, mais elle n'est pas bonne.

— Pourtant j'aurais cru.

— Elle est… elle est géniale ! Qu'est-ce qu'on a foutu jusqu'ici ? Comment se fait-il que personne n'y ait pensé ! Géniale, mais pas bonne.

— Géniale ? Ça ira quand même !

C'était la première fois qu'il voyait Jim O'Connor montrer autant d'enthousiasme pour une idée.

O'Connor communiqua son enthousiasme au bureau d'études, qui commença séance tenante à établir des statistiques, et au service de la promotion, qui fut chargé de préparer immédiatement une campagne pour *La Revue des loisirs*. Au bout d'une semaine, Ted disposait d'une argumentation de vente pour placer la nouvelle campagne publicitaire de la compagnie. Au bout de deux semaines, un tarif et une brochure publicitaire étaient distribués à la clientèle. Et trois semaines plus tard, des publicités annonçant *La Revue des loisirs* commençaient à paraître dans la presse spécialisée. Une compagnie qui battait de l'aile utilisait maintenant ce nouveau concept de vente comme signe de vitalité. Les réactions des agences de publicité furent positives. Ted fut détaché de la revue de voyage à laquelle il travaillait et chargé d'assurer la vente du nouveau concept. Il recevait des promesses de nouveaux programmes publicitaires et, à plusieurs reprises, des commandes de publicités. Le PDG de la maison d'édition, un petit homme sémillant du nom de Mo Fisher, qui faisait de brèves apparitions au bureau chargé de clubs de golf et vêtu de costumes à 400 dollars, arrêta Ted dans le couloir. Il ne lui avait pas adressé la parole depuis le jour où celui-ci était entré dans la boîte, plusieurs années auparavant. Il lui avait dit alors : « Content de vous avoir chez nous », et ne lui avait plus parlé depuis. Cette fois-ci, il lui dit : « Beau travail » et s'en fut jouer à son sport favori.

C'était la fin de l'automne à New York. La ville était très agréable. Il faisait beau, pas trop chaud, les gens se baladaient, les arbres dans les parcs changeaient de couleur pour être de saison. Le samedi et le dimanche, Ted faisait de longues promenades à bicyclette dans Central Park, Billy derrière, sur le porte-bagage ; ils s'arrêtaient de temps à autre pour regarder les animaux du zoo et pour jouer sur les terrains de jeux. Billy avait quatre ans et demi, il ne portait plus de vêtements de bébé : il était habillé comme un vrai petit garçon à présent : pantalon long, pull de footballeur avec un immense numéro, anorak et bonnet de ski. Avec ses grands yeux sombres et son tout petit nez, ainsi vêtu, Ted le trouvait le plus bel enfant qu'il ait jamais vu. Pendant la semaine, Ted éprouvait de grandes satisfactions au travail, et pendant les week-ends il était heureux en plein air avec Billy ; la ville était témoin de cette merveilleuse histoire d'amour entre un père et son petit garçon.

La nouvelle campagne publicitaire marchait bien. Pour Noël, alors que deux des autres vendeurs avaient reçu une « lettre recommandée », on donna à Ted une prime de 1 500 dollars. En allant visiter une nouvelle agence, il rencontra une jeune secrétaire, une gamine en jeans et tee-shirt. Elle avait vingt ans et lui, depuis vingt ans, n'était pas sorti avec une femme aussi jeune. Elle avait pris un studio dans un vieil immeuble de Greenwich Village. Il fut tout surpris de voir que ça existait encore, des gens qui vivaient de cette façon. Angelica Coleman. Elle traversa sa vie avec insouciance, en sandales et en douceur. Sortir avec un homme plus âgé qui avait un enfant était une expérience « cosmique », un « vécu » réel. Elle allait « régler tous ses problèmes » à New York, commencer à « se ranger », et pourquoi ne voulait-il pas fumer d'herbe ?

— Je ne peux pas. Avant je fumais de temps en temps, mais maintenant je ne peux pas.

— Mais pourquoi ?

— Tu sais, je sors d'une mauvaise passe. Je dois faire attention. J'ai un gosse à la maison.

— Oh ! là là ! quelle sagesse !

Un dimanche où il pleuvait, elle passa chez Ted sans prévenir. Elle était venue sur son beau vélo à dix vitesses. Elle joua par terre avec Billy pendant une heure entière. C'était la première fois qu'il voyait quelqu'un se comporter de manière aussi ouverte avec le gosse. Avec ses cheveux mouillés et dans un pull qui appartenait à Ted, elle paraissait encore plus jeune. Il voyageait dans le temps. Sa nouvelle petite amie était une monitrice de colonie de vacances venue chez lui organiser des jeux d'intérieur par un dimanche de pluie.

Au bout de quelques semaines, il décida qu'ils n'avaient pas grand-chose en commun sur le plan « expérimental ». Comme il était long le chemin qui séparait Oscar Hammerstein de David Bowie !

Il lui téléphona pour le lui dire :

— Angie, je suis trop vieux pour toi, je t'assure.

— Tu n'es pas tellement vieux !

— Je vais avoir quarante ans.

— Quarante ans… Hou là là !

Ted reçut sa prime et, pour célébrer l'événement, il réserva une table chez Jorges, un nouveau restaurant très cher. Il entra dans la salle en compagnie de Billy-le-rangeur-de-pastels.

— Vous avez réservé pour deux, au nom de Kramer ? lui demanda le maître d'hôtel d'un ton dédaigneux.

— C'est cela.

— Nous n'avons pas de chaises hautes.

— Je ne m'assois pas sur une chaise haute, protesta Billy.

Le maître d'hôtel les conduisit à une table assez mal placée, tout près des cuisines. Il les confia ensuite, avec le même dédain, à un serveur. Ted commanda un Martini-vodka pour lui et un Ginger-ale pour Billy. Un autre serveur apportait une gigantesque langouste grillée à la table d'à côté.

— Qu'est-ce que c'est ? demanda Billy avec une certaine appréhension.

— Une langouste.

— Je n'en veux pas.

— Tu n'es pas obligé d'en prendre.

— Une langouste qui vient de la mer ?

— Oui.

— Les gens mangent ça ?

L'origine de la nourriture… question épineuse s'il en fut ! Les côtelettes d'agneau venaient des petits moutons et les hamburgers d'animaux qui ressemblaient à Bessie la Vache, et si un enfant commençait à poser ces questions, qui sait s'il pourrait encore manger de la viande ? Ted lut sur le menu ce qui était susceptible de plaire à Billy : steaks, côtelettes d'agneau. Comme prévu, Billy voulut connaître l'origine de ces plats et perdit immédiatement son appétit.

— Une côte de bœuf saignante et un croque-monsieur.

— Nous ne servons pas de croque-monsieur, monsieur, dit le serveur très « Moi-vous-savez-je-faisdu-théâtre-et-ici-je-gagne-ma-vie », le New-Yorkais typique.

— Prévenez le chef. Je paierai ce qu'il faudra : faites-en un.

Le maître d'hôtel réapparut :

— Je regrette, monsieur, c'est impossible.

— Le petit est végétarien.

— Alors qu'il mange des légumes.

— Il ne mange pas de légumes.

— Comment peut-il être végétarien, alors ?

— Il n'est pas obligé de l'être. Il n'a que quatre ans et demi.

Pour calmer ce dingue et éviter un scandale dans son restaurant, le maître d'hôtel veilla à ce qu'on servît ce qui avait été demandé. Au cours du repas, ils bavardèrent de la vie estudiantine de Billy. Ce dernier s'amusait fort à regarder manger les grandes personnes et tous deux savourèrent ce dîner avec délectation. Billy portait chemise et cravate pour l'occasion. Il était à genoux sur sa chaise, seul de sa taille dans ces lieux.

Au moment de partir, Ted se tourna vers le maître d'hôtel pour lui dire son contentement. Le malheureux avait failli se trouver mal en voyant la glace au chocolat que Billy avait prise au dessert dégouliner, lentement mais sûrement, du menton de l'enfant sur la table immaculée.

— Vous devriez vous montrer moins grossier envers les altesses, dit Ted en entourant les épaules de Billy avant de se diriger avec fierté vers la sortie.

— Je vous demande pardon ? fit le maître d'hôtel, momentanément incertain.

— C'est l'Infant d'Espagne.

11.

— Joyeux Noël, Ted. C'est Joanna.

— Joanna ?

— J'arrive à New York. Je vais visiter mes parents. Je voudrais voir Billy.

Elle parlait très vite, d'une voix monocorde.

— Comment vas-tu ? demanda-t-il, complètement abasourdi.

Elle éluda la question :

— Je vais bien. Je voudrais le voir. Je serai à New York samedi. Si ça ne t'ennuie pas, je préférerais ne pas venir à l'appartement.

Le ton de sa voix et le choix de ses mots ne laissaient aucun doute : ce coup de fil n'était pas un appel à la réconciliation.

— Tu veux voir Billy ?

— Je serai à l'Americana. Peux-tu me l'amener le matin à dix heures ? Je passerai la journée avec lui, on ira se balader. Je te le ramènerai le soir.

— Je ne sais pas.

— Pourquoi ? Tu dois partir ?

— Non, mais je ne sais pas. C'est tout.

— Qu'est-ce que tu ne sais pas ?

— Ça pourrait le perturber.

— Je t'en prie, Ted. Je ne suis pas la marâtre de Blanche-Neige. Je suis sa mère. Je veux le voir.

— Je dois vraiment y réfléchir.

— Ted, ne sois pas con.

— Oh, ça c'est un argument de poids.

— Ce n'est pas ce que je voulais dire. Je t'en prie, Ted, laisse-moi le voir.

— Laisse-moi le temps d'y penser.

— Je te rappellerai demain.

Il consulta Thelma-la-conseillère qui lui confirma ce qu'il savait déjà : Joanna n'avait pas la moindre intention de lui tomber dans les bras. Quant à savoir s'il était sage qu'elle voie Billy, Thelma pensait surtout à Joanna :

— C'est cher payer le prix de l'indépendance, dit-elle, ça doit être dur pour elle.

Ted voulait en avoir le cœur net, il avait besoin de connaître ses droits. Il appela l'avocat.

— Croyez-vous qu'elle va le kidnapper ? demanda Shaunessy.

— Je ne pensais pas à ça.

— C'est déjà arrivé.

— Je ne sais pas ce qu'elle a en tête. Je ne crois pas qu'elle envisage un kidnapping.

— Bon. Légalement, vous avez le droit de vous opposer à ce qu'elle voie l'enfant. De son côté, elle a le droit de demander au juge la permission de le voir. C'est légal. La mère, Noël, vous ne gagnerez pas ! Si l'on considère les choses sous un angle pratique, comme vous ne craignez pas qu'elle l'enlève, moi je vous conseillerais de lui laisser prendre le petit pour la journée.

Qu'est-ce qui était le mieux pour Billy ? Qu'il voie sa mère ou qu'il ne la voie pas ? Allait-il obliger Joanna à s'en remettre au tribunal ? S'il agissait ainsi, il ne ferait que la tourmenter au prix de sa propre paix intérieure. Était-elle capable de l'enlever ? Quand Joanna téléphonerait, il lui poserait carrément la question.

— Tu n'as pas l'intention de l'enlever, n'est-ce pas ?

— Qu'est-ce que tu racontes ? Tu n'as qu'à marcher derrière nous et nous suivre toute la journée en te cachant dans les coins, si tu as peur de ça. Je viens passer une malheureuse journée à New York, ensuite je vais à Boston puis je retourne en Californie. C'est tout ! Je veux simplement aller dans les grands magasins avec mon fils et lui acheter un putain de jouet pour son Noël ! Qu'est-ce que je dois faire pour ça, me mettre à genoux ?

— D'accord, Joanna. Samedi, à dix heures, à l'Americana.

Ted annonça à Billy que sa maman serait à New York samedi et qu'elle passerait la journée avec lui.

— Ma maman ?

— Oui, Billy.

L'enfant resta pensif.

— Peut-être bien qu'elle m'achètera quelque chose, fit-il.

Le samedi, Ted prépara Billy avec un soin tout particulier ; il lui brossa les cheveux, lui fit mettre ses plus beaux vêtements et soigna également sa propre mise – pas de cols ou de manchettes usés. Ils arrivèrent à l'Americana et, à dix heures tapant, Joanna sortit de l'ascenseur. Ted se sentit faiblir. Elle était magnifique. Elle portait un manteau blanc, une écharpe de couleurs vives sur la tête, et son bronzage d'hiver lui seyait à ravir. Les filles rencontrées dans les soirées, les gamines en tee-shirts et toutes les autres n'avaient plus qu'à s'aligner.

Joanna n'eut pas un regard pour Ted. Elle se dirigea directement vers Billy et s'agenouilla devant lui.

— Oh, Billy !

Elle le serra contre elle, nicha sa petite tête contre son cou et se mit à pleurer. Puis, elle se leva pour l'admirer :

— Bonjour, mon Billy.

— Bonjour, maman.

Elle se tourna enfin vers Ted.

— Je te remercie. À ce soir, six heures.

Ted acquiesça d'un signe de tête.

— Viens, dit-elle, nous allons passer une bonne journée.

Elle prit Billy par la main et ils quittèrent le hall de l'hôtel.

Ted fut angoissé toute la journée. Si elle tenait parole et si, après avoir déposé l'enfant, elle quittait New York immédiatement, cela n'allait-il pas perturber Billy ? N'aurait-il pas le sentiment d'avoir été abandonné à nouveau, après cette journée passée avec elle ? De quel droit se permettait-elle d'agir ainsi ? Il reconnut qu'elle en avait légalement tous les pouvoirs. Il était à bout de nerfs, et entra dans un cinéma à double programme. En sortant, il fit du lèche-vitrine et finalement se retrouva dans le hall de l'hôtel avec quarante minutes d'avance. Il attendit donc.

Joanna arriva avec Billy quelques minutes avant six heures. Le petit semblait fatigué après cette longue journée, mais il était tout souriant.

— Regarde, papa, dit-il en brandissant une boîte de petites poupées en matière plastique. Elles se balancent, elles tournent, mais elles ne tombent jamais : c'est des poupées-toupies.

— Des poupées-toupies…

— C'est maman qui me les a achetées.

Joanna lança un dernier regard à Billy puis ferma les yeux comme si sa vue lui était insupportable.

— À bientôt, Billy, lui dit-elle en le serrant fort contre elle. Sois sage, à présent.

— À bientôt, maman. Merci pour les poupées.

Elle s'éloigna sans se retourner et disparut dans l'ascenseur.

Ainsi donc Joanna n'avait pas fait ce long voyage pour enlever son fils, ni pour se réconcilier avec Ted, ni même pour rester à New York. Elle ne faisait que passer. Elle n'était venue que pour voir ses parents et pour passer une journée avec Billy. Plus tard, les parents de Joanna confirmèrent qu'elle n'était restée qu'une journée à Boston, comme elle l'avait annoncé, puis qu'elle était repartie pour la Californie. Apparemment, Joanna ne pouvait imaginer venir de si loin sans voir l'enfant ; mais la distance qui lui restait à franchir pour aller encore plus loin était considérable.

Le petit ne montra aucun signe d'agitation après cette journée, preuve de la facilité qu'ont les enfants à accepter le monde tel qu'il leur apparaît. Maman était là, maman est partie. Le ciel est bleu. Les gens mangent des langoustes. Maman est partie. Papa est là. Il avait ses poupées-toupies : les poupées-toupies chavirent mais ne tombent pas.

— Tu t'es bien amusé ? demanda Ted qui voulait en être sûr.

— Oui. C'était très bien.

« Et ta maman, elle ne te manque pas ? » Mais ça, il n'osait pas le demander.

Ted Kramer en voulait terriblement à son ex-femme de cette intrusion dans l'organisation parfaitement structurée de son système de vie et de ses émotions. La revoir l'avait sérieusement ébranlé. Jadis, il avait épousé la plus jolie fille de la fête, mais un jour, elle l'avait quitté, et depuis, la fête était devenue sinistre. « Aventures en série » était le terme qu'employait Thelma pour définir le style de leurs relations : une personne après l'autre, rien, aucune ne durait. Le total de toutes les aventures de Ted ne dépassait pas en durée les deux mois qu'il avait passés avec Phyllis l'avocate. Thelma disait qu'ils étaient tous des êtres meurtris. Charlie affirmait qu'il était temps de vivre, à présent. Quant à Larry, ses aventures n'excédaient jamais la durée du week-end.

Ted se retrouvait souvent le samedi aux balançoires du parc, en train de pousser Billy à côté de Thelma qui poussait Kim. Et le jour suivant, c'était Charlie qu'il avait à côté de lui en train de pousser Kim. Le divorce entre Thelma et Charlie avait été prononcé. Ted avait célébré successivement et sinistrement ce joyeux événement chez chacun des protagonistes.

— Tu crois que tu te remarieras un jour ? demanda Charlie à Ted.

Les deux hommes grelottants essayaient désespérément de se réchauffer dans un petit coin ensoleillé du jardin d'enfants, pendant que les deux gosses jouaient dans la neige.

— Je me le demande. Avec un enfant, je ne suis pas facile à vendre, comme on dit dans la publicité…

— Je me disais… que si je me remariais et que j'avais un autre enfant, si je divorçais à nouveau, eh bien ça me ferait deux pensions à payer, non ?

— Charlie, avec tous ces si ! Je ne crois pas que ce soit une bonne raison pour ne pas se remarier.

— Je sais bien. Mais le fric ! Ça en fait des cavités dentaires en perspective !

L'opinion de Thelma sur le remariage était des plus personnelles. Elle tenait des discours de guérillero dignes d'un enfant de cinq ans. Et pendant qu'elle parlait, Oscar le Grincheux hurlait dans la chambre de Billy qu'il adorait les ordures, et les gosses jouaient à cache-cache dans tout l'appartement.

— La première fois, on se marie par amour, mais bien entendu on finit par divorcer. La deuxième fois, on sait que l'amour n'est qu'une invention créée de toutes pièces par Pronuptia. Donc, on se marie pour d'autres raisons.

— Attends, fit-il. Kim, Billy, voulez-vous baisser la télé ! On ne s'entend plus, criez moins fort !

— Bon… je disais que dans le deuxième mariage, on cherche confirmation d'un style de vie ou de certaines opinions qui nous sont personnelles. Tu comprends, la première fois, tu épouses ta mère.

— Je n'étais pas au courant. Tu sais, Thelma, il vaudrait mieux que ça ne se sache pas.

— Mais la deuxième fois, c'est toi-même que tu épouses.

— Tu viens de m'éviter un tas d'ennuis. Donc je suis déjà remarié.

Ce fut Larry qui, le premier, déserta le troupeau après avoir cavalé pendant des années. Il épousait Ellen Fried, un jeune professeur de vingt-neuf ans. Larry l'avait rencontrée à Fire Island et sortait avec elle tout en continuant à voir d'autres dames, selon son habitude. Maintenant il avait décidé de ranger son break à filles. Ted avait déjà rencontré Ellen plusieurs fois ; il trouvait qu'elle avait une influence lénifiante sur Larry. Elle parlait doucement, elle était prévenante, simple et beaucoup plus distinguée que la plupart des conquêtes de Larry.

Le mariage eut lieu dans une des petites suites de l'hôtel Plazza. Étaient présents quelques amis et la proche famille qui comprenait, dans le cas de Larry, ses deux enfants d'un premier mariage : une fille de quatorze ans et un fils de seize ans. Ted se rappelait d'eux quand ils étaient tout bébés. « Comme le temps passe vite », se dit-il.

Un jour, au parc, il avait surpris un bout de conversation entre Thelma et une autre femme qui bavardaient, assises sur un banc :

— Tout ça n'a pas d'importance. Les enfants ne se souviennent pratiquement de rien avant cinq ans.

Ted n'était pas d'accord ; il refusait de croire que tout le mal qu'il se donnait serait complètement oublié. La femme prétendait qu'elle avait vu une émission de télévision sur le sujet.

— Ils ont une mémoire sensorielle. Mais ils ne se souviennent pas des faits. Il se peut que votre fils ne se souvienne jamais de ce qui lui arrive aujourd'hui. Ce jour-là, justement, un gosse avait lancé un camion en métal à la tête de Billy. « Eh bien, ce n'est pas plus mal, fit Ted, et je m'en réjouis. » Pourtant, il se demandait de quoi Billy se rappellerait plus tard. Et quand il serait plus grand, quand il aurait l'âge des enfants de Larry, ou même plus, qu'est-ce qui resterait de lui chez son fils ?

— Billy, tu sais ce que fait papa pour gagner sa vie ?

— Tu travailles.

— Oui, mais tu sais quelle sorte de travail ?

— Dans un bureau.

— C'est juste. Tu as déjà vu des publicités dans les magazines ? Eh bien, moi je contacte des gens dans des entreprises pour qu'ils fassent de la publicité dans ces magazines.

Il lui parut soudain primordial que Billy connaisse l'endroit où il travaillait.

— Ça te plairait de voir mon bureau ? De voir où je travaille ?

— Oh oui !

— J'ai très envie de te le montrer.

Un samedi, il emmena Billy voir le bureau qui se trouvait dans un immeuble au coin de Madison Avenue et de la 57e Rue. Billy fut terriblement impressionné par le gardien en uniforme qui se tenait dans le hall. Il ne se calma qu'après que Ted eut montré une carte au dit gardien qui les laissa passer. Un bon point pour papa – Zorro qui n'avait peur de rien. Les bureaux étaient fermés à clé, mais Ted avait une clé pour ouvrir la porte d'entrée. Il alluma les lumières. Pour un enfant, ce long couloir était une véritable caverne. Ted le conduisit vers son bureau.

— Tu vois, ça c'est mon nom.

— C'est mon nom aussi, Kramer.

Il ouvrit la porte et fit entrer Billy. Le bureau se trouvait au quatorzième étage, et de la fenêtre on pouvait voir toute la 57e Rue, d'un bout à l'autre.

— Oh papa, c'est vraiment haut. C'est très beau.

Et il appuya son visage contre la fenêtre. Il s'assit sur le fauteuil de son père et le fit tourner en se balançant.

— Ton bureau me plaît, papa.

— Merci, mon copain. Mon petit copain à moi.

Billy avait eu toutes les réactions que Ted attendait de lui : le-petit-garçon-qui-admire-son-merveilleux-papa, etc. Billy était vraiment son copain. Ils ne s'étaient pas quittés, ces derniers mois. Peut-être ne se souviendrait-il pas en détail de son papa au cours de cette période. Peut-être même s'en ficherait-il, aussi douloureux que cela puisse être pour Ted. Mais tous deux avaient vécu quelque chose d'important. Et ils étaient alliés.

— Pour toi, je serai toujours là, mon Billy. Toujours.

— Il y a quelque chose qui ne me plaît pas ici : je n'aime pas les photos.

Le bureau était décoré de couvertures de magazines datant des débuts de l'entreprise.

— Tu devrais mettre des zèbres.

— Tu n'as qu'à m'en dessiner quelques-uns et je les accrocherai au mur.

Le petit dessina des bizarres créatures rayées et son père les accrocha comme promis.

Les parents de Joanna arrivaient de Boston. Le ressentiment qu'il avait cru déceler en eux à l'égard de Joanna avait fait place à une certaine tristesse.

— C'est vraiment quelque chose, lui dit Harriet quand Billy eut quitté la pièce, les grands-parents voient davantage l'enfant que sa propre mère.

Ted devina qu'ils en voulaient à Joanna de n'être pas restée plus longtemps et d'être repartie si vite en Californie. C'est à ce moment-là qu'il l'apprit.

— Qu'est-ce qu'elle fait, là-bas ? Enfin, je veux dire, qu'est-ce qu'elle fait comme travail ?

— Tu n'es pas au courant ?

— Je ne sais rien de sa vie, Harriet. Rien du tout.

— Elle travaille chez Hertz, tu sais, ces jolies filles qui vous sourient et vous louent des voitures.

— Ce n'est pas possible !

— Elle a quitté sa famille et son enfant pour aller louer des voitures en Californie, fit Harriet d'un ton amer.

Ted ignora le mépris avec lequel Harriet considérait cette profession pour ne retenir qu'une chose : Joanna avait l'occasion de rencontrer un tas de messieurs dans son travail.

— Elle est seule, à présent, c'est ce qu'elle a dit. Et aussi qu'elle joue beaucoup au tennis, rectifia Sam sans enthousiasme, essayant de défendre sa fille tout en étant convaincu de ses torts.

— Évidemment ! fit Ted.

— Oui, elle s'est même placée troisième dans un tournoi, dit son père d'un air entendu.

Troisième dans un tournoi, peut-être, mais cela ne le consolait pas de son départ pour autant, semblait-il.

Ce soir-là, Ted les invita à dîner. Première ouverture de réconciliation depuis la rupture : ils acceptèrent. Ils dînèrent dans un restaurant chinois et Sam insista pour payer l'addition, alléguant qu'il était le plus âgé.

— J'ai une très bonne idée pour gagner de l'argent, fit Ted essayant de divertir la famille, puisque famille il y avait. Au lieu d'avoir des gâteaux qui disent la « bonne » aventure, on aurait des gâteaux qui diraient la « mauvaise » aventure : on ouvrirait son gâteau et à l'intérieur on trouverait un petit morceau de papier sur lequel serait écrit « Si tu savais ! »

Ils ne trouvèrent pas ça drôle du tout et sombrèrent dans une profonde mélancolie, pensant à la chère absente.

Au moment de se quitter, Harriet embrassa maladroitement Ted sur la joue, ce qu'elle n'avait pas fait depuis longtemps. Ils avaient projeté de venir chercher Billy le lendemain matin pour l'emmener voir la Statue de la Liberté ; projet fort ambitieux et il n'était pas question que Ted les fasse changer d'idée. C'était pour ça qu'ils étaient venus, pour être des grands-parents.

— Est-ce qu'il mange beaucoup de sucreries ? demanda Sam. Le sucre est mauvais pour lui.

— Je lui achète du chewing-gum sans sucre.

— Et les vitamines ?

— Il les prend tous les jours.

— Elles contiennent probablement du sucre.

— Écoute, je trouve que tu te débrouilles très bien avec le petit, reconnut Harriet.

— Oui, il ne s'en sort pas mal, ajouta Sam, évitant toujours de s'adresser à Ted directement.

— Mais…

Ted attendait la suite :

— Je crois que l'enfant a besoin d'une mère.

Cela s'adressait à Joanna. Il y avait tant de chagrin et de désespoir dans la voix de Harriet que Ted ne put y déceler aucune critique envers lui.

Le jour suivant, ils arrivèrent tôt pour être à l'ouverture de la Statue de la Liberté. Ted n'avait pas pris soin de les prévenir – ni eux ni personne d'ailleurs – que ce jour-là était justement le jour de son quarantième anniversaire. Il n'avait pas le cœur à célébrer l'événement. Les autres ne reviendraient qu'en fin d'après-midi. Il avait tout son temps, mais ne savait trop quoi faire pour marquer le coup. Pour commencer, il ferait la grasse matinée.

C'était dimanche, une belle journée d'hiver, et tout en réfléchissant à l'événement, il partit se balader dans les rues. Tout à coup, il lui vint une lubie et il fit demi-tour. C'était facile : il habitait New York, il n'était pas obligé de faire un long voyage. Son enfance était à une demi-heure de métro.

Il prit le train pour Fordham Road et Jerome Avenue dans le Bronx. La sortie était tout près de l'école primaire où il allait quand il avait cinq ans, il y avait trente-cinq ans de cela. Il refit le chemin qu'il parcourait à cette époque pour rentrer à la maison.

Dans sa rue, les immeubles de cinq étages sans ascenseur étaient tassés et abîmés ; ils appartenaient à une architecture d'un autre temps. Les petits jardinets du devant, essai désespéré d'élégance, n'étaient plus à présent que dépôt d'ordures. Les murs étaient couverts de graffiti. « Tony D. » disait : « Va te faire enculer. »

Il y avait peu de monde dans les rues, ce dimanche. Trois petites vieilles qui se rendaient à l'église accélérèrent le pas en passant près de deux Espagnols en manches de chemise qui tripatouillaient dans un moteur de voiture. Ted passa devant des magasins détruits par un incendie, contourna des détritus et du verre brisé ; le fléau urbain qui avait touché presque tout le Bronx s'était propagé jusqu'à son ancien quartier.

Il arriva devant sa maison, un de ces vieux immeubles sans ascenseur de Creston Avenue, près de la 184e Rue. Il s'assit sur le perron de son enfance. Il était étonné de voir que tout lui paraissait rétréci. La distance entre deux poteaux, qu'il avait l'habitude de parcourir en faisant la course avec ses petits copains, lui semblait dérisoire à présent, quelques mètres au plus. La rue, où tant de gosses jouaient jadis, n'était qu'une toute petite voie étroite. La grande montagne à proximité, qu'ils dévalaient sur le ventre pour atterrir sur un tas de neige en fin de parcours, n'était également qu'une petite rue légèrement en pente. Il y avait longtemps de cela, il devait être drôlement petit pour que tout lui semblât si grand.

Dans ce temps-là, il y avait, de l'autre côté de la rue, une cour d'école où il jouait au basket-ball. Les poteaux de basket avaient disparu, les enfants n'y jouaient plus. Une femme passa devant lui et lui jeta un regard circonspect : cet étranger sur le perron, il avait peut-être l'intention de l'attaquer.

Il restait là, à se remémorer les jeux de son enfance, voyant des fantômes surgir au coin de la rue, des petits garçons, des petites filles. Un jour, il avait marqué un but devant Stuie Mazlow, le meilleur buteur de la bande, et Stuie avait suivi la balle du regard en verdissant de rage. Il revoyait la scène. Ces souvenirs étaient encore vivants et précis après trente ans. Et pourtant, dans quelques années, Billy, le petit Billy, aurait l'âge qu'avait son père au moment où il avait vécu tout cela. Il médita sur le caractère éphémère de toutes choses et sur le passage du temps.

C'était formidable dans ce temps-là, finit-il par admettre, on ne restait pas chez soi, on jouait dans la rue. Billy ratait vraiment quelque chose. Il n'avait pas de perron pour s'asseoir, et les rues étaient bien trop dangereuses, avec toutes ces voitures – il y a trente ans, on faisait signe à une voiture de s'arrêter, le temps de marquer un but. Mais ce qui manquait à Billy, c'était plus qu'un environnement. L'enfant a besoin d'une mère, avait-elle dit. Combien de temps allait-il tenir ainsi, sans femme dans sa vie pour Billy, pour lui-même ?

Tiens, M. Evans ! Un vieux monsieur marchait sur le trottoir d'en face. Vous vous souvenez de moi ? Je venais acheter des bonbons dans votre magasin. Je m'appelle Teddy Kramer. Le frère de Ralph. J'adorais les flans que l'on achetait chez vous. Je suis dans la publicité. Ma femme m'a quitté. Je suis divorcé, à présent. J'ai un petit garçon. Il va avoir cinq ans. Moi aussi j'avais cinq ans quand je vivais ici.

Il s'était fait un cadeau d'anniversaire de suicidaire.

Ted dépassa le Grand Concourse et s'arrêta devant Lœw's Paradise, son cinéma préféré, avec des étoiles et des nuages au plafond. Il y avait trois salles, maintenant : Paradis I, Paradis II et Paradis III.

— Comment ça peut exister, un Paradis II ? demanda-t-il au type qui balayait devant le cinéma.

— Je ne sais pas.

— Ça devrait s'appeler « Paradis Perdu… »

Le type se fichait éperdument des préoccupations historico-linguistiques de Ted. Il continua à balayer.

Près du métro, Ted remarqua un homme au visage bouffi qui marchait dans sa direction. Il reconnaissait vaguement ses traits – c'était Frankie O'Neil, qui habitait la rue à côté. L'homme fronça les sourcils, il reconnaissait Ted.

— Frankie !

— C'est bien toi, Teddy ?

— C'est bien moi.

— Qu'est-ce que tu fais par ici ?

— Je me balade.

— Je ne t'ai pas vu depuis...

— Depuis très longtemps.

— Ça alors ! Et où tu habites ?

— En ville. Et toi ?

— Au coin de la 183e Rue et de Concourse.

— Pas possible ! Tu revois les vieux copains, de temps en temps ?

— Non. Plus personne.

— Qu'est-ce que tu deviens, Frankie ?

— Je suis barman, au Gillian's. Il existe toujours. C'est un des derniers trucs qui n'ont pas changé.

— Le Gillian's ? Formidable ! dit-il.

Il n'y avait jamais mis les pieds, mais il ne voulait pas froisser le type.

— Et toi ?

— Je travaille dans la publicité.

— Dis donc ! Et tu es marié ?

— Je suis divorcé. J'ai un fils. Et toi ?

— J'ai trois gosses. J'ai épousé Dotty McCarthy. Tu te souviens d'elle ?

— Si je me souviens ! Bien sûr ! Et tu te rappelles, Frankie, le jour où on s'est bagarrés tous les deux ?

J'avais le pull par-dessus la tête et je ne pouvais m'en dépêtrer, et tu m'as foutu une sacrée raclée.

Neuf ans, il avait neuf ans et jamais Ted n'oublierait cette bagarre. Les afficionados du quartier qui avaient été élevés dans les bagarres du vendredi soir au Garden étaient tous présents ce jour-là, ils se moquaient de l'aspect ridicule de Ted qui se battait sans rien y voir. Il n'oublierait jamais sa honte après ce K O spectaculaire. Le combat cessa faute de vision chez l'un des combattants !

— Toi et moi, on s'est bagarrés ?

— Tu ne te souviens pas ?

— Alors vraiment pas. Qui avait gagné ?

— C'est toi.

— Je suis désolé, mon vieux.

— Dis donc, tu as vu Paradis II et III ? C'est pas honteux ?

— Ouais.

Ils étaient là, tous les deux, un peu gênés.

— Teddy, ça m'a fait vraiment plaisir de te voir. Quand tu passes par ici, viens prendre un verre au bar. Je commence le soir à cinq heures.

— Merci, Franck. À bientôt.

Un verre au Gillian's – où il n'avait jamais mis les pieds – un des rares vestiges du temps passé, ce n'est pas vraiment ainsi qu'il aurait souhaité fêter son quarantième anniversaire.

Il prit le métro, retourna chez lui et regarda un match de base-ball à la télévision. Plus tard, après que Billy se fut endormi, il but un cognac, à sa propre santé. Bon anniversaire, quarante ans. Ce qui aurait vraiment fait plaisir à Ted, ça aurait été d'écouter les Gangbusters à la radio en buvant du cacao.

12.

Jim O'Connor appela Ted pour lui demander de passer à son bureau. Ted arriva à neuf heures et demie du matin et trouva O'Connor devant une bouteille de scotch et deux verres.

— C'est offert par la maison.

— Qu'est-ce qui se passe ?

— Tu es viré, Ted.

— Quoi ?

— Tu es viré, je suis viré, tout le monde est viré. Le vieux a vendu la boîte. Tu as droit à deux semaines d'indemnités plus toute cette semaine pour chercher un autre boulot. Tiens, bois un coup.

Ted se versa à boire. Il frissonna légèrement, sans tirer le moindre réconfort de l'alcool : il aurait pu tout aussi bien verser son verre sur un buvard.

— Il a vendu la boîte ? À qui ?

— À un groupe de Houston. Ils pensent que c'est là-bas qu'on peut vraiment développer les loisirs. Ils ont acheté le nom des magazines et ils transfèrent le tout au Texas. Nous, nous ne sommes pas récupérables. Nous ne connaissons pas du tout la région.

— Mais nous connaissons le boulot.

— Ils veulent des gens à eux. Nous sommes à la rue.

Au bureau de placement, on essaya de ne pas décourager Ted, mais son travail était très particulier et il savait bien qu'il n'y avait pas tellement de postes libres sur le marché. On lui offrit trois emplois différents à un salaire bien moins intéressant que le sien. Il se demandait s'il pouvait accepter de telles propositions. Il allait travailler à perte. Il se rendit cependant aux différents rendez-vous, pour prendre l'habitude d'être interrogé et examiné sur toutes les coutures. Pour quelqu'un qui ne veut pas annoncer à sa famille et à ses amis qu'il a perdu son travail avant d'avoir une nouvelle situation, ces démarches et ces interviews étaient très démoralisantes. Les heures et les jours s'écoulaient lentement : il fallait voir tellement de gens dans une même boîte. Il s'inscrivit au chômage. Il emportait un livre à lire partout où il allait, pour ne pas rester à regarder les murs en attendant qu'on le reçoive. Après trois semaines de chômage, les entrevues s'espacèrent et, un vendredi après-midi, il se retrouva sans rendez-vous prévu, sans coup de fil à donner. Rien de précis à faire, sinon attendre les annonces classées dans les journaux du dimanche. Et plutôt que de continuer à lire ou aller au cinéma, il décida de rejoindre Etta et Billy au jardin d'enfants, histoire de faire quelque chose. Il n'ignorait pas qu'il était dans une très mauvaise passe.

Il essayait de ne pas se laisser abattre et d'utiliser toute son énergie à trouver du travail. Il se levait tôt le matin, s'habillait comme pour aller au bureau, il descendait en ville, s'installait à la bibliothèque de la 42e Rue, donnait ses coups de fil dans des cabines téléphoniques, ne restait jamais sans rien faire et lisait entre deux rendez-vous. Il encerclait les annonces des journaux, faisait des listes, allait dans les agences de placement. Mais il commençait à être épuisé. Certains jours, il arrivait qu'il n'ait rien à faire avant midi, heure à laquelle il devait se rendre dans une agence de placement. Alors il jouait le jeu : il s'habillait et descendait en ville, comme tous les gens qui travaillent, mais lui s'installait à la bibliothèque où il passait la matinée à lire les journaux. Comme la bibliothèque de la 42e Rue interdisait la lecture du journal – ils regardaient dans votre sac –, il le cachait pour entrer. Il changea de « bureau » et s'installa un peu plus loin, dans un endroit où l'on pouvait faire entrer les journaux et où l'on pouvait trouver le *Consumer Report*[1]. Il passait ainsi son temps à recueillir des informations sur des produits dont il n'aurait jamais besoin.

Un type de l'agence pour l'emploi voulut savoir ce qu'il avait fait le jour précédent – dans le domaine

1. *Que choisir ?*

« quête du travail », bien entendu. Combien de coups de téléphone avait-il donnés, combien d'entretiens, où en était-il, serait-il possible de vérifier ? Il avait passé sa journée à la bibliothèque et donné deux coups de téléphone seulement.

— Pourquoi n'essayez-vous pas autre chose, monsieur Kramer ? Pourquoi n'essayez-vous pas de vendre des doubles fenêtres ou je ne sais quoi ? lui demanda le type.

— Parce que le marché est très limité. Les hivers sont de moins en moins froids. Il n'y a plus de saisons, d'ailleurs.

— Vous voilà bien sarcastique, monsieur Kramer…

— Je cherche du travail. J'ai besoin d'argent. Vous savez combien ça coûte, un paquet de corn-flakes ?

— Là n'est pas le problème.

— Un demi-dollar, et il n'y a pratiquement que de l'air dans le paquet.

Le type accepta la demande de Ted, mais à contrecœur et après lui avoir lancé un regard inquisiteur. On tenait Ted à l'œil, maintenant. Chaque semaine, il devrait se soumettre à de nombreuses interviews pour leur prouver qu'il était en droit de bénéficier de l'allocation-chômage.

Il calcula qu'il dépensait pour vivre environ 425 dollars par semaine : loyer, frais fixes, teinturerie, Etta, corn-flakes. Il touchait 95 dollars par semaine du chômage. Déjà, lorsqu'il travaillait, avec le salaire de la gouvernante il dépensait beaucoup d'argent et son chèque arrivait toujours au bon moment. Il ne pouvait rien mettre de côté. En tout, il n'avait que 1 800 dollars en banque. En moins de deux mois, il aurait dépensé le peu qu'il avait.

Il annonça à Etta qu'il était au chômage et qu'il cherchait du travail, ce qui n'était pas difficile à deviner. Elle lui proposa de ne la payer que plus tard, mais il refusa. Il continuerait à la payer pour le travail qu'elle effectuerait. Il ne l'avait pas dit à Billy. Mais les grands yeux bruns voyaient tout, rien ne pouvait leur échapper.

— Papa, on t'a mis à la porte ?

— Qui t'a raconté ça ?

— Tu es souvent à la maison, maintenant. Et dans le feuilleton *Flintstones*, Fred Flintstones était souvent à la maison, lui aussi, et on l'avait mis à la porte.

— Tu sais ce que ça veut dire : « mis à la porte » ?

— Que tu n'as pas de travail.

— Eh bien, je n'ai pas été mis à la porte exactement, mais la compagnie pour laquelle je travaillais s'installe ailleurs, alors je cherche autre chose.

— Oh !

— D'ailleurs, je vais bientôt trouver.

— Alors tu pourras jouer avec moi, demain ?

— Je ferais mieux de chercher du travail, Billy.

Ça faisait déjà six semaines qu'il était sans travail. Ses prétentions avaient diminué. Il envoyait son curriculum vitae à des journaux professionnels dont il avait trouvé le nom dans un annuaire.

William Kramer avait cinq ans. Son anniversaire marquait l'écoulement d'une année entière depuis que Joanna les avait quittés. Ted organisa une petite fête. À la demande de Billy, il y eut le gros gâteau « Batman » et six de ses petits copains préférés. Ted calcula qu'un « Batman » mécanique miniature et une modeste fête d'enfants coûterait 38 dollars.

Il pensa prendre un emploi temporaire, vendeur dans un grand magasin, ou se faire engager par une compagnie de téléphone ; mais s'il travaillait, tous les bénéfices du chômage seraient annulés. Il fallait qu'il trouve une situation dans sa branche, sinon il y perdrait. L'argent filait. Tout était si cher.

— Tu n'as plus de travail ! Aaaah !

Son intention avait été d'annoncer calmement qu'il avait changé d'emploi à ses parents dès qu'il aurait trouvé une nouvelle situation. Mais lorsque sa mère lui demanda directement « Comment ça va ? », il ne put répondre « Très bien ». Tout en sachant que c'était le seul moyen d'éviter une conversation pénible, honnêtement, il était incapable de dire une chose pareille.

— Notre compagnie disparaît, maman. Nous avons tous perdu notre travail. Je cherche. Je trouverai quelque chose.

— Il a été renvoyé ! Renvoyé !

Son père prit le téléphone.

— Ted, ils t'ont renvoyé ? Pourquoi ont-ils fait ça ?

— Écoute, papa, c'est Fred Flintstone qui a été renvoyé. Moi, on m'a laissé tomber.

— Qui a été renvoyé ?

— La compagnie a été vendue.

— Et les nouveaux patrons ne t'ont pas engagé ? Tu as sûrement fait quelque chose de mal pour qu'ils ne t'aient pas recasé !

— Ils n'ont repris aucun d'entre nous. Ils quittent New York.

— Et maintenant, alors ?

— Je vais trouver autre chose.

« Il a été renvoyé ! Aaaah ! » Sa mère avait commenté et souligné avec délicatesse tous les aléas de la situation. « Ted, tu as un bébé à nourrir et cette femme à payer, et tout est cher aujourd'hui. Et tu es seul, sans épouse pour t'aider. Que Dieu veuille qu'il ne t'arrive rien ! Que deviendrait l'enfant ? Et tu n'as pas de situation ! Tu te rends compte de ce qui se passe ! ».

Si par hasard elle avait oublié quelque chose, il ne voyait vraiment pas quoi. Il termina la conversation en l'assurant que les troupes new-yorkaises survivraient, cependant que son père hurlait à l'autre bout du fil que Ted devrait peut-être venir en Floride pour s'engager comme chauffeur de taxi – beaucoup de gens âgés ne conduisaient pas et ne marchaient pas non plus, il y avait donc de l'argent à faire. Ted dut se rendre à l'évidence : ses parents méconnaissaient totalement ce qu'il était.

Une femme du bureau de placement avait été enthousiasmée par son curriculum vitae et l'avait assuré qu'elle lui trouverait du travail avant une semaine ; cette femme ne l'avait pas rappelé depuis trois semaines. L'été approchait. Les gens ne quittaient pas leur emploi, ils restaient pour avoir leurs congés payés. Il n'avait plus que 900 dollars à la banque.

— Billy, nom de Dieu, je t'ai dit de sortir d'ici. Ça y est, j'ai joué avec toi ! J'ai joué avec toi pendant une heure entière après le dîner ! Je ne peux plus jouer avec toi ! Prends un livre.

— Ne crie pas comme ça.

— Arrête de pleurnicher.

— Je ne pleurniche pas.

— File, allez, va dans ta chambre !

Il l'attrapa et le fit sortir de la pièce en lui serrant si fort le bras qu'il y laissa les marques de ses doigts.

— Tu me fais mal !

Billy éclata en sanglots.

— Je ne voulais pas te faire mal. Mais arrête de pleurnicher comme ça. Joue tout seul, nom de Dieu. Fiche-moi un peu la paix !

Le travail était le centre de gravité de son identité. Il ne se sentait aucun don pour quelque chose en particulier. Il lui avait fallu des années pour se faire une place dans le domaine commercial étroit qui était le sien. Il vendait des idées dans la publicité, un vendeur d'espaces. Son travail, ses costumes et cravates, son nom imprimé sur papier à en-tête, les secrétaires, les bureaux ultra-modernes, l'argent, tout ce qui lui permettait de continuer, d'essayer d'oublier Joanna, d'engager une gouvernante, d'acheter du vin, c'était ça qui l'avait soutenu, et c'était grâce à son travail. Sans travail, il se sentait impuissant.

Et avec l'enfant, tout devenait crucial : cet être était totalement dépendant de lui, puisqu'il était son papa. Il s'était déjà trouvé sans travail auparavant, mais jamais avec ce sentiment d'angoisse. Lorsque Ted Kramer se réveillait la nuit, il mettait des heures avant de se rendormir.

Il avait recontacté les employés des agences de placement en pensant qu'ils avaient mal placé son curriculum vitae, ou mal rangé sa fiche, ou qu'ils l'avaient oubliée et égarée parmi celles des nouveaux arrivants sans travail. « Quelle date avez-vous dit, monsieur Kramer ? »

Billy, qui voulait l'aider, lui apporta comme seule consolation un message de l'univers des dessins animés.

— Tu te souviens quand Fred Flintstone a été renvoyé ?

— Oui, tu m'avais raconté.

— Eh bien, je viens de regarder le feuilleton et Fred a trouvé du travail. Tu vois, papa ? Ça veut dire que toi aussi tu vas en trouver.

Il eut des nouvelles de Jim O'Connor. Après être parti en voyage avec sa femme en Europe, Jim avait décidé de réintégrer le monde du travail et de reprendre un dernier poste avant la retraite définitive. Il travaillait pour un nouveau magazine, *La Mode masculine*. O'Connor voulait savoir si Ted était encore dans « les courants d'air » ou s'il était « à l'abri du mauvais temps » – expression peu appropriée étant donné la chaleur insupportable qui sévissait en ville : 33 °C à l'ombre. Ted avait dû affronter l'étuve le jour même pour se rendre à un rendez-vous chez un éditeur qui dirigeait une publication commerciale : *Le Monde du conditionnement*. O'Connor lui dit que la période la plus dure qu'il ait connue s'était située pendant la récession des années cinquante. Il était resté « dans les courants d'air », comme il disait, pendant une année entière. Drôlement encourageant !

O'Connor ne pouvait rien lui promettre – il venait de débuter dans son magazine – mais il voulait que Ted travaille pour lui. S'il parvenait à les persuader de faire une brèche dans le budget et de dégager assez d'argent – et si Ted pouvait attendre au moins quatre semaines –, il essayerait de mettre ça au point.

— C'est assez aléatoire, on en reparlera.

— Promets-moi seulement de ne pas accepter n'importe quel boulot merdique avant que j'essaye de mon côté.

— D'accord, j'essayerai de ne pas accepter un boulot merdique.

Il lui restait 600 dollars. *Le Monde du conditionnement* était « très intéressé » : à dix-neuf cents, ils pourraient peut-être monter jusqu'à deux mille – de toute façon, c'était moins que ce qu'il gagnait avant. Et en plus, ils lui tenaient la dragée haute : il dut faire des démonstrations, des ventes « bidons » comme s'il travaillait pour eux – le faux client, un gros type de soixante ans, était à la fois le chef de publicité et le propriétaire de la revue, un type qui gardait l'œil sur le tiroir-caisse.

— Très bien. Nous reprendrons contact avec vous dans une semaine environ.

— Nous n'avons pas abordé la question salaire.

— Dix-huit cent cinquante, plus les commissions.

— Vous aviez dit dix-neuf cents, peut-être deux mille.

— Vraiment ? J'ai dû faire une erreur. Non, non, c'est bien dix-huit cent cinquante. Et nous pourrions avoir quelqu'un pour moins que ça, même.

— Ce n'est pas beaucoup.

— Que voulez-vous, nous ne sommes pas *Life Magazine*.

Justement, *Life Magazine* avait disparu alors que *Le Monde du conditionnement* paraissait encore. On lui offrait donc une situation. Mais quelle situation ? Encore moins que « n'importe quel boulot merdique », se dit-il. Mise à part l'ouverture de Jim O'Connor, c'était la seule chose sur laquelle il pouvait compter. S'il acceptait le poste, il devrait probablement déménager et louer un appartement moins cher. S'il déménageait, le prix du transport des meubles mangerait toutes les économies qu'il aurait faites en une année, en payant justement moins de loyer. En dollars bruts, il ferait tout aussi bien d'être chauffeur de taxi. Sauf qu'à New York, conduire un taxi est une tâche bien hasardeuse. Les chauffeurs de taxi sont souvent attaqués. Il se plut à penser que c'était là une bonne raison pour ne pas quitter sa branche. Peu de vendeurs d'espaces sont cambriolés pendant leur travail. Puis il se mit à réfléchir : et si ça lui arrivait à lui ? Et si quelqu'un l'attaquait ou l'assassinait ? Que deviendrait Billy ? Il se rendit compte qu'il n'avait pas fait de testament. Et s'il mourait subitement ? Qui prendrait l'enfant ? Ses parents ? Inimaginable. Les parents de Joanna ? Impossible. Ted Kramer était obsédé par l'idée de sa mort. Il décida d'offrir son enfant à la seule personne qui lui inspirait confiance.

— Thelma, si je meurs…

— Ne parle pas comme ça.

— Laisse-moi te dire. Si quelque chose d'extraordinaire arrivait et que je meure, tu garderas Billy ?

— Je suis vraiment très touchée que…

— Le feras-tu ?

— Tu ne plaisantes pas ?

— Si, je plaisante. Je sais que ce n'est pas facile de répondre à une telle question.

— Ted…

— Veux-tu y réfléchir ?

— Je ne sais pas quoi te dire, tu me tues.

— Écoute, si tu crois que c'est possible, j'aimerais le préciser dans mon testament.

— Ted, ne dis pas des choses pareilles.

— Je voudrais le coucher sur mon testament.

— Tu peux « le coucher », Ted. Tu peux.

— Merci, Thelma. Je te remercie beaucoup, beaucoup. Il sera bien avec toi. Tu es une bonne mère.

Poursuivi par ses idées morbides, il appela son notaire et lui demanda de rédiger un testament par lequel il confiait Billy à Thelma ; puis il pria son médecin, qu'il n'avait pas vu depuis deux ans, de lui faire passer d'urgence une visite médicale pour avoir la confirmation qu'il ne mourrait pas avant mardi. Le docteur lui dit qu'il semblait en pleine forme – les résultats du laboratoire n'arriveraient que dans quelques jours. Le samedi suivant, encouragé par les bonnes nouvelles concernant sa santé, il se rendit au jardin d'enfants avec Billy et se lança dans un « jeu de singe » animé – activité qui prévalait toujours chez Billy. Il imagina son fils prêt à traverser la nef de l'église et lui demandant d'aller faire un tour en vitesse au jardin d'enfants pour jouer au singe avant la cérémonie, à condition bien entendu que Ted ne meure pas avant.

Il ne pouvait plus se permettre de garder Etta au-delà des quelques semaines qui venaient. Bien qu'elle lui eût proposé de ne la payer que plus tard, il était incapable d'accepter que cette femme finance son chômage à lui. Et s'il atermoyait plus longtemps, il lui devrait bientôt une fortune. Une année ! O'Connor était resté sans travail pendant une année entière ! Il lui faudrait sûrement s'occuper de Billy pendant la journée et essayer de trouver des baby-sitters pour le remplacer quand il aurait des rendez-vous. S'il en arrivait là, il pouvait tout aussi bien faire une demande pour placer Billy dans une garderie d'enfants ou même demander une allocation-nourriture.

Son frère Ralph l'appela de Chicago. Comment allait-il, avait-il besoin de fric ? Accepter quoi que ce soit de son grand frère aurait été un échec personnel pour Ted. Il n'avait pas besoin d'argent, lui dit-il. Ralph devait venir pour affaires à New York la semaine suivante, il proposa à Ted d'aller voir un match ensemble. Il passa l'appareil à Sandy qui lui fit remarquer qu'ils ne s'étaient pas vus depuis un an. Elle et Ralph se rendaient en Floride avec leurs enfants cet été, pourquoi Ted ne viendrait-il pas avec Billy pour une réunion de famille ? Il répondit qu'il y songerait. Mais il se demandait comment il pourrait bien se payer un voyage en Floride.

Le placard était presque vide. Les factures s'amoncelaient. Grâce à un instinct de survie qui lui venait de son enfance dans le Bronx – ce sont les gagnants qui restent, les perdants s'en vont, tous les coups sont permis –, Ted Kramer élabora ce qu'il considérait comme un « faux fuyant » de première catégorie. Muni d'un paquet de cartes d'achat de grands magasins qui avaient survécu à l'époque de Joanna, et fort de ce qu'il ne leur devait pas d'argent, il se rendit dans tous les magasins qui avaient des départements d'alimentation fine et y fit une débauche d'achats. Lui qui n'avait pas les moyens de s'offrir de la viande hachée chez le boucher ou de faire des commandes importantes au supermarché, savait qu'il pouvait acheter de la nourriture dans les grands magasins et que les factures ne lui parviendraient pas avant quelques semaines. Et il pourrait les payer, à ce moment-là. Il acheta tout d'abord de la viande de premier choix, des légumes surgelés, des petits pois hors de prix qui coûtaient deux fois plus cher que ceux qu'il achetait habituellement. Ensuite il choisit des truites du Colorado, des saumons de Washington, des articles à des prix exorbitants, pâtes d'Italie, biscuits d'Écosse. « Madame, ce pain vient d'arriver de Paris par avion ? C'est formidable, j'en achète ! » Il en faisait livrer une partie et il emportait le reste avec lui. Et il ne payait rien sur place. Il prenait des repas complets surgelés : veau au marsala, paella, préparés par une Mme Worthington. Dieu vous bénisse, madame Worthington, pour votre distribution gratuite. Il achetait même les produits essentiels : œufs du New Jersey et beurre de cacahuètes. « La pizza surgelée ? Est-ce vraiment bon ou simplement de la pizza surgelée ? Très bien. J'en prendrai quatre. » Il bourra son congélateur, en surchargea tous les tiroirs et empila les boîtes sur le devant. Si tout le reste manquait, ils auraient au moins leur poulet chasseur et tout ça sans rien avoir à payer pour le moment. Il n'avait pas besoin de beaucoup d'argent, il suffisait de leur payer une partie des achats seulement. Les magasins voulaient simplement être sûrs que vous n'aviez pas disparu de la circulation. Et il n'avait pas disparu.

Il avait rendez-vous, avec son frère Ralph, au Blarney Stone Bar, sur la Troisième Avenue. Ils allaient passer une soirée très conventionnelle : bière, sandwichs de pastrami au bar, ensuite ils iraient au Shea Stadium voir les Mets contre les Dodgers. Ralph était un beau garçon musclé, du genre « baraqué ». Il portait un costume de soie, une cravate à fines rayures et des mocassins. Il aurait pu passer pour un acteur de télévision dans un rôle de gangster.

— Tu as maigri, Ted.

— J'essaye de garder la ligne.

— Barman, servez un verre à ce pauvre assoiffé.

— Ça va, ça va. Je prendrai une bière.

— Ça fait une paye, dis donc !

— Je sais.

Ralph regarda à travers la fenêtre les jambes d'une fille qui passait, puis plongea le nez dans son assiette. L'intimité n'avait jamais été particulièrement de mise dans leur famille, mais aujourd'hui c'était pire que jamais. Ted avait la sensation étourdissante qu'après une seule bouchée de pastrami, ils n'auraient plus rien à se dire.

— Dis-moi, Ted, tu te souviens dans le temps – les Giants et les Dodgers jouaient à New York le vendredi soir au Polo Grounds ou au stade d'Ebbets Fields, amorça Ralph, qui apparemment ressentait la même tension.

— Quelle époque !

Heureusement pour eux, ils purent parler du base-ball du bon vieux temps, Ernie Lombardi qui marquait comme un dieu, les parties auxquelles ils avaient assisté ensemble quand ils étaient jeunes. Cela les aida à tenir jusqu'au match. Ensuite ils s'intéressèrent au jeu et parlèrent des buteurs et de la partie qui se déroulait devant eux.

— Regarde-moi ça, dit Ralph pendant la mi-temps, toute cette bande de connards avec leurs banderoles. Qu'est-ce qu'ils connaissent au base-ball ?

— Et cette musique d'orgue !

— Viens à Chicago, Teddy. Je t'installerai dans un magasin de spiritueux.

— Je te remercie, Ralph, mais ce n'est pas mon métier.

— Je ne dis pas dans Chicago même, mais dans la banlieue.

— J'apprécie ton offre, Ralph, mais vraiment non, merci.

Ils s'intéressèrent de nouveau à la partie. Au retour, le métro était tellement bondé jusqu'à Time Square que cela leur épargna la corvée d'une conversation. De Time Square au Hilton, où Ralph avait pris une chambre, ils reparlèrent du base-ball de jadis.

— On prend un verre ?

— C'est trop tard. Billy se lève très tôt.

— Il va bien ?

— Apparemment.

— Tu as des projets ?

— Quelques-uns.

— Teddy, ce n'est pas possible que tu n'aies pas besoin de fric…

C'était possible, il faisait même venir son pain de Paris !…

— Je t'assure, ça va bien.

— Comment tu fais ?

— Je fais aller…

— Tu sais que je suis là, en tout cas.

— Oui, je le sais, mais ça va, Ralph.

L'argent, c'était du temps. Il avait besoin de temps, il avait désespérément besoin d'argent aussi, et pourtant il ne pouvait se résoudre à en demander. C'était trop difficile pour lui d'admettre qu'il en avait besoin.

— J'ai passé une très bonne soirée, Ralph. Il faudra recommencer la prochaine fois que tu viendras à New York.

Ils se serrèrent la main, et soudain, Ralph retint Ted par le bras :

— On est tellement distants dans notre putain de famille, Teddy…

— Nous sommes ensemble, Ralph. Et nous avons passé une bonne soirée.

Les veines commencèrent à gonfler sur le front de Ralph.

— Ted, je sais que tu as besoin de fric !

— Mais je t'ai dit, Ralph…

Ralph mit la main dans la poche de sa veste et sortit son chéquier. Il serrait le bras de Ted de son autre main.

— Ne dis rien, Teddy. Ne bouge pas.

— Ralph, je ne le prendrai pas.

— Teddy, laisse-moi au moins faire ça.

— Non, Ralph.

— Accepte pour me faire plaisir. Laisse-moi faire ça pour toi.

Et il se dépêcha de faire le chèque avant que Ted ne s'éloigne ; il fit très vite, le plia et le glissa dans la poche de Ted.

— Tu me rembourseras quand tu seras riche.

Ralph serra son frère dans ses bras maladroitement et lui dit : « Ce n'est que de l'argent », puis il le quitta.

Ted ne regarda pas le montant du chèque. Il n'y arrivait pas. Il rentra chez lui, s'assit à la table de la salle à manger et, finalement, déplia le chèque. Il lut la somme et s'enfouit le visage dans ses mains. Son frère venait de lui offrir du temps. La somme était de 3 000 dollars. Le lendemain matin, il appellerait *Le Monde du conditionnement* et il leur dirait qu'ils pouvaient garder leur poste de merde et aller se faire foutre.

Le magazine *Time* le contacta ; pendant plusieurs jours il eut des entretiens avec des responsables de la boîte, et tout le monde paraissait favorablement impressionné. Il y avait un seul problème : un de leurs vendeurs de la côte Ouest qui avait toujours refusé de venir à New York semblait changer d'idée, à présent. Et ce type avait la priorité.

C'était à devenir fou. Il avait son enfant à charge. Il échouait dans ce rôle fondamental qui était le sien : le rôle de protecteur.

Il descendit en ville, et fit des kilomètres à pied jusqu'à la bibliothèque. Il revint, toujours à pied pour ne pas se sentir inactif et pour économiser le prix du voyage. Charlie lui avait donné le numéro de téléphone d'une fille : « Elle est très chouette. Des dents magnifiques. Je lui pose une couronne. » Il lui avait dit qu'il n'avait ni le fric, ni l'envie, ni la force de nouer une nouvelle relation avec quelqu'un et de passer par tous les « Qu'est-ce que vous aimez ? » et les « Qu'est-ce que vous n'aimez pas ? »

Jim O'Connor l'appela et lui expliqua en long et en large qu'il avait parlé au P D G de la boîte et qu'ils n'étaient pas d'accord pour engager un nouveau vendeur d'espaces publicitaires qui travaillerait à la commission car ils voulaient réduire les charges sociales. Ted éloignait déjà l'écouteur de son oreille : même un non rapide me conviendrait, songea-t-il. Quelque chose, mais vite ! Je n'en peux plus d'attendre.

— Et de toute façon, Ted, j'ai dû accepter. Alors tu devras non seulement vendre des espaces mais t'occuper également des autres domaines dans lesquels tu excelles : travailler au bureau d'études, parler aux mecs des reproductions, des trucs comme ça.

— Très bien.

— La seule chose, c'est qu'il n'y aura pas de commissions. Je ne sais pas exactement comment tu appellerais ça : ventes et administration. Assistant du directeur de publicité, je suppose. Deux mille quatre cents pour commencer.

— Quand puis-je commencer ?

— Ça y est.

— Qui dois-je voir ?

— Personne.

— Oh, écoute, Jim, arrête !

— C'est moi qui choisis.

— Jim…

— Tu seras mon bras droit, Ted. Tu acceptes ?

— Oui, j'accepte !

— Alors tu as le poste. Tu es engagé. Ted, je te vois lundi à neuf heures et demie.

Il raccrocha l'appareil et sauta en l'air – Youpi ! Il criait et bondissait comme un supporter d'équipe de football. Billy se précipita hors de sa chambre où il était en train de construire une usine avec son mécano.

— Qu'est-ce qu'il y a, papa ?

— J'ai du travail, mon petit bonhomme ! Ton vieux est sorti de l'ornière !

— C'est très bien, dit Billy placidement. Je te l'avais dit, que tu allais en trouver.

— C'est bien vrai ça !!!

Ted le souleva et le fit tourner dans les airs.

— Tu as un papa à la hauteur ! Ouais, vraiment à la hauteur ! Tout ira très, très bien, maintenant !!!

« Mais jamais plus, mon fils. Je ne veux plus jamais vivre ce que je viens de vivre. »

13.

Le magazine *La Mode masculine* était vendu dans les kiosques ; il s'agissait d'une publication élégante aux nombreuses pages en couleurs. La compagnie appartenait à un conglomérat d'Amérique du Sud qui possédait des parts dans l'industrie. Les directeurs du secteur industriel et les directeurs de la compagnie voulaient un magazine qui les aide à promouvoir la mode masculine. Ted présenta les programmes de vente qu'il avait élaborés. Il obtint rapidement plusieurs contrats. Il se souvenait avec satisfaction qu'il pouvait être efficace.

Il rendit les 3 000 dollars à son frère, avec un cadeau qu'il trouva dans une librairie d'occasion : Le *Who's Who du base-ball 1944.* « Qu'est devenue l'équipe de St Louis Brown » ? écrivit-il sur le mot qu'il joignit au livre. Il ne savait pas quoi mettre à la fin, quelles étaient donc les expressions qu'il utilisait habituellement quand il écrivait à son frère ? Sincèrement ? sincèrement à toi ? à bientôt ? Cette fois-ci, il lui fut possible d'écrire « Affectueusement, Ted ».

Sur les conseils de Thelma, il inscrivit Billy dans un centre aéré pour l'été. Kim y était allée l'année précédente, le dernier été du couple Thelma-Charlie.

— Charlie a des problèmes de fric cette année, dit-elle, il voudrait que nous passions l'été dans l'appartement sans utiliser l'air conditionné.

Un jour, à l'heure du déjeuner, Ted assista à une réunion des parents du groupe cinq. En fait, c'était une réunion de mères – il était le seul homme de l'assistance. Il s'assit avec les femmes et fit la connaissance des moniteurs de Billy : une jeune étudiante et un non moins jeune étudiant à qui Ted aurait donné quatorze ans. Ted prit des notes. Billy devait avoir une garde-robe marquée à son nom, deux paires d'espadrilles et des vêtements de rechange. Il se sentait observé par les autres. Qu'est-ce que vous pensez, mesdames, un veuf ? Au chômage et ma femme qui travaille ? Je parie que vous ne devinerez jamais.

Ted commença à s'angoisser en entendant le responsable décrire une journée type du centre aéré. Une piscine, est-ce que ce n'était pas dangereux ? Un jour entier ! Billy n'allait-il pas se sentir trop seul ? Emmené par des étrangers quelque part dans la nature, son Billy allait quitter la ville en autocar. Les taxis n'allaient pas si loin. Et en automne, Billy irait à l'école, une vraie école avec des poignées aux portes de la direction, des jours de réunion et le serment d'obéissance. C'étaient « eux » qui prendraient la suite. On allait institutionnaliser son petit sauvage, on lui raboterait les angles, ce serait un enfant de plus faisant la queue pour le lait. Billy irait dans un centre aéré, puis à l'école, et Ted était pris d'angoisse à l'idée de cette séparation.

Tous les matins, Ted attendait avec Etta l'autocar du centre, mais déjà Billy était gêné d'embrasser son père devant les autres enfants. Lui serrer la main faisait trop « grande personne » – c'était encore trop tôt pour Ted. Il opta pour la tape dans le dos, Billy aussi.

Les influences extérieures se faisaient sentir, les enfants posaient des questions et Billy également.

— Papa, où est maman ?

— Ta maman est en Californie.

— Est-ce qu'elle est remariée ?

— Remariée ? Non, elle n'est pas remariée, je ne crois pas, du moins. Où as-tu entendu ce mot ?

— Au centre, c'est Carla : ses parents sont divorcés et sa maman est remariée.

— Oui, ça arrive. Quelqu'un qui se marie à nouveau avec une autre personne.

— Tu vas te remarier ?

— Je ne sais pas.

— Tu ne vas pas te remarier avec Phyllis ?

Phyllis, l'avocate ? Il l'avait presque oubliée.

— Non, Billy.

— Papa ?

— Oui, Billy.

— Toi et maman, vous allez vous remarier ?

— Non, Billy, papa et maman ne se remarieront jamais ensemble.

Jim O'Connor voulait que Ted prenne deux semaines de vacances, il y tenait.

— Peut-être.

— Ted, tu t'es crevé le cul. Il n'y a donc personne dans ta vie pour te dire que tu es à bout ?

Ted élimina Fire Island. Les risques éventuels de dépression nerveuse, très peu pour lui. Il chercha dans des publicités de voyage des offres de location à occupation double. C'était tout à fait Ted, l'occupation double : lui et son ombre. En voyage, il ne quitterait pas Billy des yeux, à moins qu'il n'engage une femme de chambre pour garder le gosse quand il irait draguer dans les bars. Pas exactement des vacances de grande classe. Il était fatigué. La période de chômage l'avait épuisé, il avait travaillé dur depuis ; il savait aussi que passer un long moment seul avec Billy – et répondre à tous ses besoins – ne le remettrait pas d'aplomb car ce ne serait pas du repos. Il décida finalement de prendre deux semaines en août. Il passerait la première semaine en Floride avec Ralph et les siens – réunion familiale prévue depuis longtemps – et reviendrait une semaine à New York. Si Billy était toute la journée au centre, Ted serait seul et pourrait se reposer, faire la sieste, aller au cinéma, rester à la maison, manger des glaces au chocolat au lit, regarder la télévision pendant la journée et se détendre, tout simplement.

C'est sur le chemin de l'aéroport qu'il annonça la grande nouvelle, après que sa belle-sœur le lui eut confirmé :

— Billy, quand nous serons en Floride, nous irons à Disneyland.

Les yeux du gosse s'agrandirent. Il avait déjà vu des publicités de Disneyland à la télévision.

— Oui, mon cher William. Tu vas faire la connaissance de Mickey.

Ralph et Sandy les attendaient à l'aéroport. Dora et Harold étaient là aussi et accueillirent Billy en le couvrant de baisers et de chocolat. Ils lui avaient également apporté un énorme sac de bonbons qui aurait rendu les autres grands-parents de l'enfant apoplectiques. Gavé de sucreries, Billy ne pouvait qu'adorer Fort Lauderdale. Ils avaient décidé de prendre une chambre dans un motel à côté, et de passer leurs journées tous ensemble chez Dora et Harold au bord de la piscine. Ils déposèrent leurs affaires dans la chambre puis firent connaissance de la nièce et du neveu de Ted. Sandy avait été danseuse à Chicago jadis, c'était une rousse aux longues jambes, véritable danger pour les vieux messieurs installés au bord de la piscine : ils étaient menacés de crise cardiaque chaque fois qu'elle apparaissait. Son aînée, Holly, était également une grande fille élancée, bien agréable à regarder. Elle avait seize ans et arborait déjà la moue boudeuse des adolescentes raffinées. Le jeune maître nageur était fou d'amour – on aurait pu tout aussi bien se noyer à ses pieds. Leur autre enfant, Gérard, quinze ans, était un grand et beau garçon dégingandé qui faisait des roulés-boulés dans la piscine. Ils accueillirent Billy comme on le fait à leur âge : « Salut ! »

— Billy a l'air en pleine forme, dit Sandy, mais toi, par contre, tu as une mine épouvantable.

— Attends que je mange la cuisine de maman, après ça ce sera encore pire !

— Quelle cuisine ? Je n'ai pas l'intention de faire la cuisine, dit Dora en se retournant. (Elle avait tout entendu en discutant avec ses amis au bord de la piscine.) Il n'est pas question que je vous fasse la cuisine.

— Nous allons tous dîner dehors, c'est Ralph qui invite, annonça Harold.

— Ralph, tu ne vas pas tout payer pour moi ici, dit Ted.

— T'en fais pas, je le passe en notes de frais.

— Comment tu fais ?

— C'est pas compliqué.

Ralph s'approcha d'un des amis de Dora et Harold, un octogénaire en train de bronzer sur un transat.

— Monsieur Schlosser, je voulais vous demander si ça vous intéresserait d'aller à Chicago, je dois aller livrer là-bas.

— Tu parles ! Même une balade à l'épicerie, ça m'intéresserait !

— Merci. Voilà, Ted, cela sera dûment inscrit sur un agenda : « Pourparlers avec S. Schlosser concernant une livraison en Floride. » Je viens de transformer ça en voyage d'affaires.

— On a un certain sens de l'humour dans la famille.

Et en indiquant ses parents, il ajouta :

— Ce n'est pas toujours intentionnel, mais quand même…

— Je vous présente mon Ralph, c'est un important négociant en spiritueux, disait Dora un peu plus tard, et celui-ci, c'est mon Ted, il vend des vêtements pour hommes.

Billy jouait avec un petit bateau dans le déversoir d'eau qui bordait la piscine, mais dès que plusieurs enfants sautèrent dans l'eau en éclaboussant tout le monde, il courut se réfugier auprès de Ted.

— Nous sommes inséparables, dit Ted à Sandy, à la fois fier et ennuyé.

À la fin du trimestre, Ted avait demandé une entrevue à la maîtresse de Billy. Elle lui avait dit qu'elle le trouvait « bien adapté ».

— Il a l'air d'être un enfant tout à fait normal.

Il s'était arrêté sur le « Il a l'air ».

— Croyez-vous qu'il ait des problèmes, d'après vous ?

— Non, répondit-elle.

— N'est-il pas trop timide ?

— Tous les enfants sont différents. Certains parents trouvent leur enfant trop agressif.

Et maintenant Billy était sans cesse dans son giron. Pas agressif pour un sou. Peut-être aussi l'observait-il de trop près, mais c'était pratiquement inévitable si l'enfant restait sur ses genoux.

Cette nuit-là, il ne dormit que trois heures.

Billy ronflait, l'air conditionné faisait du bruit. À onze heures, le matin suivant, Billy découvrit que lui aussi pouvait faire des roulés-boulés dans la piscine, à condition que Ted l'arrête avant qu'il ne coule. Après une demi-heure de ce jeu, Ted était si fatigué que ses mains en tremblaient. Il y eut quelques escarmouches entre Billy et les autres enfants à propos de jouets. Un petit garçon lui chipa son bateau et Ted dut faire appel à toute sa diplomatie pour calmer son fils qui pleurait la perte de son jouet avec des flots d'amertume.

— Si c'est à toi, bagarre-toi ! lui cria-t-il.

— Tu n'as pas le droit de m'engueuler, protesta Billy au milieu de ses larmes.

Après avoir négocié des affaires de magazines à New York, il fallait qu'il négocie des affaires de petits bateaux en Floride, à présent. Et il ne s'y prenait pas très bien. Sandy, qui les observait depuis un moment, demanda à Holly d'emmener Billy aux balançoires qui se trouvaient à proximité.

— Te voilà libre pendant dix minutes.

— Merci, Sandy.

— Je n'aime pas trop ce que je vois. J'en parlais à Ralph et je trouve que tu as besoin d'être un peu seul. Le gosse aussi. Il est bon que les parents et les enfants se séparent de temps en temps.

— Tu es trop tendu, lui dit Ralph.

— Voilà ce que je propose et ne dis pas non. Nous allons tous aller à Disneyland avec Billy. Et toi, tu feras ce que tu voudras. Reste ici, va à Miami, prends une chambre d'hôtel. Il sera bien avec nous. Et ça sera bon pour vous deux.

— Je n'en suis pas sûr, laisse-moi réfléchir.

Ce furent ses érections involontaires qui lui dictèrent sa décision. En maillot de bain, avec Billy sur les genoux, Ted avait des « bandaisons » indépendantes de sa volonté. C'était très inconfortable et très gênant surtout. Et quand Billy se nichait contre lui et que Ted se remettait à bander, il était pris d'une folle envie de se libérer de ces manifestations embarrassantes. Que Billy aille donc un peu s'asseoir sur les genoux de Mickey Mouse.

Quand Ted annonça à Billy qu'il irait à Disneyland avec le reste de la famille pendant que lui, Ted, resterait seul quelques jours, le gosse se sentit trahi.

— Mais on devait y aller ensemble !

— Eh bien, nous sommes très souvent ensemble.

— Je ne veux pas y aller.

— Qu'est-ce que j'entends ? À Disneyland ? Le vrai Disneyland ?

Il avait mis le paquet. Le gosse ne pouvait résister au vrai Disneyland. La famille loua un break pour monter vers le nord ; afin de rendre la chose plus supportable, Dora emporta un énorme sac de bonbons rouge et marron.

— Ne t'inquiète pas. Il ira bien, lui cria Dora. Mange ton bonbon, toi.

Billy lui fit des adieux désespérés par la fenêtre. C'était la première séparation entre le père et le fils.

Ils devaient rester trois jours à Disneyland. Ted pouvait les retrouver soit quand ils reviendraient, soit à la fin de la semaine seulement. De toute façon, Sandy ne repartait pas encore. Il pouvait également prendre la semaine d'après, mais alors les parents de Ted auraient à s'occuper entièrement de Billy et il hésitait à laisser l'enfant si longtemps dans cet univers hyperglucosé, le vrai paradis des bonbons. Harold n'était pas exactement le docteur Lee Salk[1].

Un jour à la piscine, au cours d'une dispute pour un jouet, Ted cherchait désespérément une solution pacifique et Harold lui fit signe. « Dis-lui de frapper à l'estomac. Ça les arrête. Il faut enseigner à tous les gosses à frapper à l'estomac. » Mais Ted se sentait libre, maintenant. Il ne se souvenait plus depuis quand il avait eu autant de liberté. Il pouvait enfin avoir une érection *volontaire* et dormir jusqu'à dix heures. Il pouvait même courtiser la veuve Gratz, une femme encore jeune, même pas cinquante ans d'après lui – la plus belle femme de la piscine, encore mince et fort séduisante, mis à part ses cheveux crêpés en pièce montée sur le dessus de la tête. Il se surprit à lancer des œillades à la veuve Gratz, mais, bien entendu, si un tel méfait arrivait aux oreilles de ses parents, ils l'enverraient brûler un cierge. « Qu'est-ce que tu as fait là ? » En tout cas, il était au moins libre d'avoir de telles pensées.

Il décida de quitter la région de Fort Lauderdale-Miami. À New York, il avait lu toute une série de réclames pour un nouvel hôtel de villégiature sur la côte de Floride, le Shell, une sorte de Club Méditerra-

1. Le docteur Lee Salk est l'inventeur du vaccin contre la poliomyélite.

née : un prix forfaitaire au départ. L'endroit semblait agréable et se trouvait à Sarosota, pas très loin par avion. Il abandonna la veuve Gratz à M. Schlosser. Il appela l'hôtel et réserva une chambre jusqu'au dimanche matin. Le prochain vol partait en fin d'après-midi ; il quitta Fort Lauderdale bien moins chargé qu'à l'arrivée.

Le Shell était un hôtel moderne situé sur la plage : une rangée de chambres en bord de mer, avec un restaurant en plein air sur la terrasse, un bar et une piscine. On le dirigea vers le restaurant où le dîner était servi : un buffet ; il vit immédiatement que l'hôtel était tout neuf et encore aux trois quarts vide. Les personnes dispersées dans la salle semblaient faire partie d'une convention de pilotes de ligne : ils avaient tous l'air tellement « square » et bon genre. Il s'installa à une table de huit personnes, cinq types en pleine forme et trois femmes tout aussi florissantes de santé. Et, bien entendu, il se sentit tout de suite verdâtre et malsain.

Il apprit que le Shell était devenu la « station » des employés des lignes aériennes de la Delta et de la Eastern. Et tous ces gens à table, qui avaient tellement l'air de pilotes, étaient en fait de vrais pilotes. Arrivé un mardi, il n'était pas dans le coup ; à sa table, il lui sembla que quelques couples s'étaient déjà formés. La discothèque ouvrait à vingt-deux heures trente. Il ne savait pas s'il pourrait rester éveillé jusque-là. Il prit un verre au bar et remarqua d'autres types démographiques différents parmi les vacanciers. Il y avait une bande de New-Yorkais, environ une dizaine de personnes, collés les uns aux autres pour se tenir chaud : ils étaient reconnaissables, plus petits et plus trapus que les autres, des vrais paquets de nerfs ambulants. Il n'avait pas envie de conversation new-yorkaise. Il n'y avait pas grand monde à la discothèque, les nouveaux venus étaient en couples pour la plupart. Il alla donc se coucher, avec la ferme intention de dormir jusqu'à midi. C'était mal connaître son propre mécanisme intérieur : au bout de cinq ans, il était programmé à l'heure Billy et il se réveilla à sept heures et quart.

Ted prit son petit déjeuner dans une salle à manger vide puis descendit à la plage. Impressionnant spectacle dans la lumière du matin. Personne ne lui demandait rien. Il n'était responsable que de lui-même. Il se jeta dans l'eau et nagea pendant un long moment, tranquillement, calmement, enfin seul. En sortant, il resta au bord de l'eau, jouissant du sentiment de liberté qui déferlait en lui. Il était Johnny Weissmuller et il était libre. Ah, ah ah ah ah !!! Il terrifia les oiseaux qui se trouvaient dans les arbres derrière lui ; ils n'avaient jamais vu de film de « Tarzan ». Ils s'envolèrent en direction de Miami.

Pendant son séjour, il ne parla jamais de Billy. À plusieurs reprises lorsque la conversation devint personnelle, il dit qu'il était divorcé. Il ne tenait pas à ce qu'on en sache plus – pas de discussions compliquées, pas d'explications, pas de Billy. Le résultat fut fantastique. Mais il ne cessait cependant de penser à Billy. Plusieurs fois, il eut envie d'appeler, pour voir s'il allait bien, pour lui parler. Mais il tint bon. Il leur avait laissé son numéro de téléphone. Ils pouvaient l'atteindre en cas d'urgence.

Quelques-uns des pilotes organisèrent des parties de volley sur la plage. Et Ted – de Fire Island – y gagna une respectabilité immédiate. Il était devenu « Ted, mon vieux » pour Bill, Ron et Don et « Ted, mon chou » pour Mary-Jo, Betty-Ann et Dorrie-Lee, quand ils faisaient des parties mixtes. Les jours passaient comme dans un rêve. Il nageait, jouait au volley, nageait, jouait au volley, mangeait, nageait. Les nuits, il les passait avec Dorie-Lee, une adorable jeune femme de vingt-quatre ans originaire de Jacksonville, qui n'avait jamais été au-delà de Washington. Elle était hôtesse sur la ligne Atlanta-Miami. Ils faisaient l'amour dans la chambre de Ted, ensuite elle retournait dormir dans sa chambre à elle qu'elle partageait avec Betty-Ann car elle craignait pour sa réputation ! Plus tard il eut du mal à se rappeler de quoi ils parlaient ensemble. Tout se vivait dans l'immédiat, les conversations étaient banales : comme il faisait beau, comme c'était chouette, le volley, comme il était bon, le dîner. Ils parlèrent très peu de leur profession. Il ne lui dit pas un mot de Billy. Le samedi matin, au moment du départ, elle le remercia de l'avoir aidée à passer de merveilleuses vacances. Il la remercia pour la même chose. Ils échangèrent leurs numéros de téléphone et s'appelleraient si jamais l'un ou l'autre passait dans leurs villes respectives, concluant ainsi une aventure de vacances topographique, parfaitement limitée dans le temps et dans l'espace : mi-tropicale, mi-romantique.

Le dimanche, il repartit pour Fort Lauderdale. Il sortit du taxi et se dirigea vers la piscine. Sandy le vit la première et lui fit signe de la main. Billy émergea de derrière un transat et se précipita vers lui en une course désordonnée et incertaine. Il prit l'allée qui partait de la piscine et hurla « Papa, papa ! » en courant. Il se jeta dans les bras de son père. Pendant que le gosse lui racontait comment il avait serré la main de Mickey Mouse, ils revinrent vers les autres, et Ted sut qu'en dépit du besoin qu'il avait eu de s'échapper pour être seul et avoir les mains libres, il sut que, plus que toute autre chose, Billy lui avait terriblement manqué.

14.

Dans une classe de trente-deux enfants, Billy n'était plus le seul et unique Billy de ce petit monde ; Billy K. allait s'en rendre compte lui aussi, tout comme les deux petites Samantha. Le premier jour, Ted accompagna le gosse à l'école. L'entrée de l'établissement était bondée d'enfants qui s'embrassaient, sautaient et se bagarraient. Les parents étaient exclus et leurs « ça suffit maintenant », totalement ignorés. Billy se tenait sur la défensive et Ted l'accompagna à l'étage de la classe des petits : salle 101. Il y avait eu une salle 101 quelque part dans sa vie, lui sembla-t-il. Ted resta un instant, puis le laissa. « Mme Willewska viendra te chercher. À plus tard, mon grand. » Billy était dans le Système. Bien qu'il en eût gros sur le cœur à cause de la séparation et du temps qui passait si vite, Ted sentait qu'il avait accompli quelque chose : il avait réussi à ce que Billy soit ici. Il était comme tous les autres gosses. On ne pouvait voir de différence.

Ted avait recommencé à se cloîtrer, et Thelma le sermonna :

— Tu régresses. Tu ne sors plus, de nouveau.

— J'ai six numéros de téléphone, une fille que je peux voir si jamais je débarque à Atlanta-Miami, et il y a la mère d'un des gosses de la classe de Billy qui m'a tapé dans l'œil. Elle ressemble à Audrey Hepburn dans *Vacances romaines* et ne porte pas d'alliance.

— Tant que tu es dans le circuit, c'est bon pour…

— Pour quoi, Thelma ?

— Je ne sais pas, c'est ma mère qui disait ça. Je suppose que c'est bon pour ton propre circuit… Hum !

Un matin, il demanda à la mère de Samantha G. si elle avait le temps de prendre un café. Ils se rendirent dans un bar proche de l'école et commencèrent à parler des enfants. Ensuite elle lui dit qu'elle était divorcée mais qu'elle avait un ami ; leurs gouvernantes respectives pourraient peut-être se rencontrer avec les gosses ? Donc son Audrey Hepburn avait accepté de prendre un café avec lui pour faire sa connaissance et pour organiser une rencontre-goûter pour sa petite fille. Il comprenait. Les enfants avaient besoin d'une vie mondaine, eux aussi.

Il adhéra à l'association des parents d'élèves de l'école pour être un parent concerné. Il s'inscrivit également au comité des informations, ce qui signifiait qu'il demanderait au service artistique de sa boîte de lui dessiner un prospectus pour la « Semaine de l'école ouverte ». Un jour, à une réunion, Ted Kramer était installé sur une chaise minuscule sous l'image d'un chêne, illustrant « Les saisons nos amies ». Le professeur de Billy, Mme Pierce, était une jeune femme vêtue d'une robe indienne. Elle réveilla les phantasmes de Ted et il se rappela Mme Garrett et même Mme Bienstock, ses professeurs à lui. Il eut envie de pousser Mme Pierce dans le vestiaire et de la peloter dans les odeurs de radiateur chaud et de bottes mouillées.

Des rumeurs commençaient à circuler dans la boîte de Ted. On disait que les patrons n'étaient pas satisfaits des bénéfices réalisés par l'industrie des magazines américains. Le bruit courait que le président aurait dit qu'il pensait arrêter la publication le mois suivant. Ted était furieux. Il allait peut-être se retrouver sans travail. Il était profondément perturbé par le peu d'influence qu'il avait sur certains problèmes cruciaux, tels que ses moyens d'existence par exemple. Il avait travaillé dur et donné satisfaction, et voilà qu'à présent il pouvait se retrouver à la rue dans une situation désespérée.

Jim O'Connor appela le président du conseil d'administration à Caracas. Le matin suivant, un télex arriva qui annonçait à tous les employés de la firme et à l'extérieur également, qu'il n'avait jamais été question de supprimer la publication. Cependant, les annonceurs publicitaires avaient eu vent des rumeurs et se tenaient sur leurs gardes. Plusieurs d'entre eux annulèrent leurs ordres. Assurés par la direction qu'ils devaient poursuivre, Ted et O'Connor essayèrent de regagner la confiance des annonceurs. Grâce à sa seule volonté, Ted allait sauver la compagnie et son travail. Pendant que O'Connor s'accrochait aux anciens clients, Ted, lui, prit un maximum de nouveaux contacts ; il rédigea des argumentations pour de nouvelles présentations de ventes, il insista pour que l'on fasse une étude de marché, il élabora un rapport sur l'argumentation, il conçut même un défilé de mode en plein air dans Madison Avenue pour montrer à tout le monde qu'ils ne s'étaient pas retirés des affaires. Pendant trois semaines, il travailla nuit et jour et, peu à peu, les rumeurs se turent. Ted avait aidé à prévenir une crise. La boîte continuait à fonctionner et il aurait du travail pour un moment encore. Par contre, ce qui lui manquait, c'était le moyen efficace de se sortir des problèmes de survie au niveau de l'argent. Il pouvait fort bien se retrouver un jour sans travail et il n'avait que 1 200 dollars d'économies. Dans un article du *New York Times*, il avait lu que pour élever un gosse jusqu'à dix-huit ans, il fallait compter 85 000 dollars. Et sans compter le prix d'une gouvernante.

Son ami Larry, lui, prospérait. Ellen et lui avaient acheté une maison à Fire Island.

— Comment tu as fait, Larry ?

— Eh bien, nous avons eu un coup de feu au bureau. Et n'oublie pas que nous avons deux revenus.

Deux revenus, le nombre magique. Il sortait depuis peu avec une personne qui gagnait sa vie : elle était dessinatrice dans un studio d'art. Vivian Fraser, séduisante jeune femme de trente et un ans – de l'allure, sophistiquée –, devait bien gagner 20 000 dollars par an, se dit-il. Elle aurait été bien effarée de voir qu'avec tout le soin qu'elle portait à son apparence, il y avait au moins un homme pour ne voir en elle que son côté solvable.

Elle ignorait également qu'elle était l'enjeu du « Quelle-sorte-de-maman-ferait-elle ? » Il était intrigué par la pensée qu'une force extérieure puisse être à la fois source de stabilité affective et de responsabilité fiscale. Mais s'il invitait une dame chez lui, la dame finirait probablement par entrer dans sa chambre, et là, n'importe quel prétexte – jus de fruit ou cauchemar – pouvait pousser le mini-détective des lieux à faire irruption, accompagné de ses « copains ». Et Ted n'était pas certain que ses « copines » à lui apprécieraient les « copains » de Billy. Il ne savait pas non plus comment éviter ce genre de considérations.

Un soir, après que Billy et Vivian se furent brièvement rencontrés, Ted demanda à Billy : « Qu'est-ce que tu penses de Vivian ? ». Cette question n'avait aucun intérêt en fait, car ce qu'il avait envie d'entendre c'était : « Oh, oui, quelle femme adorable ! Je sens que l'on peut avoir une relation d'égal à égale avec elle. Comme tu le sais, une dessinatrice "design" pourra toujours augmenter nos revenus, sans compter sa présence affective effective. »

— Ouais, ouais, fit Billy.

Larry et Ellen invitèrent Ted et Billy à passer un week-end à Fire Island pour voir la nouvelle maison. Ils avaient aussi invité un autre couple et leur fille de dix ans. Les enfants jouèrent sur la plage, les grandes personnes burent du champagne. Ted était détendu, toute envie mise à part. Il aurait aimé vivre dans un tel luxe, une maison sur la plage – et la voiture pour s'échapper les week-ends –, les vacances au soleil l'hiver, et tous les autres luxes qu'il n'aurait jamais… 85 000 dollars jusqu'à dix-huit ans, et personne d'autre que lui-même pour supporter les dépenses d'une éducation. Si l'une des bonnes fées du livre de contes de Billy était apparue sur le perron de la maison vêtue d'un sweat-shirt, et si elle lui avait demandé de faire un vœu, il aurait demandé : six mois d'avance.

Le temps avait changé, il faisait froid et gris en ville à présent. Pendant le week-end, les activités seraient limitées, désormais, et les parents citadins ne devraient plus compter que sur leurs propres ressources intérieures et sur les musées. Ted eut l'idée d'inviter trois amis de Billy un samedi – Kim et deux autres petits camarades de son école – pour le déjeuner et l'après-midi. L'enfant aurait des copains et les parents rendraient l'invitation. À part quelques rares disputes où il dut intervenir, il passa le reste du temps dans sa chambre, s'interdisant d'aller voir si Billy osait s'affirmer devant les autres. Ils avaient tous l'air contents. Laissés à eux-mêmes, ils organisèrent des jeux : ils se déguisèrent, jouèrent à cache-cache, et prirent chacun leur tour le rôle de l'Ogre-Mangeur-d'Enfants. Il entendait le bruit des mâchoires – bruit amical, osait-il espérer. Ils s'amusèrent ainsi pendant plusieurs heures dans son appartement Quand les mères vinrent réclamer leurs colis à « 85 000 dollars-jusqu'à-dix-huit-ans », il les leur rendit intacts, satisfait de la façon dont s'était déroulée la journée sous son auspice.

« Et voilà le fantastique Super-Jet, annonça Billy de sa chambre, et le secret de sa fantastique vitesse ! »

Un peu plus tôt, il avait entendu les enfants parler de la construction d'un avion qui appartenait à Billy. Ils avaient démonté l'appareil, probablement dans un but scientifique.

— Le voilà !

Billy surgit de sa chambre en brandissant son avion en l'air. Il faisait le bruit du moteur qui tournait, tout en tenant le jouet démonté dans sa main. Au moment d'atteindre la porte, il trébucha sur le palier et tomba de tout son long. Ted se trouvait dans le couloir et le vit se diriger vers lui. La scène se déroula comme une séquence de film qu'on ne pouvait arrêter : le corps qui tombait en avant, la chute, l'impact, le coude qui heurtait le sol, et, ensuite, la pièce de métal qui s'échappait de la main, le cri du gosse : « Papa ! », le métal tranchant comme un rasoir qui atteignit le visage du gosse à la pommette, lui coupant le visage de la mâchoire inférieure à la tempe. Le sang coulait dans les yeux du gamin et sur son visage. Ted resta pétrifié pendant un instant. Il avait bien vu la scène, mais il n'en croyait pas ses yeux.

— Papa, je saigne ! s'écria Billy.

Ted se jeta sur lui, le prit dans ses bras, l'emporta en attrapant des serviettes au passage.

— Ce n'est rien, mon chéri. Ce n'est rien.

Il luttait pour ne pas se trouver mal. Il le berçait : de la glace, il fallait de la glace, c'était bon pour les blessures. Il lui caressait la tête, l'embrassait, tamponnait le sang avec la glace et les serviettes. Sa chemise était couverte de sang. Ne tombe pas dans les pommes. Je crois que je vais m'évanouir. Il regardait la plaie, essayant de voir si elle était profonde sous le sang qui coulait.

— Ça s'arrête, Billy. Tout ira bien.

Il se précipita dans la rue, arrêta un taxi pour aller à l'hôpital tout en consolant l'enfant qui sanglotait en le berçant dans ses bras.

Aux services des urgences, un adolescent qui s'était cassé le bras et une vieille dame qui avait fait une chute les précédaient. Mais Billy passa devant eux car, comme le lui dit la surveillante, « il doit voir le chirurgien ». Le chirurgien ? La blessure avait cessé de saigner rapidement, ça ne peut être très grave, après tout, pensa-t-il. Il avait transporté Billy dans l'hôpital où son pédiatre consultait, et il demanda à la surveillante d'aller voir si le docteur se trouvait dans l'établissement. Billy ne pleurait plus maintenant et il observait tous les mouvements de ceux qui l'entouraient. Il se tenait sur ses gardes, de peur que quelque chose de terrible ne lui arrivât encore.

On dut lui mettre dix agrafes pour fermer la plaie qui partait du haut de la pommette parallèlement à la mâchoire. Le chirurgien lui banda la tête et dit à Billy :

— Ne va pas te taper la tête contre les murs, mon bonhomme. Et pas de douches, d'accord ?

— D'accord, fit l'enfant d'une petite voix effrayée.

Par bonheur, le pédiatre était dans son bureau. Il descendit. Il offrit une sucette à Billy pour avoir été si courageux, puis Ted envoya Billy attendre dans une pièce à côté pendant quelques minutes.

— Vous avez de la chance, c'est le meilleur chirurgien de l'hôpital, dit le médecin.

— Restera-t-il une cicatrice ? Qu'en pensez-vous ? murmura Ted.

— Chaque fois que la peau est coupée, il y a cicatrisation, répondit le médecin.

— Je vois.

— J'ai fait de mon mieux, dit le chirurgien, mais il y aura une cicatrice. Vous savez, monsieur Kramer, dites-vous que le petit a eu une chance fantastique, deux centimètres de plus et il perdait l'œil.

Billy mangea son hamburger du bout des dents, ce soir-là. Quant à Ted, il dîna d'un double scotch. Le rituel du coucher se déroula comme à l'habitude : on se lave les dents, on raconte une histoire ; tous deux essayaient de créer une atmosphère normale pour minimiser l'événement. Ted le mit au lit tôt et le petit ne protesta pas, épuisé qu'il était par la tension.

J'étais si près de lui… Si seulement j'avais pu le rattraper !… Ted nettoya toutes les taches de sang de l'appartement. Il avait lancé les vêtements de Billy, sa chemise et les serviettes dans un coin ; il les ramassa et les jeta dans l'incinérateur. Il n'en supportait pas la vue. À onze heures, alors qu'il essayait de regarder le journal télévisé, la scène se déroula à nouveau devant ses yeux, il se leva et alla vomir du scotch et de la bile dans les W C.

Le sommeil ne venait pas. Dans l'autre chambre, Billy faisait d'affreux cauchemars et geignait dans son sommeil. Ted vint s'asseoir par terre près de son lit.

Marqué pour la vie, marqué pour la vie… Il se répétait cette phrase comme si les mots « pour la vie » comportaient une signification supplémentaire. Il se rejoua la scène : si seulement il était entré dans la chambre un peu plus tôt, s'il avait vu le jouet, anticipé ce que Billy allait faire, été plus près, s'il n'avait pas organisé cette journée, le gosse était trop fatigué, il aurait pu ne pas trébucher…

En veillant assis près de Billy, il se mit à réfléchir au passé. Comment en était-il arrivé là, à être tellement attaché à l'enfant ? Au début, lorsque Joanna était enceinte, le bébé semblait n'avoir aucune connexion avec lui ; et maintenant, l'enfant était branché sur son propre système nerveux. Ted ressentait la douleur de la blessure de façon si aiguë que son propre corps pouvait à peine la supporter. Y avait-il eu un tournant, un moment où sa vie aurait pu être totalement différente ? S'il était resté avec l'une des autres ? Qui étaient les autres ? Qui aurait-elle été ? Qu'aurait été son enfant ? Y aurait-il eu plus d'un enfant ? Pas d'enfant ? Et s'il n'avait pas été à cette soirée dans la maison sur la plage, ce soir-là ? S'il n'avait pas dit exactement ce qu'il avait dit à l'homme qui se trouvait avec Joanna ? S'il ne lui avait pas téléphoné, avec qui vivrait-il, maintenant ? Sa vie aurait-elle été différente ? Meilleure ? Quelle preuve en avait-il ? Aurait-il été plus heureux si rien ne s'était passé de cette façon ? Billy n'aurait pas existé alors. Peut-être aurait-ce été mieux pour lui si Billy n'avait pas existé. Le petit continuait à geindre en dormant ; il aurait voulu le prendre dans ses bras et apaiser son sommeil, mais cela n'était pas en son pouvoir.

Pendant quelques jours, Ted garda Billy à la maison, puis il le laissa reprendre l'école. Le gosse arborait ses pansements blancs comme un symbole de courage. « On t'a mis dix agrafes ? » dit Kim impressionnée. « Bonne cicatrisation », annonça le chirurgien. La peau était marquée sur 8 centimètres, sur le côté droit du visage ; cela n'enlaidissait pas Billy, mais c'était tout de même une cicatrice. Ted, lui, cicatrisa plus lentement. Il pensait sans arrêt à la chute. La scène lui traversait l'esprit aux moments les plus inattendus, il en frémissait rétrospectivement, tenaillé par une douleur au ventre. Afin d'exorciser le cauchemar, il racontait à ses amis comment l'accident s'était produit en insistant sur l'aspect positif : « Il a eu une veine inouïe, il aurait pu perdre un œil. » Il ne le raconterait aux grands-parents que plus tard.

Un jour, Ted était au zoo avec Charlie et les gosses faisaient une balade dans les petites charrettes tirées par des poneys.

— C'est pareil pour les dents, dit Charlie. Si on s'en casse une, on s'imagine que le monde entier remarque cette dent cassée. Ou si on a une couronne en argent dans le fond de la bouche, on croit que tout le monde peut la voir.

— Franchement, Charlie, tu n'aurais pas remarqué la cicatrice ?

— Peut-être pas. Ou peut-être seulement si tu me l'avais dit.

— Moi, je la vois pourtant. Je la vois même les yeux fermés.

— Papa, un copain à l'école m'a raconté que son frère lui avait dit qu'un joueur de hockey avait eu vingt agrafes, lui.

— Le hockey est un jeu dangereux, parfois. Les joueurs peuvent se faire très mal.

— Est-ce que je pourrais avoir une crosse de hockey ?

— Je ne sais pas. Tu es encore un peu petit pour ça.

— Je ne jouerai pas sur la glace. Juste à la maison.

— Boum-Boum Kramer, viens par ici.

— Pourquoi tu m'appelles comme ça, papa ?

— À cause de Boum-Boum Geoffrion. C'était un célèbre joueur de hockey. Quand tu seras un peu plus grand, tu pourras avoir une crosse de hockey si tu en as encore envie.

— À quel âge on ne doit plus dormir avec ses « copains » et son nounours ?

— Il n'y a pas d'âge spécial. Quand tu en auras envie.

— Je crois que je suis assez grand, maintenant. Je crois que je vais essayer de dormir sans eux.

— Comme tu veux…

— Enfin, ils peuvent encore rester dans la chambre. Un peu comme des statues. Et dans la journée, je peux jouer avec eux. Mais la nuit, ils resteront sur l'étagère et ils me regarderont dormir.

— Quand veux-tu commencer ?

— Ce soir.

— Ce soir ?

La nuit où son fils abandonna son nounours, ce fut le père qui en souffrit le plus. Billy était fier de lui, le matin suivant. Il avait pu dormir toute la nuit sans son « système de sécurité » habituel. Il traversait une crise. Ses journées, il les passait de manière intrépide. Lorsqu'il courait dans la maison ou sur le terrain de jeu, Ted était plein d'appréhension. « Fais attention, Billy, pas si vite ! » « Pas si vite » ne voulait rien dire. Billy avait oublié sa chute et les agrafes : il avait cinq ans et il grandissait.

Mais chez Ted, la blessure tardait à guérir. Jamais il n'oublierait ce moment. Le morceau de métal qui, comme un rasoir, avait ouvert le visage de l'enfant. Le sang. Et la fin des illusions qu'il s'était forgées : mon fils est parfait, son joli visage ne doit porter aucune cicatrice, mon enfant ne doit porter aucune cicatrice. Son enfant qu'il aimait tant, était imparfait, périssable.

Il pouvait encore se faire mal. Il pouvait mourir. Ted Kramer avait envisagé un monde sans danger pour son fils. La blessure en était la preuve flagrante : il ne pouvait exercer un tel contrôle, il n'en avait pas le pouvoir.

15.

Après un rendez-vous à l'extérieur, Ted revint au bureau. Parmi les messages téléphoniques arrivés pour lui pendant son absence, il y en avait un de Joanna. Elle demandait qu'il la rappelât et avait laissé son numéro de téléphone à New York. Sa journée de travail était pratiquement terminée.

— Allô, Ted à l'appareil.

— Oh, bonjour, Ted. Comment vas-tu ? dit-elle avec chaleur. Tu ne travailles plus au même endroit, n'est-ce pas ?

— En effet, j'ai un nouveau travail. Comment as-tu trouvé le numéro ?

— C'est la gouvernante qui me l'a donné.

— Tu as appelé la maison ?

— Je n'ai pas perturbé Billy, si c'est cela qui t'inquiète. J'ai appelé pendant qu'il était à l'école.

— Oui, il est à l'école.

— Oui, je sais.

— Joanna, venons-en au fait. Je suis assez pressé.

— Eh bien, je suis à New York et j'aimerais parler de certaines choses avec toi. Il est difficile d'en parler au téléphone. Pourrions-nous prendre un verre ensemble ?

— Quelles choses ?

— Quand puis-je te voir ?

Il aurait pu argumenter au téléphone, se débarrasser d'elle, lui raccrocher au nez, mais comme il avait fini sa journée au bureau au moment où elle avait appelé, il pensa ne pas pouvoir attendre de savoir pourquoi elle désirait le voir.

— Aujourd'hui me conviendrait assez.

— Très bien. Il y a un nouveau bar, le Slattery, dans la 44e Rue.

— D'accord.

— Je te vois là-bas à six heures. Ça te va ?

— D'accord.

— Ça me fait plaisir de te parler à nouveau, Ted.

— Vraiment ? Et pourquoi ?

Il rangea ses papiers sur son bureau, appela Etta et lui demanda de rester un peu plus longtemps, vérifia quelques contrats et quitta le bureau à cinq heures. Il s'arrêta dans un bar pour prendre un verre : il en avait besoin pour prendre l'autre verre.

Le Slattery était un bar étroit avec quelques tables dans le fond. Il s'y rendit directement et trouva Joanna installée à une table. Elle n'était pas bronzée comme la dernière fois. Elle portait un pull et une jupe, elle était comme n'importe laquelle des femmes qui se trouvaient là et qui sortaient de leur travail. Sauf, bien entendu, qu'elle était la plus jolie de toutes.

— Bonjour, Ted, tu as l'air en forme.

— Toi aussi.

Ils commandèrent des martini-vodka et Ted s'installa plus confortablement, prêt à l'écouter. Elle semblait nerveuse.

— Comment ça marche ce nouveau travail, Ted ?

— Très bien.

— Tant mieux.

Elle voulait quelque chose, il en était sûr.

Un couple s'assit à la table à côté.

— Regarde-nous, Joanna. Nous ressemblons à n'importe quel vieux couple venu là pour prendre un verre. Qui l'eût cru ?

— Bon, eh bien, je pense que tu voudrais savoir pourquoi je t'ai fait venir ici ?

Elle souriait, mais il ne répondit pas. Il avait les muscles du cou noués par la tension.

— Ted, j'habite New York depuis deux mois.

— Ah, bon ?

— J'ai un appartement dans la 33e Rue Est.

— C'est formidable. Alors, tu habites ici ?

Elle était mal à l'aise, tripotait son verre nerveusement. Était-ce une ouverture ? Était-elle ici pour engager une réconciliation ? se demanda-t-il. La dernière fois, ce n'était certainement pas le cas, mais il y avait un an de cela.

— Les choses changent. Je travaille pour le Club de tennis Grand Central Racquet. Je donne un coup de main par-ci par-là, moyennant quoi j'ai la possibilité de m'entraîner.

— Il me semble que tu as mis pas mal de gens dans la merde rien que pour avoir la possibilité de t'entraîner.

— Je suppose que c'est ta façon de voir les choses. Comment va Billy ?

— Il va très bien… sauf que… il a fait une chute.

Il éprouvait le besoin de le lui dire, presque comme une confession.

— Et il s'est blessé au visage. Il a une cicatrice, Joanna, à peu près d'ici à là.

— Oh !

— Ça aurait pu être plus grave. On a eu de la chance.

Ils restèrent tous deux silencieux, très proches l'un de l'autre et partageant les mêmes sentiments pour la première fois depuis leur rupture.

— De loin, ça ne se voit pas, Ted.

— Quoi ?

— Je l'ai vu.

— Tu l'as vu ?

— Plusieurs fois, je me suis garée en face de l'école et je vous ai observés quand tu l'accompagnais en classe.

— Vraiment ?

— Il a l'air d'être un gosse formidable.

— Tu restais dans la voiture ?

— … Et je regardais mon fils.

Sa voix se brisa. La solitude de toute cette scène : Joanna dans une voiture de l'autre côté de la rue, pénétra Ted. Il remua la tête.

— Je ne pouvais rien faire d'autre. Je réfléchissais, j'essayais de prendre une décision…

Ainsi donc, elle veut se réconcilier ! C'est pour cela qu'elle essayait d'être gentille.

— Ted, je veux reprendre Billy. On peut faire un arrangement pour que tu le voies pendant les week-ends, mais je veux en avoir la garde.

— Tu *veux* reprendre Billy ?

— Je me suis installée à New York. Je vivrai à New York avec lui. Ça ne serait pas bien de vous séparer, tous les deux.

— Tu te fous de moi ?

— Je veux mon fils. Je ne veux plus rester assise dans une voiture à le regarder de loin.

— Ce n'est pas possible, tu plaisantes, ma parole !

— Je ne plaisante pas.

— Et tout ce temps que j'ai passé ! Tout ce que j'ai vécu ? Et maintenant, tu *veux* le reprendre ?

Il élevait le ton.

— Nous pouvons en parler calmement.

Les gens commençaient à regarder ce « couple-comme-les-autres » qui peu à peu devenait différent.

— Quand finalement j'arrive à m'organiser, tu veux me l'enlever ?

— Je n'ai pas l'intention de t'exclure. Tu continueras à le voir. Les week-ends. Tu le verras, Ted. Tu es son père…

— Et toi, qu'est-ce que tu es ?

— Je suis sa mère. Je suis toujours sa mère. Je l'ai toujours été.

— Tu ne peux pas être sa mère. Joanna, va te faire foutre !

— Ted, j'essaye d'être directe avec toi. J'aurais pu agir de façon différente.

— Je te le répète. Ce n'est peut-être pas la meilleure chose à dire en l'occurrence, mais c'est ainsi : va te faire foutre !

— Ted, il y a le tribunal. J'ai le droit d'avoir recours…

— Je ne veux pas en parler. Par contre, je voudrais savoir qui va payer les verres ?

— De quoi parles-tu ?

— Qui va payer ça ? Moi ? Je vais me faire avoir une fois de plus ? Tu m'invites à prendre un verre – pour écouter ce que toi tu veux – et c'est encore moi qui dois payer ?

— Qui paie les verres n'a aucune importance. Je paierai.

— Oui. Très bien. Paye. Garçon ?

Le garçon n'était pas loin, il s'était rapproché pour ne rien perdre de la conversation passionnante qui se déroulait à la table numéro trois.

— Servez-m'en un autre. Un double !

— Oui, monsieur.

— Tu payes. Je bois !

— Ted, tu es furieux et…

— Qu'est-ce que je peux prendre d'autre ? Pouvez-vous m'apporter un sandwich du comptoir ? Tu me l'offres aussi, ou seulement les verres ?

— Tu peux prendre ce que tu veux.

— Tu es généreuse.

— Ted, ça suffit maintenant. J'ai eu tout le temps de réfléchir. J'ai beaucoup changé. J'ai appris pas mal de choses sur moi-même.

— Qu'est-ce que tu as appris ? Ça m'intéresserait de le savoir.

— Rien de vraiment précis.

— Une chose. Cite-moi au moins une chose que *tu* as apprise à mes dépens.

— Que je n'aurais jamais dû t'épouser.

Elle le dit doucement, sans cruauté particulière dans la voix, en simple énoncé des faits ; c'était aussi valable pour elle que pour lui. Il se sentit terrassé par le caractère décisif des sentiments de Joanna et sa colère en fut momentanément désamorcée. Le serveur apporta le verre et le posa devant Ted, qui restait sans bouger, le regard fixe.

— Mettez-le sur l'addition de la dame, dit-il, c'est elle qui paye.

Et il se leva et sortit du bar en la plantant là.

Ce soir-là, il rembarra Billy à plusieurs reprises pour des vétilles. Il l'envoya au lit sans avoir la patience de lui lire une histoire et en lui refusant le jus de pomme qu'il réclamait pour retarder l'heure du coucher.

— Tu es de mauvaise humeur.

— J'ai eu une sale journée. Je voudrais qu'elle se termine le plus vite possible. Et si tu vas au lit *maintenant*, je t'en saurais vraiment gré.

Elle voulait le reprendre ! Il aurait souhaité être à nouveau dans le bar, prendre le verre et le lui lancer au visage.

Le téléphone sonna, c'était Vivian. Elle désirait lui parler des billets pour les ballets, elle allait essayer d'en avoir et pendant un instant il ne sut pas qui elle était, ni de quoi il était question. Donc, elle n'avait pas de billets ; devaient-ils aller au cinéma ou quoi ? Un film, les ballets, quelle différence ? Il s'en fichait de savoir ce qu'il allait faire vendredi soir à huit heures.

— Très bien, un film, c'est très bien. Formidable !

— Tu vas bien ?

— Non, je ne me sens pas tellement bien.

— Qu'est-ce qu'il y a, Ted ?

— Rien.

— Vraiment…

— Mon ex-femme vient de débarquer à New York et elle veut la garde de mon fils.

— Oh…

Vivian se serait probablement contentée d'un : « J'ai une grippe », ou « Je ne suis pas seul » – même ça. Mais ce qu'il venait de lui annoncer dépassait ce à quoi elle s'attendait.

— Que vas-tu faire ?

— Je ne sais rien pour l'instant.

— Puis-je faire quelque chose ?

— Oui, tu peux l'assassiner pour moi.

Il alla se chercher une bouteille de cognac et un verre. Il fit tourner le verre dans sa main et, soudain, le lança de toutes ses forces contre le mur du salon. Le verre éclata en mille morceaux dans toute la pièce. Il n'avait jamais fait une chose pareille auparavant. Pendant une ou deux secondes, il se sentit soulagé. Mais ce n'était tout de même pas merveilleux. Il balaya les morceaux avant d'aller se coucher : histoire de se donner une occupation.

Le lendemain matin, Joanna l'appela au bureau, mais il ne prit pas la communication. Elle rappela plus tard dans la journée, mais il refusa toujours de lui parler. Elle laissa un message à la secrétaire : « Dites à M. Kramer que rien n'est résolu. » Joanna avait mentionné les tribunaux et savait qu'elle pouvait avoir recours à la justice. Ignorer sciemment ses coups de fil, réalisa-t-il, n'était pas une position légale très solide.

Il se rendit chez son avocat, John Shaunessy. Celui-ci prit note de ce qu'il considérait comme des faits de première importance, vérifia quelques dates : depuis combien de temps avait-elle quitté le domicile conjugal, quand était-elle venue à New York pour la dernière fois ?

— Elle se déplace beaucoup latéralement, dit-il, utilisant toujours la terminologie du football.

Puis il désira savoir exactement ce que Joanna avait dit à Ted et il nota tout sur son bloc.

— Très bien, Ted, que voulez-vous faire ?

— Quelles sont les ramifications légales ?

— Vous parlez comme un avocat. Le droit n'est pas le problème. Ce qui compte, c'est ce que vous, vous voulez faire. Voulez-vous garder l'enfant et continuer à vivre comme vous l'avez fait jusqu'à présent ? Voulez-vous lui laisser l'enfant et changer la façon dont vous avez vécu jusqu'ici ?

— J'ai l'impression de percevoir une certaine réprobation dans votre voix.

— Pas du tout, Ted. C'est en gagnant que l'on gagne. Mais vous devez savoir si vous êtes prêt à jouer le tout pour le tout.

— Je veux mon fils. Je ne veux pas le lui laisser.

— Ça, c'est une réponse.

— Elle n'a aucun droit de l'avoir.

— Ça, Ted, ce n'est pas une réponse. Elle a raison, vous savez ? Il y a des tribunaux, et pour le moment, elle agit de façon tout à fait responsable.

— Comment pouvez-vous dire une chose pareille ?

— Sur le plan tactique, j'entends. À mon avis, elle est conseillée par quelqu'un. Elle n'a pas agi de manière incohérente, elle ne vous a pas harcelé. Elle s'est installée ici, elle a une résidence dans le même État que vous. Elle dit qu'elle n'a pas l'intention de vous exclure. Tout cela est très bien calculé.

— Que dois-je faire, si elle appelle encore ?

— Dites-lui que vous avez besoin d'un peu de temps. Elle ne fera intervenir un tribunal que si elle y est obligée. Ne vous pressez pas, Ted. Lorsque je me trouve devant un cas compliqué, j'emploie une méthode qui m'est d'un grand secours : je note le pour et le contre du problème à résoudre – je le note par écrit – et je compare. Vous devriez en faire autant.

— Je sais ce que je veux. De toute façon, je n'abandonnerai pas.

— Faites-moi plaisir. Dressez la liste de tous les avantages et inconvénients que présente votre choix et ensuite, si vous êtes certain de vouloir la garde de l'enfant, alors je saurai que c'est vraiment cela que vous voulez, et vous le saurez aussi. À ce moment-là, nous pourrons foncer. Et nous aurons leur peau.

Bien qu'il eût toute confiance en Shaunessy, Ted voulait tout de même être sûr de sa compétence. Jim O'Connor avait parlé à Ted d'un cousin magistrat, et Ted demanda à O'Connor de se renseigner auprès de lui sur la réputation de Shaunessy.

Il n'avait toujours pas répondu à Joanna. Il lui avait fait savoir qu'il avait besoin de temps pour réfléchir à « sa demande », choisissant ses termes avec attention, ne sachant pas si elle prenait note de tout ce qu'il disait pour en référer plus tard à son avocat à elle. Joanna demanda si elle pouvait voir Billy.

— Non, Joanna. Cela créerait trop de problèmes pour le moment. Je ne veux pas.

— Fabuleux ! Je dois donc passer par le tribunal pour avoir la permission d'acheter un hot-dog à mon fils ?

— Écoute, mon doux agneau, ce n'est pas moi qui t'ai mis dans cette situation – c'est toi-même. Au fait, comment se fait-il que tu te fasses toujours appeler Kramer ?

— Cela sonnait bien, alors je l'ai gardé.

— Quelle simplicité d'âme !

Il raccrocha sur cette remarque acerbe. Au diable la réconciliation qu'il avait créée de toutes pièces dans sa tête ! O'Connor découvrit que John Shaunessy était hautement considéré parmi les spécialistes de droit familial. Ted mit de côté la question de l'avocat et s'attacha à canaliser son attention sur tous les autres aspects de sa vie : faire son travail, être un bon père, un amant, aucun de ces rôles n'étant rempli de manière réellement satisfaisante. Il n'annula pas le rendez-vous qu'il avait avec Vivian et ne lui parla pas du problème de Billy, bien qu'elle lui eût proposé de se libérer de ce poids. « Pas ce soir, dit-il, j'y ai déjà trop pensé tous ces jours derniers. » Ils allèrent au cinéma, y virent une comédie qu'il regarda dans le même état d'esprit que si cela avait été un film d'Ingmar Bergman. Ensuite, chez elle, il lui fit l'amour en y mettant autant de passion qu'un jouet mécanique.

Le lendemain, il se réveilla en sursaut au milieu de la nuit, tout couvert de sueur. Il se leva et se rendit dans la chambre de Billy. Le gosse dormait profondément et, pour la première fois, Ted le réveilla et le sortit d'un sommeil profond.

— Billy, Billy, dit-il en le secouant. (L'enfant le regarda avec des yeux tout ensommeillés.) Je t'aime, Billy.

— Oh, moi aussi je t'aime, papa. Bonne nuit.

Et il se retourna pour replonger dans le sommeil qu'il n'avait jamais vraiment quitté. Le matin au réveil, il ne se souviendrait de rien.

— Bonne nuit, Billy.

Charlie voulait que Ted rencontre sa nouvelle « fiancée », comme il l'appelait. Il avait organisé un cocktail pour le dimanche après-midi et désirait que Ted y vienne. Ted ne se réjouissait guère à l'idée de déguster les sempiternels canapés préparés par Charlie : mortadelle sur biscuits salés. Mais de toute façon, rien ne l'enthousiasmait particulièrement en général. Billy passait l'après-midi chez un de ses petits copains ; Ted pouvait donc aller chez Charlie avec l'assurance d'y retrouver tous les amis dentistes de ce dernier : il aurait au moins l'avis d'un expert si par malheur un petit bout de mortadelle se coinçait entre deux de ses dents.

Charlie vint à sa rencontre habillé comme un véritable « tombeur de dames » : chemise ouverte, foulard noué autour du cou. Il conduisit Ted au bar. Ils passèrent devant tous les dentistes qui s'évertuaient à danser des fox-trots lents avec les jeunes dames de l'assistance ; rituel d'accouplement qui semblait totalement déplacé un dimanche à trois heures de l'après-midi dans un appartement surchauffé. Arrivés au bar, que Charlie avait approvisionné en vin blanc, saucisson au foie – pour changer – et biscuits salés, Charlie le présenta à une grande jeune femme fort attirante.

— Et voilà ma bonne femme : Sondra Bentley ; Ted Kramer.

— Charlie m'a beaucoup parlé de vous, Ted. Il paraît que vous êtes les as du jardin d'enfants, tous les deux.

— C'est vrai, les « Rois des balançoires », c'est nous.

Il se retenait de sourire. Ce vieux Charlie s'était débrouillé pour trouver une jeune femme étonnante, sachant bien que cela le valorisait. Charlie s'excusa pour aller ouvrir la porte, et comme si elle avait lu en lui, Sondra lui dit :

— Charlie n'est pas très compliqué, mais il est très sincère.

— Oui, c'est vrai. C'est un gars bien.

Les femmes paraissaient très jeunes, les dentistes pullulaient, il n'avait aucun désir d'en savoir plus sur la relation Sondra-Charlie, ni si Charlie pratiquait des soins dentaires onéreux gratuitement – ce qu'il subodorait cyniquement. Il s'excusa et s'éloigna en direction de la salle de bains. N'ayant rien d'autre à y faire, il se lava le visage. Il en sortit, s'appuya au mur et regarda les couples danser au son des « Paumés du petit matin », alors qu'on était en plein milieu de la journée. Une créature très sexy d'une trentaine d'années, en jeans et corsage de satin – elle était probablement l'une des plus âgées de l'assistance –, se tenait près de Ted.

— De quel côté de la famille êtes-vous ? demanda-t-elle.

« Ragnagni-Ragnagna » – conversation de salon. S'il réussissait à en placer une bonne, ils étaient partis pour toute la soirée.

— Je suis le père du marié.

Pas très brillant, mais elle rit tout de même.

— Et, bien sûr, vous êtes dentiste ?

— Non, je suis patient.

Cela la fit rire également.

À l'autre bout de la pièce, Sondra avait pris Charlie par le bras et lui murmurait des choses intimes à l'oreille. Peut-être était-elle sincère. Après tout, Charlie était bien libre d'explorer toutes les Sondra de la ville, avec ou sans soins gratuits ; il était libre de donner cette fête aussi. Ted, lui, n'avait jamais donné de cocktail un dimanche après-midi ; ce n'était pas délibéré chez lui, mais comment aurait-il pu, même s'il avait voulu : il aurait fallu tenir compte de Billy pour l'organiser. Il lui restait une heure avant d'aller le rechercher. Ted commençait à se sentir déprimé, pour deux raisons : d'une part, de se trouver là et, d'autre part, d'avoir à partir.

— Je vous demandais quelle sorte de patient : problème de dents, ou problème dedans ?

— Oh, je vois. Elle est très bonne. En fait je vends des espaces publicitaires. Écoutez, il ne me reste qu'une heure. Je ne crois pas que nous arriverons à grand-chose en une heure.

— Qu'est-ce qui se passe ? Vous êtes junkie ? Il faut que vous sortiez le chien ?

— Vous êtes très séduisante, mais je dois partir. Si mes sentiments pouvaient se comparer à une inondation, je demanderais une indemnité gouvernementale.

Il la fit rire à nouveau. Il avait l'impression d'aller à la mine.

— Et ils m'accorderaient des millions…, dit-il sans conviction.

Il fit ses adieux à Charlie et Sondra et s'en fut chercher Billy. Il ne se croyait pas plus attaché à l'enfant que n'importe quel autre parent célibataire, pas plus que Thelma, par exemple. Mais il l'était plus qu'aucun autre homme de sa connaissance, car tous les hommes divorcés qu'il avait rencontrés laissaient tout simplement les enfants à leur mère. De retour à la maison, le petit s'écroula de fatigue et d'émotion ; il couvait un rhume. Le soir, il refusa de manger autre chose qu'une tranche de quatre-quarts.

— C'est bon pour la santé. C'est fait avec des œufs. Je l'ai vu à la télévision.

Puis il éclata en sanglots parce qu'il avait manqué le feuilleton de « Batman » trois jours plus tôt. Finalement, après avoir pris son médicament – qui lui donna un haut-le-cœur – et l'avoir recraché sur son pyjama, il s'endormit, ignorant qu'il pouvait devenir objet de litige sur simple avis du tribunal. Ted ne parvenait pas à imaginer que le problème de savoir s'il demanderait ou non la garde de l'enfant puisse être résolu en faisant une liste des avantages et inconvénients de sa situation actuelle. Mais son avocat semblait croire que cela clarifierait leur position, aussi prit-il un bloc et un stylo, se demandant où une telle liste pouvait bien le mener.

Perte de liberté : C'était la première raison pour ne pas garder Billy. Des milliers d'hommes divorcés faisaient la bringue ; il y avait tous les Charlie qui faisaient modérément leur devoir de père en passant quelques heures avec leurs enfants le dimanche ; il y avait aussi ces hommes qui, après le travail, pouvaient aller cou cher où ils voulaient.

Sommeil : Autre problème très important qui venait en seconde position. Sans Billy, il pourrait enfin dire adieu aux journées de vingt-quatre heures, se lever à neuf heures le dimanche matin, peut-être même à neuf heures et demie.

Argent : Sans aucun doute, Joanna allait-elle réclamer une pension. Mais elle travaillait probablement ; aussi refuserait-il de payer sa gouvernante à elle. Il devinait que n'importe quel arrangement lui coûterait moins cher que d'être seul à payer, comme c'était le cas actuellement.

Vie sociale : Sa vie sociale n'avait pas été facile et il ne pouvait pas, en toute honnêteté, en rendre Billy responsable. Ted connaissait ses propres difficultés relationnelles. C'était tout simplement moins facile encore avec Billy, à cause de sa présence constante.

Dépendance affective : Il en avait longuement discuté avec Thelma : la façon dont les parents pouvaient utiliser les enfants comme prétexte pour ne pas sortir et rencontrer d'autres gens. Ils avaient reconnu qu'une certaine dépendance était inévitable, par le simple fait de vivre dans l'intimité d'une autre personne. Il se demandait pourtant si cette dépendance ne débordait pas sur la rubrique *Vie sociale*, qui était trop étroite pour contenir toutes les raisons évoquées.

Ce qu'il adviendrait de Billy : Il vivrait avec sa mère, comme le font généralement tous les enfants de divorcés. Il n'aurait pas besoin d'expliquer sans cesse sa situation familiale en grandissant. Il serait davantage comme les autres enfants. L'enfant a besoin d'une mère, avait dit Harriet, et la mère de Billy était disponible, il n'avait qu'à l'appeler.

Il commença à consigner les raisons de le garder. Il se rendit compte, alors, que les idées ne venaient pas avec autant de facilité.

Avantages professionnels, nota-t-il pour débuter. Ted pensait que le fait d'avoir à s'occuper de Billy l'avait rendu plus responsable et plus efficace dans son travail. Il essaya de penser à quelques autres raisons, mais ne trouva rien. Il était bloqué. Il ne parvenait à découvrir aucune autre raison de garder Billy. Pas de raison. Rien de rationnel. Des sentiments seulement. Les heures passées ensemble, ces longs et fatigants moments d'intimité qu'ils partageaient. Comment il avait tenté de se reconstruire une vie après le départ de Joanna. Comment ils avaient essayé de s'en sortir, tous les deux. Les trucs drôles. Les moments difficiles.

La blessure. La pizza. La partie de sa vie que l'enfant occupait de manière si particulière.

Il fait partie de ma vie à présent. Et je l'aime.

Ted prit la liste et en fit une boule. Puis il se mit à pleurer. Cela faisait longtemps qu'il n'avait pas pleuré, c'était étrange pour lui. Il pouvait à peine se souvenir ce que c'était que de pleurer. Et il ne pouvait pas s'arrêter.

Je ne t'abandonnerai pas... Je ne t'abandonnerai pas... Je ne t'abandonnerai pas...

16.

Sur les conseils de son avocat, Ted fit la liste des gens qui pourraient témoigner de son intégrité et de son aptitude à être parent devant le tribunal. Il devait informer Joanna de sa décision et attendre qu'elle poursuive en justice pour obtenir la garde de l'enfant. S'échapper était fort tentant : éviter ainsi le conflit et la laisser entamer des recherches : Billy et lui se sauveraient quelque part, pour vivre une vie plus simple, un retour à la nature en quelque sorte. Mais la nature, il ne connaissait pas, à part le parc Saint James dans le Bronx. Ses racines étaient plongées dans la condition urbaine. Ils ne pourraient jamais se nourrir de baies.

Il l'appela au club du Grand Central Racquet.

— Joanna, tu peux parler ?

— Oui.

— J'ai pris ma décision, Joanna. Je n'ai aucune intention, que ce soit maintenant ou dans l'avenir, dans cette vie ou dans une autre, de te laisser Billy. Rien que tu puisses faire ou dire ne parviendra à me convaincre du contraire. Je ne te le laisserai pas. Nous n'avons pas toujours parlé le même langage. J'espère avoir été assez clair, cette fois-ci.

— Ted, je n'étais pas une mauvaise mère. Je ne pouvais pas assumer la situation à l'époque, c'est tout. Maintenant, je sais que c'est possible.

— Et nous devons nous incliner et nous prêter à tous tes états d'âme jusqu'à ce que tu te sentes mieux ? Tu ne manques pas de souffle. Madame voyage, revient…

— Je suis à New York. Je ne bouge plus.

— Parce que ça fait meilleure impression pour la garde de l'enfant. Joanna, tu veux être une mère ? Sois une mère. Marie-toi, fais des enfants. Ne te marie pas et ne fais pas d'enfant. Fais ce que tu veux, mais laisse-moi en dehors de tout cela. Et laisse mon enfant en dehors aussi.

— Je l'ai porté dans mon ventre. C'est mon enfant.

— Tu as choisi de ne pas en tenir compte, si je me souviens bien.

— C'est même moi qui lui ai donné son nom : « Billy », c'est moi qui l'ai choisi. Toi tu voulais l'appeler Peter ou je ne sais quoi.

— Ça fait un siècle !

— Mais tu continueras à le voir.

— Oui, chaque soir. Dis à ton avocat tout ce que je t'ai dit.

— Tu ne me laisses pas d'alternative. Je te verrai donc au tribunal.

— Comme tu veux. Je te préviens, si tu fais intervenir la justice, ce n'est pas toi qui gagneras, c'est moi, Joanna.

Il espérait la faire abandonner en se montrant si résolu. Autrefois, il avait perdu la tête parce qu'elle était partie. Et maintenant, il ne souhaitait qu'une chose : qu'elle parte à nouveau.

Si jamais Ted Kramer avait espéré une récompense quelconque pour cet engagement qu'il prenait envers son enfant – celui-ci aurait pu être obéissant et docile –, tout ce qu'il obtint de Billy fut un « papa, tu es dégueulasse » lors d'une discussion à propos du coucher. Puis soudain, Billy ressortit en trombe de sa chambre, comme s'il avait oublié de faire quelque chose avant de se coucher. Il embrassa son père sur la joue en lui disant :

— Je ne t'avais pas embrassé. Enfin, je veux dire que toi tu m'avais embrassé, mais moi pas.

Puis il fila droit dans sa chambre, en laissant Ted rêveur. Il se demandait ce que cela donnerait de vivre des moments comme celui-ci, jusqu'à l'adolescence de Billy ; il désirait ardemment être présent ; il espérait avoir fait assez peur à Joanna pour qu'elle change d'avis lorsqu'elle aurait compris qu'un enfant lui prendrait beaucoup de temps et qu'elle ne pourrait plus jouer aussi souvent au tennis.

— Je suis au chômage, une fois de plus ! Putain de merde !

— Je suis désolé, Ted, lui dit O'Connor. C'est moi qui t'ai foutu dans cette galère.

Le personnel de la compagnie s'était réuni en assemblée pour déterminer la cause de cette situation. Ted n'y avait pas participé : il en connaissait les raisons. Les patrons de la société n'avaient pas investi les fonds nécessaires au développement de l'entreprise.

— J'ai vraiment l'intention de prendre ma retraite maintenant, Ted. Mais je te promets que je te trouverai du travail avant de commencer à penser à moi.

— Merci, Jim. Mais moi j'ai l'intention de trouver du travail dans les quarante-huit heures qui viennent.

— Comment vas-tu faire ?

— Je ne sais pas.

Au bureau, plusieurs employés vindicatifs, furieux que la compagnie ait été dissoute juste avant Noël, sans prime, et avec seulement deux semaines de préavis, s'emparèrent de tout ce qu'il leur était possible de transporter : agrafeuse, papier carbone, machine à écrire. Ted laissa son bureau exactement tel quel, il ne rangea même pas les papiers. Après avoir parlé à O'Connor, il fit ses adieux à quelques personnes et s'en alla. Devant l'immeuble, un Père Noël sous-alimenté installé près d'une cheminée et faisant tinter une cloche lui lança un « Joyeux Noël ».

— Conneries, tout ça ! répondit Ted. Je peux vous le dire !

Le garçon qui s'occupait des photocopies aurait pu croire qu'il était dérangé, ce type qui gribouillait son curriculum vitae sur un tabouret à côté de la machine à polycopier.

— Je veux ça dans une heure.

— Mais, monsieur, il faut le faire taper d'abord et puis…

— J'ai dit une heure. Je paierai le triple.

En attendant que ce soit prêt, il commença à téléphoner à divers bureaux de placement pour prendre rendez-vous :

— Dites-lui de me recevoir à trois heures aujourd'hui, sinon j'irai proposer mes services ailleurs.

— Dites donc, vous devez être un type drôlement important !

— En effet, je le suis.

C'était la plus mauvaise période de l'année pour se trouver au chômage – les affaires étaient perturbées à cause des vacances et les gens hésitaient à changer d'emploi. Il ramassa sa pile de curriculum vitae, courut d'un bureau de placement à l'autre tout l'après-midi, se rendit en taxi au bureau du *New York Times* pour consulter toutes les offres d'emplois qui avaient paru dans la semaine. Le lendemain matin, à huit heures et demie, il n'était déjà plus chez lui, mais dans le métro, tapant impatiemment du pied quand les rames ralentissaient à l'approche d'une station ; il monta en courant les escaliers du métro pour être le premier à se présenter au bureau de placement. Au prochain bureau aussi, il serait parmi les premiers. Il courait, il téléphonait, il laissait son curriculum vitae. Il trouverait du travail. Et il en trouverait *rapidement*. Il ne s'arrêtait pas assez longtemps pour comprendre qu'il était absolument terrifié.

Au cours des premières vingt-quatre heures sur les quarante-huit qu'il s'était accordées de façon démente, il découvrit que le marché des vendeurs d'espaces offrait deux postes : *Le Monde du conditionnement* – tiens, le gros éditeur n'avait donc jamais trouvé d'acquéreur pour le poste, ou alors, il avait déjà congédié quelqu'un – et *Mc Call's Magazine* – le poste était disponible depuis deux mois. C'était suspect, lui confia l'employé du bureau de placement ; peut-être n'avaient-ils pas réellement envie d'engager quelqu'un. Il se retrouva dans une cabine téléphonique en train de taper du pied nerveusement. Voilà qu'il était pris d'un tic à quarante ans !

— John, elle ne m'a pas encore appelé.

— Peut-être lui avez-vous fait peur, dit Shaunessy.

— Je crois qu'il faut que je vous annonce que ma situation a changé : j'ai perdu mon boulot. La boîte a coulé.

Suivit un long silence. Trop long pour Ted.

— D'accord. On se débrouillera. S'il y a procès, il faudra payer. Je vous fais confiance. Vous pourrez toujours payer, Ted.

— Ça pourrait coûter combien ?

— Beaucoup, Ted. Et cela dépend de la durée du procès, si procès il y a. En gros, mettons, cinq mille.

Joanna, si tu pouvais sortir de ma vie !

— Si vous deviez perdre, cela vous coûterait également les frais qu'elle aura engagés. Mais ne pensons pas à cela.

— Mon Dieu, John !

— Que voulez-vous, c'est ce que ça coûte !

— Bon, et le fait que je sois sans travail ? Cela ne peut plaider en ma faveur. Je suis là, à vouloir la garde de l'enfant, et je n'ai même pas de situation.

De nouveau, un long silence.

— Il vaudrait mieux que vous ayez un travail. Vous avez des projets ?

— Pas le moindre. Merci, John.

Son pied recommençait à bouger.

Il s'éloigna de la cabine téléphonique et se précipita vers le prochain bureau de placement, puis il s'arrêta net : il y était déjà passé un peu plus tôt. Il se trouvait au coin de Mason Avenue et de la 45e Rue, il était complètement essoufflé et son pied s'agitait fébrilement.

Il avait insisté pour que l'employé de l'agence lui prenne un rendez-vous à seize heures chez *Mc Call's*

Magazine. Le directeur de la publicité, quarante ans passés, semblait plutôt préoccupé par l'heure et par l'approche des vacances. Il avait l'air pressé de terminer cette entrevue. Ted vendit. Il se vendit au type grâce à son expérience passée dans les autres magazines, faits et chiffres à l'appui : les éléments démographiques, la publicité écrite comparée aux autres médias – souvenirs de ses argumentaires de ventes – et quand enfin il réussit à faire entrevoir une possibilité au type, il le désarçonna quelque peu en lui demandant s'il y avait quelqu'un d'autre à voir, et si tel était le cas, était-il possible de le voir immédiatement ?

— Le chef de la publicité, mais je ne sais pas s'il est encore dans son bureau, il devait partir à l'extérieur.

— Pouvez-vous le faire venir, s'il vous plaît ? Ou pouvons-nous aller le voir ?

— Vous brusquez un peu les choses, monsieur Kramer.

— C'est que je veux absolument ce poste.

Le type observa Ted pendant un moment, puis quitta la pièce en emportant le curriculum vitae. Dix minutes plus tard, il était de retour, accompagné d'un homme d'une cinquantaine d'années. Ils se serrèrent la main et le dernier venu s'installa confortablement dans un fauteuil.

— Alors, c'est vous l'« homme pressé » ?

— Pourriez-vous répéter ce que vous m'avez dit ? demanda son premier interlocuteur.

Ted recommença son boniment en insistant sur la vente de son produit, à savoir lui-même, et bien décidé cette fois à opérer à l'arraché.

— D'après ce que j'ai compris, vous proposez deux mille cinq ou deux mille six. Je suppose que c'est deux mille six pour quelqu'un qui a mon expérience.

— Deux-mille cinq, avança le chef de publicité, en bon tacticien.

— D'accord. Je vais vous faire une proposition : je prends le poste à deux mille quatre cent cinquante. Cela fait cinquante de moins que ce que vous voulez payer. Mais vous devez dire « oui » tout de suite. Pas demain, pas la semaine prochaine ou après les vacances. Ce qui m'arrange, c'est que vous disiez « oui » tout de suite et j'accepte cinquante de moins. Je me rattraperai sur les commissions.

— Vous êtes un sacré vendeur, monsieur Kramer, lui dit le chef de publicité.

— Aujourd'hui. Je ne reviendrai pas. Deux mille quatre cent cinquante.

— Voulez-vous nous excuser ? lui demanda le chef de publicité.

Et il fit passer Ted dans la pièce à côté. Putain de merde ! Je suis devenu fou. Qu'est-ce qui m'arrive ?

Faut-il que je sois désespéré… D'ailleurs, je suis désespéré.

Ils firent revenir Ted ; le directeur de publicité jeta un dernier coup d'œil à son curriculum vitae.

— Nous allons vérifier quelques-unes de vos références, dit-il.

— Allez-y. Je vous en prie.

— Mais je suis sûr qu'il n'y aura pas de problème.

— Monsieur Kramer, dit le chef de publicité, bienvenue chez nous, à deux mille quatre cent cinquante dollars.

Ça avait marché. Dieu merci !

— Eh bien, messieurs, je suis très heureux de travailler avec vous.

Il se dépêcha de revenir dans la rue où se trouvait l'immeuble de *La Mode masculine*. Le Père Noël maigrichon n'avait pas bougé, il continuait à sonner sa cloche devant sa petite cheminée. Ted lui donna une pièce de cinq dollars et, dans son enthousiasme, serra la main du Père Noël si fort que le pauvre en gémit.

Pendant les fêtes les affaires étaient ralenties chez *Mc Call's* ; il put donc s'installer calmement dans son nouveau bureau. Son tic avait disparu. Il s'intégrait dans une organisation qui fonctionnait déjà, et dès le lendemain du jour de l'An, il commença à contacter des clients éventuels. Il avait obtenu ce poste si rapidement qu'il n'avait pas eu le temps de dépenser son indemnité de licenciement. Il pourrait toujours l'utiliser en cas de procès. Il n'avait toujours pas de nouvelles de Joanna.

Un soir, il était dix heures passées quand le téléphone sonna.

— Monsieur Kramer ? Ron Willis à l'appareil. Je suis un ami de Joanna.

— Et… ?

— J'ai pensé que je pourrais vous aider dans cette situation difficile et sans issue.

— Je ne sais pas de quelle issue vous voulez parler.

— J'ai pensé que nous devrions nous rencontrer. Je pourrais peut-être clarifier certains points.

— Vous êtes l'avocat de Joanna ?

— Je suis avocat, mais cela n'a rien à voir. Je ne suis pas son avocat.

— Alors qui êtes-vous ?

— Un ami, tout simplement. Si nous nous rencontrions, je crois pouvoir vous éviter, à vous et à Joanna, des moments fort pénibles.

— Quelqu'un m'appelle pour m'éviter des moments pénibles. Je suppose que c'est son nouveau truc.

— Ce n'est pas du tout cela. Croyez-moi.

— Pourquoi devrais-je vous croire ?

— Ce n'est même pas Joanna qui m'a demandé de vous contacter.

— Et elle n'est pas du tout au courant, n'est-ce pas ?

— Si, elle le sait. Mais c'est moi qui y ai pensé.

Il était presque aussi curieux de rencontrer « l'ami » de Joanna que de savoir ce qu'on lui concoctait de l'autre côté.

— D'accord, monsieur Willis. Rencontrons-nous devant chez Martell, au coin de la 83e Rue et de la Troisième Avenue, vendredi à huit heures. Nous boirons une bière et nous bavarderons.

— Très bien, monsieur Kramer.

— Voilà, tout est pour le mieux dans le meilleur des mondes, n'est-ce pas ?

John Shaunessy ne formula aucune objection à une rencontre avec un tiers, car cela pourrait leur fournir des informations. Mais, par contre, l'idée d'aller prendre un verre ne lui plaisait guère. Une tasse de café dans un lieu où l'on ne sert pas d'alcool serait préférable. Ou tout simplement une agréable petite conversation devant l'immeuble de Ted. Le but était de ne pas se laisser embarquer dans une dispute, une bagarre, des avances homosexuelles, et de ne pas se faire arrêter. Il s'excusa de sa façon désabusée de voir les choses, mais il savait que de telles pratiques existaient et qu'un juge considérait ce genre de délit avec sévérité.

Le lendemain matin, Ted n'en revenait encore pas de ce que Billy lui avait dit la veille. Les enfants étaient-ils donc médiums ? Il avait pris garde de ne parler de la situation que lorsque Billy dormait. Sans crier gare, pendant qu'ils attendaient à un feu rouge sur le chemin de l'école, Billy lui demanda :

— Quand est-ce que je reverrai ma maman ?

— Je ne peux pas te dire exactement.

— Je voudrais voir ma maman.

— C'est dur, Billy. Je m'en rends compte, tu sais.

Ils continuèrent à marcher en silence. En arrivant devant l'école, le petit leva les yeux vers son père ; il venait de découvrir quelque chose tout seul :

— Mme Willewska, elle est un peu comme une maman. Ce n'est pas une vraie maman, mais elle est un peu comme une maman. Tu vois ce que je veux dire ?

— Bien sûr. Tu es un gosse formidable, William Kramer.

Sentant qu'il avait rassuré son père, le petit monta les marches de l'école.

Le soir, Billy réclama une histoire : *La Fugue de Jeannot Lapin*. Un livre d'images qui racontait l'histoire d'un petit lapin qui se sauvait de chez lui et que sa maman-lapin, malgré toutes ses ruses, réussissait à découvrir. Après le départ de Joanna, Ted avait mis le livre de côté. Il lui aurait été insupportable de le lire à Billy. Il lui dit donc qu'il n'avait pas trouvé le livre et lui lut une histoire de Babar à la place. Il entendit Billy parler tout seul avant de s'endormir ; il s'agissait d'une conversation entre une maman et son petit garçon. Ted ne pouvait continuer à empêcher son fils qu'il adorait de voir sa mère, puisqu'il le désirait tellement. Il appela Joanna à son travail le lendemain : conversation brève et froide entre deux étrangers. Elle pourrait voir Billy dès qu'elle le voudrait et l'emmener dîner le soir qui lui conviendrait. Ted s'arrangerait avec la gouvernante. Ils décidèrent un rendez-vous à cinq heures. Billy irait dîner avec sa mère. Ted lui proposa aussi que son ami vienne le retrouver devant chez lui et non au bar, comme ils en étaient convenus auparavant.

— Ce n'est pas moi qui en ai eu l'idée, s'excusa Joanna.

— C'est ce que l'on m'a expliqué.

Ils n'avaient plus rien à se dire.

Ted attendait le porte-parole de Joanna devant son immeuble. Il arriva en taxi, un grand jeune homme blond, musclé et bronzé. Ted ne lui donnait guère plus de trente ans. Il était vêtu d'un costume-cravate et portait un imperméable léger sur le bras, ce qui était non seulement téméraire, mais stupide également car il faisait un froid de canard à New York – moins sept environ – et humide en plus.

— Monsieur Kramer, je suis Ron Willis. Où pouvons-nous parler ?

— Ici même.

— Si cela vous convient. Pour commencer, sachez que Joanna et moi sommes très bons amis.

— Félicitations.

— Je crois que je la connais bien. Je peux même dire que je la connais mieux que vous, si vous pouvez accepter ça. Je crois que Joanna n'est plus la même personne que celle que vous avez connue.

— Transmettez-lui mes félicitations.

Ted détesta Ron Willis. Il détestait son physique, cette façon qu'il avait de soutenir avec assurance le regard de l'autre, comme pour le dominer. Il le détestait aussi parce qu'il couchait avec son ex-femme.

— Nous sommes ensemble depuis la fin de sa période californienne, pour ainsi dire. Elle avait un job chez Hertz, et faisait du travail de bureau à mi-temps par-ci par-là. Elle a été en psychothérapie ou quelque chose comme ça. Elle sortait avec des types, mais rien de sérieux.

Ainsi, Joanna avait eu des difficultés, elle aussi, à donner une suite à ses relations amoureuses. Légère consolation pour Ted.

— Mais je savais qu'elle n'était pas une de ces « flippées » de Californie. Il y en a tellement, là-bas.

— Ce sont probablement les raisins qui les attirent.

Ted n'avait pas l'intention de lui faciliter les choses. Ce type ne serait jamais son ami, de toute façon.

Willis avait enfilé son imperméable, mais le froid le fit frissonner ; Ted sentait à présent que Willis n'essayait pas de l'impressionner par sa bravoure et il ne voyait plus l'intérêt de continuer à se geler sur le trottoir. Il proposa d'aller dans un café à côté. Willis avala un chocolat chaud : il avait perdu le premier round sur le plan du métabolisme.

— Puis-je me permettre d'être franc, monsieur Kramer ?

— Oh, je vous en prie ! Et appelez-moi Ted, si vous devez être franc.

— Je pense que son mariage avec vous a été vraiment merdique. Elle a tout confondu dans sa tête : le mariage et le bébé. Elle a eu une réaction exagérée, et maintenant elle s'en rend compte. Elle a agi inconsidérément.

— Madame voulait être libre. C'est elle qui a pris la décision.

— Vous savez, le soir où elle m'a parlé de son fils pour la première fois, elle a pleuré pendant trois heures. C'était comme un barrage qui se rompait – la révélation de cet enfant qu'elle m'avait caché et qu'elle s'était caché à elle-même.

— Il est pourtant difficile à cacher.

— Écoutez, Joanna a eu la possibilité de se retrouver seule. Et maintenant elle a découvert quelque chose : qu'elle a commis une erreur, qu'elle a agi sans réfléchir. Aimeriez-vous vivre avec une faute que vous auriez commise, si vous pouviez la réparer ?

— Il se peut que cette faute-là ne puisse être réparée. Ron, il est évident que vous ne comprenez rien au temps qu'il fait à New York ; je crois que vous ne comprenez pas non plus comment fonctionne Joanna. Elle se l'est coulée douce…

— La vie qu'elle a eue, vous appelez ça « se la couler douce ? ».

— Écoutez, la seule chose qu'elle ait eu à faire aura été de dire « désolée » ; ensuite quelqu'un comme vous s'est tout de suite proposé à la soutenir. Dites-moi, vous allez l'épouser ?

— Qu'est-ce que ça peut vous faire ? Vous êtes son père ?

Ça au moins, c'était clair : il n'éprouvait pas de sympathie délirante pour Ted.

— Nous sommes ensemble depuis six mois.

— Comme c'est touchant.

Ted eut soudain envie de le remettre sur le trottoir, lui et son imperméable.

— J'ai décidé de venir dans l'Est, d'installer notre bureau à New York et de rester avec Joanna pour l'aider à récupérer son fils.

— Et vous êtes censé me convaincre de le lui laisser ?

— J'avais pensé que je pourrais être utile. Apparemment, vous ne pouvez plus communiquer tous les deux. Ted, vous auriez un droit de visite. Et n'oubliez pas ceci : Joanna sera une mère merveilleuse, justement à cause de ce qu'elle a fait. Elle le choisit véritablement, cette fois-ci.

— Je n'en suis pas convaincu.

— Peut-être êtes-vous mal informé. Si elle intente un procès, vous perdrez.

— Je ne crois pas. Mon avocat ne pense pas comme vous.

— C'est son boulot. Vous croyez vraiment que devant un juge vous arriverez à prouver que quelqu'un comme Joanna est une mère indigne ?

— Peut-être pourrai-je prouver que moi je suis un père digne, en tout cas.

— Ted, cela prend du temps, c'est très cher et c'est une tension pour tout le monde. En plus, c'est très désagréable. Je ne tiens pas à ce que Joanna endure une telle expérience si elle n'y est pas obligée. En ce qui vous concerne, vous personnellement, je m'en tamponne le coquillard ; mais vraiment, je ne vois pas pourquoi vous devriez supporter ça, vous aussi.

Ted le croyait sincère. Il était persuadé que c'était pour toutes ces raisons que Willis était intervenu. Il faisait tout pour éviter le tribunal.

— Ron, tout ce que vous dites là est peut-être vrai. Mais il reste cependant un point sur lequel vous ne m'avez pas convaincu. Pourquoi devrais-je abandonner quelqu'un que j'aime autant ? Il faudrait que vous soyez père pour comprendre ce que ça représente. Or, c'est moi, son père, en l'occurrence. Et s'il était mon « Jeannot Lapin le fugitif », je le retrouverais, moi son père.

Joanna laissa un message à la secrétaire de Ted. « Puis-je voir Billy, samedi à onze heures ? Je le ramènerai à cinq heures. » Ted rappela un message au standard : « D'accord pour onze heures. » Le samedi, elle sonna en bas et il fit descendre Billy. À cinq heures, elle sonna et fit monter Billy. Ils ne se rencontrèrent pas. L'enfant était passé de l'un à l'autre.

Billy semblait content de sa journée. Les grands-parents étaient également arrivés à New York et ils accompagnèrent Billy et Joanna au zoo. Ted avait le sentiment qu'il parviendrait à supporter cette situation, si impersonnelle qu'elle fût. Billy resterait avec lui, et Joanna pourrait voir son fils. Le lundi matin, après avoir déposé Billy à l'école, un homme l'aborda dans la rue :

— Monsieur Kramer ? On m'a dit de vous remettre ceci.

Il lui tendit une convocation sans plus d'ambages. Joanna Kramer allait intenter un procès à Ted Kramer pour récupérer la garde de leur enfant.

17.

Dans l'affaire « Kramer contre Kramer », Joanna demandait au tribunal de reconsidérer la garde de l'enfant qui avait été – avec son accord – initialement confié au père. Elle déclarait avoir pris cette décision dans un état d'angoisse dû à un mariage trop lourd de responsabilités.

« Après avoir regagné mon équilibre physique et psychique, déclarait-elle, ce qui m'a été possible à la suite d'un changement de localité, je suis revenue à New York, où je réside et travaille actuellement. À l'époque où j'ai laissé la garde de mon enfant à son père, j'étais dans une période instable de ma vie. J'ai commis une erreur en lui laissant l'enfant. L'erreur est humaine. Ce qui est inhumain, c'est d'être une mère saine d'esprit, en bonne santé, indépendante économiquement, et d'être privée d'un contact quotidien avec son enfant à la suite d'une erreur. Mon fils n'a que cinq ans ; il a besoin de soins particuliers que seule une mère peut lui apporter. En tant que mère légitime de l'enfant, je suis liée à lui par des sentiments profonds et durables, et je demande que l'on m'accorde la garde de mon fils. Je demande que l'affection et la bonne humeur dont l'enfant a fait preuve lorsque nous nous sommes retrouvés récemment, continuent à s'épanouir, sans que la mère ni l'enfant soient privés de l'intimité et du caractère naturel de leur amour. »

— On ne peut plus direct, dit Shaunessy. Ils vont droit au but : la Maternité.

Ted Kramer passa près de trois heures dans le bureau de John Shaunessy – un avocat travaillant pour ses honoraires faisant parcourir à son client les méandres des procédures judiciaires nécessaires à la garde d'un enfant. La première chose à faire était de s'opposer à la demande de Joanna, pour que la garde de l'enfant ne soit pas modifiée. Ce qui, d'après Shaunessy, avait peu de chance d'être accepté, compte tenu de l'attitude du juge. Un procès inévitable, pensait-il.

Un procès pour la garde d'un enfant était, d'après la description de Shaunessy, semblable à tout autre procès : deux parties en conflit devant un juge. Chaque partie aurait le droit de faire intervenir des témoins, avec interrogatoire et contre-interrogatoire par la partie adverse. À l'issue des débats, le juge mettrait l'affaire en délibéré pendant quelques jours ou quelques semaines. Ensuite, un jugement serait rendu qui déciderait à qui serait confié l'enfant.

Ils examinèrent ensemble certains détails du mariage de Ted et discutèrent des divers témoins possibles. Tout à coup, Ted lâcha prise : il était là dans le bureau d'un avocat, en train de fomenter un plan d'action pour garder son fils : cela lui semblait monstrueux. Les mots perdaient leur signification réelle. Il ne parvenait plus à se concentrer.

— Ted ?

— Il n'y a pas moyen d'y couper, n'est-ce pas ? demanda-t-il en revenant sur terre.

— Pas, si vous voulez vraiment le garder. Certains parents ne se présentent pas, c'est tout.

— Non.

— Bon, la balle est dans notre camp, c'est à elle de jouer.

Shaunessy connaissait l'avocat de Joanna. Il se nommait Paul Gressen. L'estimait parfaitement capable de réussir. Quant au juge, Herman B. Atkins, c'était un type « assez humain », d'après lui. Le procès coûterait 5 000 dollars à Ted – perdu ou gagné – et probablement le double si Joanna gagnait et s'il devait payer l'ensemble des frais du procès. Quel est le prix d'un enfant ? se demandait Ted. Il trouverait l'argent, il le savait. Paradoxalement, celui qui était l'objet de cet enjeu n'avait qu'une connaissance imprécise du coût des choses, incapable qu'il était de faire la différence entre le prix de sa nouvelle veste d'hiver et celui qu'il faudrait mettre pour le garder.

Perdre ou gagner William Kramer. C'était au tribunal de décider, selon le traditionnel principe légal de « l'intérêt de l'enfant ».

— Ce que nous devons faire, Ted, c'est de montrer que, dans son intérêt, l'enfant doit rester avec nous.

Ils cherchèrent en quoi Ted était un bon parent, en citant des qualités que lui-même n'aurait jamais considérées comme rédemptrices : il n'était pas alcoolique, ni drogué, ni homosexuel, ni ancien détenu, il avait un travail – ça, il le tenait pour une qualité essentielle de parent –, on ne pouvait l'accuser de mauvaise moralité.

Il n'était même pas coupable de « comportement sexuel relâché », se dit-il, et pour cause : Vivian, la dernière en date, ne s'était jamais trouvée disponible les rares fois où il lui avait téléphoné tard le soir. Il se demandait si cela venait de Vivian qui éprouvait certaines appréhensions devant ses difficultés ou si lui-même s'éloignait d'elle, précisément à cause de ces difficultés. Il ne parvenait pas à détourner sa pensée de ce problème qui pourtant lui semblait bien insignifiant, à présent.

En profane, Ted supposait que le fait que Joanna l'ait quitté était un mauvais point pour elle. Mais Shaunessy lui expliqua que dans une affaire analogue : « Haskins contre Haskins », une mère avait abandonné la garde de son enfant et avait décidé de le récupérer par la suite. Or, la jurisprudence avait permis à la mère de reprendre son enfant sous le motif que dans l'affaire citée on ne pouvait « renoncer aussi facilement à la maternité ».

D'après Shaunessy, Joanna pouvait être attaquée sur son mode de vie personnel et ses nombreuses hésitations pouvaient impressionner défavorablement le juge. Mais selon lui, le meilleur argument était Ted Kramer lui-même. Ted était un père responsable, dévoué, affectueux, et il n'était pas dans l'intérêt de l'enfant de lui être retiré.

— De plus, nous devons souligner une certaine instabilité mentale de la mère. A-t-elle jamais parlé toute seule ?

— Joanna ?

— Ted, je reconnais que c'est un jeu dégueulasse, mais ils utiliseront tout ce qu'ils pourront contre nous. Alors vous devez fonctionner de manière dégueulasse, vous aussi. Ce serait bon pour nous, si nous pouvions démontrer qu'elle était vraiment à côté de ses pompes pour partir comme elle l'a fait, même si on ne peut pas le prouver avec certitude.

— Elle n'a jamais parlé toute seule, John.

— Dommage !

En réfléchissant aux personnes qui pourraient témoigner pour lui, il se demanda si sa gouvernante pourrait servir de témoin. Elle connaissait Billy mieux que quiconque, et avait pu observer le père et le fils dans leur intimité. Mais il hésitait à le lui demander. C'était une femme tellement simple et nature, que la faire venir à la barre ressemblait à une exploitation, confia-t-il à Shaunessy.

— Allons, Ted. Jouez le jeu. S'il pouvait dire quelque chose en votre faveur, il vous faudrait aller jusqu'à utiliser un perroquet.

— Elle est tellement naïve.

— Inscrivez-la, nous la préparerons.

Mais Etta Willewska était troublée par la nature même de la procédure.

— Mme Kramer veut reprendre Billy ?

— Eh bien, elle a le droit d'essayer.

— Il vous aime tant !

Vas-y, Ted, entre dans le jeu.

— Madame Willewska, accepteriez-vous de dire cela au tribunal ?

— Devant tout le monde ?

— Oui, leur dire comment nous vivons ici.

Il avait demandé à l'avocat quel serait le rôle de Billy. Devrait-il lui aussi comparaître devant le tribunal ? Était-il un témoin ? Pour laquelle des deux parties ?

— Non, Ted. Le juge voudra peut-être lui parler seul à seul, mais je ne pense pas. L'enfant est *non sui juris*. Trop jeune, son témoignage est irrecevable.

— Pour l'instant, il n'est pas au courant, fit Ted soulagé.

Ted avait décidé de ne pas dire à Billy qu'il était l'enjeu d'une lutte judiciaire entre ses parents. Il n'en parla pas au bureau non plus. Il était pris dans un cercle vicieux : le procès le préoccupait trop, il risquait de perdre son travail, et s'il perdait son travail, il perdrait son procès du même coup.

À la date prévue par la convocation, il se rendit au tribunal entre deux rendez-vous d'affaires. Shaunessy l'avait informé que sa présence n'était pas nécessaire à l'audience de procédure, que généralement les avocats y discutaient sans que leurs clients soient présents. Mais Ted ne voulait pas que ceci se passe en dehors de lui ; il prit donc rendez-vous avec son avocat devant l'une des « chambres civiles » du palais de justice, là où généralement avaient lieu les procès « matrimoniaux ». Joanna était absente, elle laissait carte blanche à son avocat pour qu'il accélère la procédure. Gressen proposa que la demande de Joanna soit acceptée sur la foi de la déclaration de sa cliente et qu'on lui confie la garde de l'enfant sans procès. Le juge, un petit homme chauve d'une soixantaine d'années, rejeta sa demande avec autant de facilité qu'il avait rejeté celle de Shaunessy qui demandait que la garde de l'enfant ne soit pas modifiée et qu'il n'y ait pas de procès.

Paul Gressen était un homme suave qui approchait de la cinquantaine ; il portait un costume bien coupé et une pochette de soie assortie à sa cravate. Il avait une voix douce et un sourire ironique qu'il utilisait à bon escient. John Shaunessy se devait d'être d'une élégance aussi impressionnante. Il en imposait par sa stature ; il avait les cheveux blancs et sa mise était très personnalisée pour venir au tribunal : costume trois-pièces bleu, œillet blanc à la boutonnière. Finalement, les attitudes des avocats et leurs manœuvres n'évitèrent pas ce que Shaunessy avait prévu depuis le début : il y aurait procès. Le juge prouva l'attention qu'il portait à l'affaire – à cause du « jeune âge de l'enfant » – en accélérant la procédure. Le procès aurait donc lieu dans trois semaines.

Shaunessy sortit dans le hall avec Ted et s'excusa de ne pas repartir avec lui, mais il devait s'occuper d'un autre client. Ils en reparleraient le lendemain matin. Ted, tout seul, s'éloigna dans le couloir et descendit les marches du palais de justice : dorénavant, pour le tribunal, il serait le « défendeur » dans l'action intentée par la « demanderesse ».

Le juge envoya dans les foyers respectifs une psychologue chargée d'enquêter sur les personnalités des deux parties en présence. Elle se présenta chez Ted un samedi soir : le docteur Alvarez. C'était une femme boulotte d'une quarantaine d'années qui ne souriait jamais. Elle visita tout l'appartement, ouvrit les buffets, le réfrigérateur, les placards des chambres, l'armoire à pharmacie de la salle de bains. Elle demanda si Billy pouvait aller jouer dans ses quartiers pendant un moment et sortit un stylo et un bloc pour prendre des notes. Elle voulait savoir comment il passait ses journées et comment Ted organisait son temps avec Billy ; quelles activités partagaient-ils ensemble, que faisait-il quand il était seul, y avait-il quelqu'un d'autre dans la maison avec lui ? Il lui parla d'Etta, mais ce qu'elle voulait savoir était d'ordre purement sexuel, ce qu'il comprit lorsqu'elle lui demanda directement :

— Monsieur Kramer, avez-vous des rapports sexuels chez vous ?

— Chaque fois que c'est possible, ma bonne dame. Et qu'est-ce que vous en pensez, vous ?

— Docteur, j'essaye d'avoir une vie sexuelle aussi discrète que possible. Pour le moment, je n'ai pas de relation particulière de ce genre.

— Cela vous est-il très pénible ?

— Pas outre mesure.

— Qu'est-ce qui l'est ?

— Vous voulez dire : très pénible ?

Que vous soyez ici, ce procès, Joanna, l'avocat, le juge, être jugé sur la partie la plus fondamentale de mon être.

— Je ne sais pas comment répondre à cette question. Les choses qui, probablement, sont pénibles à la plupart des gens : le prix de la vie, lorsque mon enfant est malade…

— Très bien. J'aimerais parler à l'enfant, si vous le permettez.

Dans le couloir qui menait à la chambre de Billy, tout un bric-à-brac empêchait la porte de se fermer : une métropole en construction, des voitures conduites par des « super-héros », une ceinture faisant fonction d'autoroute, des cubes élevés en buildings, etc. Ted pouvait tout entendre du salon.

— Qu'est-ce que c'est que ça, Billy ? demanda-t-elle.

— C'est Detroit.

— Tu as déjà été à Detroit ?

— Non, mais j'ai été à Brooklyn.

Ted se demanda si elle notait tout ça.

Elle lui demanda quels étaient les jeux, les activités, les personnes qu'il préférait. Pour les gens, il cita Kim, Thelma, Mme Willewska, papa, et Batman, l'homme chauve-souris.

— Et ta maman ?

— Oh ! bien sûr, ma maman !

— Tu aimes bien être avec ta maman ?

Ted commençait à se sentir mal à l'aise. Il aurait voulu intervenir et dire à cette femme qu'elle était en train de manœuvrer le témoin.

— Oh, oui, j'aime bien.

— Qu'est-ce que tu préfères, chez elle ?

— Quand elle m'amène au restaurant.

— Et qu'est-ce que tu préfères chez ton papa ?

— Quand il joue avec moi.

— Dis-moi, est-ce que ton papa te bat quelquefois ?

— Oh oui, très souvent.

Cela fit bondir Ted.

— Quand est-ce qu'il te bat ?

— Quand je suis méchant.

Billy, qu'es-tu en train de faire ?

— Il m'a battu sur le vaisseau spatial *Kritanium*, quand j'ai volé le trésor dans la célèbre usine qui fabrique le beurre de cacahuètes.

— Dans la vie réelle, quand est-ce qu'il te bat ?

— Mon papa ne m'a jamais battu, espèce d'idiote ! Pourquoi qu'il me battrait, mon papa ?

L'interview se termina sur ces mots. Le docteur Alvarez leur dit au revoir, jeta un dernier coup d'œil autour d'elle et la soirée prit fin sur l'envol de Fred Flintstone pour Detroit dans l'avion de Batman.

Le lundi qui précédait le procès, Ted se rendit chez son directeur de publicité et lui annonça qu'il avait besoin de quelques jours de congé qu'on pourrait déduire de ses vacances. Son ex-femme lui faisait un procès pour récupérer la garde de l'enfant. Il n'en avait touché mot à personne au bureau afin d'éliminer tout commérage à son sujet ; maintenant il était sûr d'avoir un emploi au moment du procès. Il termina sa journée de travail, conclut les ventes habituelles, avec moins d'efficacité cependant, sa capacité de concentration décroissant à mesure que l'heure avançait. À cinq heures, il rentra chez lui et retrouva son fils qui n'avait aucune idée de ce qui allait se passer le lendemain matin, à neuf heures et demie : l'affaire « Kramer contre Kramer » était inscrite à l'audience du tribunal.

Sur la façade du palais de justice, il était inscrit : « L'administration équitable de la Justice est le pilier le plus solide d'un bon gouvernement ». « Bon gouvernement ? Tout ce que je veux, c'est mon fils ! »

Ted Kramer pénétra dans la salle du tribunal où le procès avait lieu. En regardant tout autour de lui, il fut très ému de voir les gens qui s'y trouvaient. Tous ses amis étaient venus là pour l'assister : Thelma, Charlie – Mon Dieu, Charlie, quel effort tu as fait pour venir jusqu'ici ! –, Thelma et Charlie assis l'un à côté de l'autre, réunis pour l'occasion, parce que Ted avait besoin d'eux ; Etta qui portait une espèce de béret ridicule ; Ellen, la femme de Larry, qui pensait que sa présence pourrait être utile en tant que professeur ; Sandy, sa belle-sœur, venue en avion de Chicago, et Jim O'Connor, les cheveux fraîchement coupés et portant une chemise et une cravate neuves pour la circonstance. Tous étaient là par affection pour lui et pour l'aider à garder son fils.

Joanna entra à son tour. Elle était très belle dans une robe de jersey ; Ron Willis et son avocat l'accompagnaient. Elle s'assit avec son avocat en face du juge. Ted avançait pour se mettre près de son avocat, à la place qui leur était impartie, lorsque la porte s'ouvrit et que les parents de Joanna apparurent. Ils évitèrent de regarder Ted et semblaient profondément gênés. Ses ex-beaux-parents étaient manifestement venus pour témoigner contre lui. Ils s'assirent dans le fond, du côté de la partie adverse.

La salle était imposante, haute de plafond, bancs de chêne et meubles d'acajou en bon état. *In God We Trust* était inscrit sur le mur du fond ; sur le côté, le drapeau américain. Puis les juges entrèrent, vêtus de leur robe ; l'huissier annonça : « Messieurs, le tribunal. » Le greffier prit place en face du fauteuil des témoins. Ils étaient prêts à commencer. Ted respira profondément : il étouffait littéralement.

Joanna, en tant que « demanderesse », avait droit au premier « round ». Son avocat la présenta tout de suite comme principal témoin. Ils ne prendraient pas la peine de faire intervenir des rôles de second plan : ils misaient tout sur la maternité. C'était leur argument essentiel et son personnage de mère serait mis en évidence.

La déposition de Joanna commença lentement ; son avocat établit les dates avec minutie, décrivit les années passées avec Ted, puis avec Billy, jusqu'à la période actuelle. Ted ne put s'empêcher d'évoquer – des images lui traversaient l'esprit – la première fois que Joanna et lui avaient fait l'amour : cette femme si belle et qu'il ne connaissait plus avait pourtant enroulé ses jambes autour de lui. Et la première fois qu'il avait pris Billy dans ses bras, comme il était petit ! Et la première fois qu'il avait vu Joanna donner le sein au bébé. Car elle l'avait nourri au sein. Cela ne paraîtrait pas dans la déposition : ils l'avaient oublié.

Ensuite Gressen commença à questionner Joanna, sur son travail et ses responsabilités professionnelles. Cela datait d'avant son mariage.

— Madame Kramer, avez-vous travaillé lorsque vous étiez mariée à votre ex-époux ?

— Non, jamais.

— En aviez-vous le désir ?

— Oui.

— Avez-vous fait part à votre ex-mari de votre désir de travailler ?

— Oui. Il refusa. Il était fortement opposé à ce que je travaille.

C'est Ted qui était sous les projecteurs à présent – « l'homme-qui-ne-voulait-pas-que-sa-femme-s'épanouisse ». Ils cherchaient à justifier le départ de Joanna. Eh oui, Ted ne parvenait pas à croire qu'il ait pu être aussi étroit d'esprit. Il avait du mal à se reconnaître dans cette déposition. Et cependant, il savait qu'il avait été tel qu'ils le décrivaient, même s'il avait changé depuis. Le juge décida une suspension d'audience pour le déjeuner et Ted observa Joanna qui conférait avec son avocat. Il se demandait si elle aussi avait changé. Les deux personnes qui se trouvaient dans cette salle aujourd'hui avaient été mariées ; seraient-elles attirées l'une vers l'autre si elles se rencontraient maintenant, telles qu'elles étaient à présent ? Est-ce que tout se terminerait de la même façon : dans cette salle ?

Shaunessy commença à rassembler les papiers qui se trouvaient devant lui – des copies de la déposition, le rapport de la psychologue, une infinité de paperasses, les notes de la sténotypiste qui sortaient de la machine comme une langue sans fin, des notes, des documents judiciaires.

Joanna fut la première à quitter le tribunal, accompagnée de son avocat. Après une attente diplomatique pour ne pas se trouver dans le même ascenseur, Ted sortit de la salle à son tour avec son avocat. La demanderesse était séparée du défendeur par des gens, des papiers, par le jargon juridique, par le temps, pendant la suspension d'audience. Ils étaient séparés dans cette salle du tribunal imposante, ce cimetière des mariages.

18.

L'avocat de Joanna continua à plaider sur ce qui paraissait le point faible de la position de sa cliente – le fait qu'elle soit partie – pour le transformer en élément positif : sa décision était la preuve de la frustration profonde que lui avait infligée le défendeur en ne lui laissant aucun choix.

— Voudriez-vous dire au Tribunal si vous aimiez jouer au tennis ?

— Oui, j'aimais beaucoup.

— Et votre ex-mari, comment réagissait-il au fait que vous aimiez le tennis ?

— Il m'en voulait. Devant les gens, il disait que le tennis lui avait enlevé sa femme, qu'il était veuf, en quelque sorte.

Déjà brimée émotionnellement, elle se retrouva avec le fardeau supplémentaire que représentait un petit enfant.

— Aimiez-vous l'enfant ?

— Beaucoup.

— Lorsqu'il était tout petit, comment a-t-il été nourri ?

— Je l'ai allaité pour être plus près de lui en tant que mère.

La partie adverse n'allait pas laisser passer une si belle occasion :

— Et pourtant, vous avez tout de même abandonné l'enfant ?

— J'étais totalement anéantie par la situation. Si mon mari avait été plus compréhensif et m'avait laissé la possibilité de m'accomplir, je n'aurais pas été dans cet état de désespoir.

« C'est vrai, mais en partie seulement, chuchota Ted à son avocat. Elle n'était pas du tout obligée de partir. » Shaunessy fit un signe de tête. Il savait. « Je lui ai même proposé de consulter quelqu'un pour nous aider. » « Chut », fit l'avocat, il posa la main sur le bras de son client pour le rassurer.

— Tout se confondit, continua Joanna, le mariage, mon mari, les contraintes, l'enfant. Je ne séparais plus les choses les unes des autres, car pour moi cela faisait un tout. Mon mari m'avait ôté toute possibilité de choix.

— Qu'avez-vous fait, ensuite ?

— J'ai fait la seule chose qui me semblait envisageable en la circonstance. Puisqu'il s'agissait d'un tout pour moi, je ne pouvais dissocier les éléments de ce tout pour les étudier séparément. Il me fallait me libérer en totalité. Incapable de séparer le bon grain de l'ivraie, je suis partie pour essayer de vivre mieux.

— Donc vous avez abandonné votre enfant ?

— Non, pas mon enfant lui-même. Mon mariage, mon mari, mes frustrations et mon enfant. C'était tout le paquet si bien ficelé par mon mari que je laissais.

— Madame Kramer, pourquoi vous êtes-vous installée à New York.

— Parce que mon enfant y habite. Et son père y habite également. En tant que mère, je ne veux pas que mon enfant soit séparé de son père.

— Et toc ! murmura Shaunessy à son client.

Gressen lui demanda à quel moment elle avait commencé à souffrir de ne plus être avec son enfant.

— Le lendemain même de mon départ, dit-elle.

— Qu'avez-vous fait alors ?

— Rien à ce moment-là. Je n'étais pas encore guérie de mon expérience conjugale frustrante.

— Objection. Le témoin vient d'émettre une opinion.

— Objection admise.

— Vous est-il arrivé d'appeler votre mari pour lui dire ce que vous ressentiez au sujet de l'enfant ?

— Oui, je l'ai appelé à Noël, l'an dernier.

Gressen présenta comme preuve une note du téléphone où figuraient les différents appels de Joanna à Ted de Californie. Joanna déclara que le but de ces appels était d'organiser une rencontre avec l'enfant.

— Qu'a dit votre ex-mari lorsque vous lui avez parlé de cette rencontre ?

— Il y était hostile. Au début, il m'a dit qu'il devait y réfléchir. Puis après avoir réfléchi, il m'a demandé si j'avais l'intention d'enlever l'enfant.

— Avez-vous enlevé l'enfant ?

— Non, je lui ai acheté un jouet dont il avait envie.

Le rapport de la psychologue fut cité. Le docteur Alvarez n'avait tiré de conclusions négatives ni d'un côté ni de l'autre. Joanna était décrite comme « déterminée » et l'entourage qu'elle proposait « convenait aux besoins de l'enfant ». Ce que l'avocat utilisa comme témoignage de l'aptitude de Joanna à être mère. Puis les circonstances de leur dernière entrevue avec Billy furent relatées ; Joanna raconta comment l'enfant s'était montré heureux d'être avec elle.

— C'est vraiment ce que l'enfant vous a dit lui-même ?

— Oui, il a dit : « Comme je suis content, maman ! »

L'enthousiasme de Billy était utilisé comme témoignage. Finalement, Gressen lui demanda :

— Pouvez-vous dire au tribunal pourquoi vous demandez la garde de l'enfant ?

— Parce que je suis la mère de l'enfant. La première fois que nous nous sommes rencontrés, maître, vous m'avez dit qu'il y avait des cas où la garde de l'enfant était accordée à la mère bien qu'au début elle ait accepté de la laisser au père. Je ne puis juger de la sagesse de tels jugements au niveau juridique. Je ne suis pas avocat. Je suis une mère. Je ne connais que la sagesse des sentiments. J'aime mon enfant. Je veux être avec lui le plus souvent possible. Il n'a que cinq ans. Il a besoin de ma présence. Je ne dis pas qu'il n'ait pas besoin de son père. Mais il a encore plus besoin de moi. Je suis sa mère.

Gressen avait programmé sa cliente aussi parfaitement que l'horaire. Le témoignage de Joanna se termina à quatre heures et demie de l'après-midi. Le juge Atkins demanda que la séance soit remise au jour suivant, laissant l'affaire sous le signe de la maternité. Maternité exprimée par une mère équilibrée et séduisante : elle ne serait pas remise en question le jour même.

— Ne vous faites pas de souci, Ted, dit Shaunessy. Notre force, c'est toujours vous. Nous allons essayer d'ébranler leur position demain.

L'interrogatoire direct mené par l'avocat de la demanderesse consistait essentiellement en une série de questions préparées à l'avance, pour en arriver à une conclusion sur laquelle l'avocat et sa cliente s'étaient mis d'accord. Pendant le contre-interrogatoire, Joanna se montra moins sûre d'elle. Alors que le style de Gressen était adroit et cauteleux, Shaunessy, lui, travaillait davantage dans l'abrupt et dans le genre « vieil homme avisé ». Il intervint dans la déposition de Joanna, lui fit dire les laps de temps qui s'étaient écoulés entre son départ et les coups de téléphone à Noël, et entre sa visite à Noël et la dernière, plus récente.

— Lorsque vous êtes partie, l'enfant vous a manqué, nous avez-vous dit : lui avez-vous écrit ou envoyé des cadeaux ?

— Non, je…

— Avez-vous envoyé quoi que ce soit ?

— J'étais encore sous le coup de mon expérience conjugale.

— Vous n'avez rien envoyé du tout à l'enfant pour lui exprimer votre amour ?

— Je l'ai fait dans mon cœur.

— Dans votre cœur. Vous croyez que le symbolisme de l'intention a été perçu par ce petit enfant ?

— Objection. L'avocat essaye d'intimider le témoin.

— Pouvons-nous entendre à nouveau la question ? demanda le juge au greffier et Ted se pencha en avant. Le juge n'écoutait donc pas ? Il était assis là-haut, pensant à toute autre chose, pendant que se décidait un problème si important ? Ou bien voulait-il au contraire montrer que c'était lui qui prenait les décisions ? C'était lui, le juge. Il pouvait faire tout ce qu'il voulait dans son tribunal. Le greffier répéta la question.

— Objection rejetée. Le témoin peut répondre à la question.

— Tout ce que je sais, c'est que Billy a toujours été heureux de me voir.

— Combien de temps avez-vous l'intention de vivre à New York, madame Kramer ?

— J'ai l'intention de m'y établir en permanence.

Shaunessy releva le mot « permanence » et l'utilisa comme une arme.

— Combien de liaisons avez-vous eues de façon… permanente ?

— Je ne m'en souviens pas.

— Plus de trois, moins de trente-trois – de façon permanente, j'entends bien.

— Objection !

— Objection rejetée. Le témoin peut-il répondre ?

— Entre…

Shaunessy avait prévenu Ted qu'il y avait peu à gagner en soulevant la question du « relâchement des mœurs » de la mère, à moins que le fait ne soit vraiment flagrant, ce qui serait difficile à établir. Il avait donc autre chose en tête.

— Avez-vous un amant actuellement ?

— J'ai un ami.

— Est-il votre amant ? Avez-vous besoin d'une définition exacte des termes : êtes-vous la vierge Marie ?

— Objection !

— Objection admise. Maître Shaunessy, attendez-vous vraiment que l'on réponde à une question de ce genre ?

— J'aimerais obtenir une réponse directe à une question directe. A-t-elle, oui ou non, un amant en ce moment ?

— Je permettrai cette question. Le témoin peut-il répondre ?

— Oui.

— Est-ce une relation permanente ?

— Je… je ne sais pas.

Il insista. Combien de postes avait-elle occupés de façon permanente ; qu'avait-elle jamais fait de façon permanente ; quand elle était partie en Californie, était-ce pour y rester en permanence ; quand elle était venue à New York pour voir l'enfant, était-ce permanent ? Lorsqu'elle était retournée en Californie, c'était également permanent, et quand elle revenait à New York pour s'y installer, c'était bien entendu de façon permanente là encore. Il prenait sa stabilité pour cible et Joanna se troublait. Elle se mit à bégayer, elle devint vague : « Je ne… je ne savais pas à l'époque… » Sa voix devint inaudible et le juge lui demanda de parler plus fort.

— Lorsque vous dites « en permanence », nous ne savons donc pas si vous avez l'intention de rester à New York ou même de garder l'enfant. Car enfin, vous n'avez jamais rien fait de manière continue dans votre vie ; il n'y a rien de stable qui puisse être considéré comme « permanent ».

— Objection ! Je demande à l'avocat de cesser de harceler le témoin.

— Il s'agit cependant là d'une question recevable, dit le juge. Avez-vous l'intention de vous installer à New York de façon permanente, madame Kramer ?

— Oui, fit-elle simplement.

— Je n'ai plus d'autres questions pour le moment.

Gressen avait le droit d'interroger à nouveau le témoin. Il remit sur le tapis la question de la maternité. Le mot « mère » était le cheval de bataille : « En tant que mère, je pensais… » « Étant mère, je peux dire que… » Ils l'utilisaient comme pour déclencher une réaction automatique chez le juge. Ils décrivirent les démarches faites par Joanna pour la garde de son enfant, son retour à New York, sa recherche d'un emploi, l'appartement qu'elle avait loué et que, « en tant que mère », elle trouvait confortable pour Billy, les procédures judiciaires qu'elle avait entreprises : engager un avocat, faire la demande pour se présenter au tribunal – tout cela parce qu'elle voulait vivre sa maternité. Les détails étaient présentés de manière à prouver à quel point son désir d'avoir l'enfant était profond, et combien elle était responsable.

Shaunessy eut droit au dernier contre-interrogatoire.

— Madame Kramer, comment pouvez-vous vous considérer comme digne de garder votre enfant alors que vous n'avez pratiquement jamais rien réussi de ce que vous avez entrepris depuis l'âge adulte.

— Objection !

— Admise.

— Je poserai la question autrement : quelle a été la relation la plus longue que vous ayez eue dans la vie, vos parents et vos amies mis à part ?

— Je devrais dire… avec mon enfant.

— Que vous avez vu deux fois en un an ? Madame Kramer, n'est-ce pas avec votre ex-époux que vous avez eu la plus longue relation ?

— Si.

— Combien de temps a-t-elle duré ?

— Nous avons été mariés deux ans avant d'avoir l'enfant. Puis il y eut quatre années très difficiles.

— Donc la relation la plus longue et la plus importante de votre vie a été un échec ?

— Objection !

— Rejetée.

— Ce n'était pas un échec.

— Qu'était-ce, alors ? Une réussite ? Le mariage s'est terminé par un divorce.

— Je considère qu'il est plus responsable que moi de ce divorce.

— Je vous félicite, madame Kramer, vous venez de ré-écrire le droit du mariage. Vous étiez deux à divorcer, madame, ne l'oubliez pas.

— Maître, avez-vous d'autres questions à poser au témoin ? demanda le juge.

— J'aimerais demander de quelle responsabilité et de quelle stabilité Mme Kramer a jamais fait preuve : Madame, avez-vous réussi ce qui a été pour vous la relation la plus longue et la plus personnelle de votre vie ?

Elle resta silencieuse.

— Répondez à la question, s'il vous plaît, madame Kramer, dit le juge.

— Ce fut un échec.

— Pas « ce ». C'est *vous* dont il est question. Avez-vous détruit la relation personnelle la plus importante de votre vie ?

— Oui, répondit-elle d'une voix à peine audible.

— Je n'ai pas d'autre question.

Joanna quitta le box des témoins. Elle avait l'air exténué.

— C'est difficile de lutter contre « la maternité », dit Shaunessy, mais nous avons marqué des points.

Après l'interruption du déjeuner, ce fut au tour du père de Joanna de comparaître, en tant que témoin de la demanderesse. Son témoignage devait corroborer les affirmations de Joanna concernant sa relation mère-enfant. Les questions de Gressen se limitèrent à cette seule relation ; il voulait avant tout circonscrire le témoignage autour de ce samedi où Joanna avait pris Billy pour la journée et où Sam et Harriet étaient venus les rejoindre. En entendant Sam décrire l'agréable après-midi qu'ils avaient passé ensemble et la facilité avec laquelle Joanna s'était occupée de son fils, Ted se rendit compte qu'il avait été berné. Cette journée n'avait été qu'une embuscade. Les grands-parents étaient venus pour pouvoir en témoigner par la suite.

Shaunessy fit une tentative de contre-interrogatoire, mais il ne put dépasser les limites de ce témoignage restreint. Cet homme avait vu de ses propres yeux que la mère et l'enfant s'entendaient bien.

En quittant le box des témoins, Sam évita de regarder Ted quand il passa devant lui. Ted l'attrapa par le bras.

— Sam ?

Sam Stern baissait la tête. Sans même lever les yeux, il répondit :

— Ted, tu ferais la même chose pour ton enfant, n'est-ce pas ?

Et il s'éloigna rapidement.

Gressen n'appela pas d'autres témoins à la barre. Il avait rassemblé là tous les éléments nécessaires à son affaire. La maternité en était le principal facteur. La mère le principal témoin.

Les témoignages en faveur de la défense commencèrent. Charlie était le premier témoin. Shaunessy s'adressait à lui en l'appelant « Docteur », pour donner plus de poids à sa déposition. Le « docteur » répondait de la personnalité de Ted et de sa qualité de parent.

— Lui confieriez-vous votre enfant ?

— Je l'ai déjà fait, maintes fois.

Il décrivit les sorties en ville avec leur progéniture respective, combien l'enfant aimait son père, et le père son enfant. La voix remplie d'émotion, il déclara : « Je ne crois pas que j'aurais pu être un aussi bon père dans les mêmes circonstances. »

Gressen dit en souriant qu'il n'avait pas d'autres questions à poser. Il fit mine de ne pas tenir compte de ce témoignage sans importance. Il adopta la même tactique après la déposition du deuxième témoin, Sandy, la belle-sœur de Ted, qui disait combien Ted était soucieux du bien-être de Billy. « Le petit l'adore », ajouta-t-elle. Ce fut Thelma qui vint ensuite à la barre. Elle était bouleversée.

— De quoi avez-vous été témoin qui puisse attester de la compétence de M. Kramer en tant que père ?

— De toute leur relation, dit-elle au bord des larmes.

— Objection, Votre Honneur. La réponse, pour être généreuse, n'en reste pas moins vague.

— Objection admise.

— Pouvez-vous vous souvenir de quelque incident particulier qui puisse se rapporter à la sollicitude et à l'affection de M. Kramer pour son fils ?

— Il lui lit des histoires, lui donne son bain, il joue avec lui, il l'aime, c'est un homme très bon… et si vous les voyiez ensemble… il n'y aurait même pas de procès…

Sur quoi elle fondit en larmes.

Shaunessy déclara qu'il n'avait pas d'autres questions. Gressen sembla se demander pendant un court instant s'il devait ou non interroger Thelma. Mais quand un avocat se fonde sur la maternité, il a mieux à faire que d'affronter les larmes d'une autre mère ; il déclina donc le contre-interrogatoire.

Jim O'Connor dit que « Ted Kramer était très apprécié dans la profession », et que lui-même « le respectait beaucoup ». Lorsque O'Connor eut achevé sa description de Ted sous les traits d'un homme compétent et respecté professionnellement, Gressen décida de ne pas laisser passer ce témoignage :

— Monsieur O'Connor, cette personne dont vous dites qu'elle excelle dans son travail, qu'elle est remarquable sur le plan professionnel, ne l'avez-vous pas renvoyée… deux fois ?

Ted se tourna vers Shaunessy. Comment avaient-ils obtenu cette information ?

— Pas exactement, répondit O'Connor.

— Que voulez-vous dire, par : « pas exactement » ?

— Les compagnies ont fait faillite. Nous avons tous été congédiés.

— Votre employé modèle également ?

— Objection !

— Objection admise.

— Je n'ai pas d'autre question.

Ellen était dans le box et, en qualité de professeur, elle put témoigner de l'intelligence et de la vivacité de Billy qui résultait de l'aptitude de Ted à l'éduquer parfaitement et en bon père. Gressen n'intervint pas. Shaunessy se référa ensuite au rapport du psychologue qui plaidait également en faveur de la défense : l'appartement était confortable pour l'enfant et Ted était considéré comme « parent compétent ».

Etta Willewska fut appelée à la barre. Shaunessy lui posa une série de questions sur ses observations au sujet de la maison. Nerveuse, s'exprimant avec hésitation, elle parla en termes simples de l'atmosphère qui régnait chez Kramer père et fils. « C'est un petit garçon très gentil. » « Vous devriez voir comme il aime son papa. » « Je pourrais l'accompagner à l'école, mais ils aiment être ensemble. »

Gressen, intéressé par le témoin, décida de procéder à un contre-interrogatoire.

— Madame Willewska, vous êtes employée par M. Kramer, n'est-ce pas ?

— Excusez ?

— Il vous paye, n'est-ce pas ?

Le sarcasme sous-jacent, à savoir qu'elle avait été achetée pour délivrer de bonnes paroles, échappa totalement à Etta Willewska.

— Oui, mais ma sœur s'occupe de Billy aujourd'hui pendant que je suis ici.

— Cet homme vous donne de l'argent, n'est-ce pas ?

— Oui, mais je ne sais pas pour aujourd'hui, dit-elle, gênée. Peut-être qu'il devrait payer ma sœur.

Lorsque l'avocat vit le juge et le greffier du tribunal sourire à cette naïveté inattaquable, il préféra se retirer, de crainte de susciter un surcroît de sympathie pour le témoin.

— Je n'ai pas d'autre question.

Il ébaucha un sourire en direction de Shaunessy, et il était tout de respect professionnel – cette fois-ci, tu m'as eu, John !

Le prochain témoin serait Ted Kramer, le dernier à être entendu.

L'audience commencerait le lendemain matin.

La déposition débuta à neuf heures et demie. Elle dura toute la journée, et toute la matinée du jour suivant. Ce qui se déroula dans ce tribunal ne fut rien de moins que la vie entière d'un homme. Ils remontèrent à l'époque du départ de Joanna, lorsque Ted avait pris la décision de garder l'enfant, de trouver une gouvernante, de maintenir un foyer stable ; ils évoquèrent les problèmes quotidiens à résoudre quand on vit avec un enfant : les virus de l'hiver, la vie sociale d'un petit garçon, les samedis pluvieux et les monstres de quatre heures du matin. Shaunessy fit preuve de sensibilité et de compassion en posant ses questions. Cet homme qui, toute sa vie, s'était occupé des querelles insignifiantes de gens emplis de haine prenait une autre dimension en plaidant pour ce client dont il avait fait la cause sienne. « Laissez-lui son enfant, semblait-il implorer le juge. Regardez ce qu'il a fait. Ces longs week-ends passés avec le gosse, les vêtements qu'il lui a achetés, les livres qu'il lui a lus, les jeux qu'il a partagés avec son fils, les obligations constantes, la profondeur de son affection. » Lorsque le témoignage arriva à sa fin, on put percevoir un certain changement dans l'attitude des gens présents. Joanna Kramer, qui était restée sans expression tout au long de l'audience, copiant son indifférence sur celle de son avocat, se mit à écouter, captivée par ce qu'elle entendait, par cette accumulation de détails. Elle était incapable de détacher ses yeux du témoin. Ted Kramer répondit enfin à cette dernière question :

— Pourquoi désirez-vous garder l'enfant ?

— Je n'ai aucune illusion et je n'attends aucune reconnaissance de mon fils. Je veux simplement vivre avec lui, comme je l'ai fait jusqu'à présent, parce que je l'aime.

Une interruption fut demandée avant le contre-interrogatoire ; le juge se retira dans son cabinet de consultation et Ted Kramer descendit du box, chaleureusement entouré par ses amis et son avocat.

Pendant l'interrogatoire qui suivit, l'avocat de Joanna mitrailla Ted de questions sur les heures, les nuits et les jours qu'il n'avait pas passés avec Billy ; combien de fois Ted avait-il engagé des baby-sitters, laissé l'enfant pour aller faire l'amour ? L'avocat essayait d'attaquer le témoin à la fois sur sa moralité et sur son dévouement envers l'enfant.

— Je ne crois pas, et je pense que vous serez d'accord, que nous devions compter comme temps consacré à l'enfant les moments que vous passez chez vous lorsque l'enfant dort.

— Mais j'y suis tout de même.

— Même si vous avez une femme dans votre lit ?

— Objection !

— Objection admise.

— Monsieur Kramer, est-il arrivé qu'il y ait une femme dans votre lit pendant que l'enfant dormait dans la chambre à côté ?

— Je suppose.

— Moi aussi.

Ted le trouvait grossier : cette allusion était malveillante et en partie fausse. Mais son avocat avait également frappé bas avec Joanna, et comme l'avait dit Shaunessy, c'était un jeu dégueulasse. À présent, Gressen attaquait Ted sur son travail en citant des dates et des lieux. Ted comprit qu'ils avaient engagé un détective privé pour trouver des informations à utiliser contre lui. « Il y a combien de temps, monsieur Kramer ? Combien de fois avez-vous changé de travail pendant ces deux dernières années ? » Ce que Ted considérait comme un exploit – trouver du travail –, l'avocat essayait de le transformer en tare de la personnalité : pour lui, le fait que Ted se soit trouvé sans emploi était déjà répréhensible.

— Je travaille pour *Mc Call's*, maintenant. Je ne crois pas qu'ils feront faillite de si tôt.

— Depuis combien de temps travaillez-vous pour eux ?

— Deux mois.

— Vous avez encore du temps devant vous…

— Objection, Votre Honneur !

— Je ne fais qu'examiner les périodes de travail de M. Kramer, Votre Honneur. Il prétend être efficace alors qu'il ne parvient pas à garder un emploi. Si le témoin veut contester les dates…

— Sont-elles justes, monsieur Kramer ?

— Oui, mais là n'est pas le problème…

— Je n'ai pas d'autre question.

En s'adressant de nouveau à Ted, Shaunessy essaya de renforcer la position de son client : les difficultés d'emploi n'étaient-elles pas endémiques, dans le métier de Ted ? N'avait-il pas amélioré son statut professionnel au cours des années ? Avoir une vie sociale, sortir et faire appel aux baby-sitters, n'était-ce pas là pratique commune ? Et ce soir, après l'audience, n'allait-il pas rentrer chez lui et s'occuper de son fils comme il l'avait toujours fait depuis que son ex-femme l'avait abandonné ?

L'avocat de la demanderesse trouva une nouvelle occasion de frapper un dernier coup :

— Monsieur Kramer, votre enfant n'a-t-il pas failli perdre un œil alors qu'il était sous votre garde ?

Ted mit du temps à comprendre la question. Ils faisaient état de l'accident.

— Je vous demande, monsieur Kramer, si l'enfant ne s'est pas blessé pendant que vous vous en occupiez et s'il n'est pas défiguré pour toujours à présent ?

Ted Kramer se sentit mal soudain. Une véritable douleur physique. Il regarda Joanna. Elle se cachait le visage derrière les mains.

— Objection, Votre Honneur. L'avocat de la demanderesse soulève une question qui n'intéresse pas le déroulement de l'affaire.

— Alors que, le témoin se trouvant avec l'enfant, celui-ci s'est fait une mauvaise blessure au visage et porte à présent une cicatrice ?

— Maître, insinuez-vous qu'il s'agit là d'une négligence ?

— Oui, Votre Honneur.

— Je vois. Eh bien, il faudra faire plus qu'insinuer. Avez-vous des preuves pour étayer vos dires : à savoir qu'il y avait effectivement négligence ?

— Non, Votre Honneur, cependant...

— C'était un accident, maître, à moins que vous ne prouviez le contraire.

— Le témoin nie-t-il qu'il y ait eu blessure ?

— Non, maître ; je rejetterai toute question à venir se rapportant à l'accident.

— Je n'ai donc pas d'autre question.

Ted descendit du box ; il ne se sentait pas mieux. Il se dirigea lentement vers Joanna et s'arrêta devant elle :

— C'est la chose la plus basse, Joanna. La plus basse...

— Je suis vraiment désolée, dit-elle. Je l'ai mentionné en passant. Je n'aurais jamais cru qu'il l'utiliserait.

— Vraiment ?

— Crois-moi, Ted. Jamais je n'en aurais parlé. Jamais.

Simplement, elle avait été dépassée par les événements. Chacune des parties était défendue par son avocat ; les avocats agissaient selon une certaine tactique, et il semblait qu'avocats et tactiques soient doués d'une vie propre qui échappait au client. Et le résultat était que les deux parties avaient souffert et s'étaient blessées mutuellement.

Le procès pour la garde de l'enfant se termina par les plaidoiries des avocats respectifs : une synthèse de tous les points clés de la position de leur client. La demanderesse et le défendeur ne parlèrent plus au tribunal ni au juge ni entre eux. L'avocat de la demanderesse plaida en faveur de la maternité : « Cette force unique qui donne la vie, dit-il, comparée à quoi rien n'est plus fondamental sur terre. » Dans sa plaidoirie, il dit aussi « qu'il n'était pas naturel de séparer un si jeune enfant de sa mère. Qu'il n'était pas naturel que l'enfant soit avec son père alors que sa mère était tout à fait capable d'en assumer la garde et de lui accorder toute son affection et tout son amour maternel ». L'avocat de la défense plaida en faveur de la paternité. « L'amour paternel est un sentiment très fort, dit-il. Il peut être aussi profond que l'amour d'une mère, comme nous avons pu le constater au cours de ce procès. » Il souligna le comportement paternel de Ted Kramer. « Il serait cruel et injuste de modifier la garde de l'enfant dans le cas présent, déclara-t-il pour terminer sa plaidoirie. L'enfant doit rester dans le foyer accueillant d'un père affectueux, un homme qui s'est montré digne d'en avoir la garde et qui l'a prouvé par la conduite même de sa vie. »

C'était fini. Le juge déciderait. Il analyserait les témoignages ; les faits et le droit lui dicteraient sa décision. Il n'y aurait pas de suspense spectaculaire dans ce procès. Pas de gens au front sillonné d'angoisse s'accrochant au rebord des tables comme dans les films. La décision ne serait pas rendue en audience publique. Elle suivrait la filière habituelle et serait publiée dans les journaux judiciaires ; les journaux seraient transmis aux avocats et les avocats téléphoneraient à leurs clients respectifs. Qui garderait l'enfant serait une nouvelle annoncée froidement et platement, mais elle serait irrévocable.

19.

Il ne s'éloigna jamais plus d'un quart d'heure du téléphone. Il servait aussi de téléphoniste pour l'angoisse des autres. Sa mère en particulier l'appelait tous les jours de Floride.

— Tu as des nouvelles ?

— Je te tiendrai au courant.

— Tu me tiendras au courant.

— Maman, tu n'arranges pas les choses. Peut-être devrais-tu l'appeler, elle.

— Elle ? Il n'en est pas question. Je t'appellerai, toi.

Il revivait le procès, il essayait d'analyser la stratégie de son avocat, critiquait ses propres réactions à la barre des témoins, et finalement il était assez satisfait de la façon dont Shaunessy avait défendu sa cause.

Pendant les jours qui suivirent, il se conduisit tel qu'on l'avait décrit au tribunal et tel qu'il se comportait en général dans la vie. Il passait ses journées au bureau et ses soirées avec son fils, chez lui. Mais jamais auparavant les heures n'avaient passé aussi lentement. Plus lentement encore que lorsqu'il était au chômage. Le temps lui semblait même plus long que pendant ces trois semaines qu'il avait passées à Fort Dix ; à l'époque, à la suite d'une erreur d'affectation, il était resté au centre d'accueil de l'armée, officiellement incorporé mais sans l'être vraiment, ce temps-là n'étant pas décompté du service actif. C'était la même chose, pire encore. Du temps qui ne comptait pas en soi et qui ne servait qu'à attendre la décision du juge.

On approchait d'un long week-end de trois jours – en l'honneur de l'anniversaire de Washington – et Larry et Ellen proposèrent d'ouvrir la maison de Fire Island. Il n'y avait ni eau ni chauffage ; il faudrait donc camper et dormir dans des sacs de couchage. Pour Billy, c'était « La Grande Aventure », comme il disait et pour Ted ce serait l'occasion de passer un long week-end avant de recommencer à attendre que son avocat l'appelle. À mesure que la date du départ approchait, il perdait peu à peu son enthousiasme à l'idée de passer ses nuits au bord de la mer en hiver, dans une maison d'été non chauffée. Mais Billy était tout excité et s'en réjouissait d'avance : il avait pris soin de mettre des nouvelles piles dans sa lampe-torche pour pouvoir sortir devant la maison la nuit et observer les putois et les ratons laveurs. Il avait aiguisé son couteau scout en plastique pour lutter contre les ours sauvages. Ted se plaisait à imaginer un nouveau procès avec des arguments tout neufs pour la défense : le père qui se gelait les fesses pour son fils.

Le vendredi qui précéda le week-end, son avocat l'appela :

— Ted, c'est John.

— Oui ?

— Il a pris la décision, Ted.

— Oui ?

— Nous avons perdu.

— Oh, mon Dieu…

— Vous ne pouvez imaginer à quel point je suis désolé.

— Oh, non !

— Le juge n'a tenu compte que de la maternité.

— Oh, non ! J'ai l'impression que mon cœur va se briser.

— Je suis bouleversé aussi. Je suis vraiment désolé, Ted.

— Comment a-t-elle pu gagner ? Comment ?

— C'est la mère. La mère l'emporte neuf fois sur dix. C'est encore plus fréquent lorsqu'il s'agit d'enfants en bas âge. J'ai pensé que cette fois, au moins cette fois, nous pourrions gagner.

— Non !

— C'est terrible.

— Je l'ai perdu ? Je l'ai perdu ?

— Nous avons essayé, Ted.

— Ce n'est pas juste.

— Je sais.

— Ce n'est pas juste, John.

— Ted, je dois vous lire la décision du tribunal. C'est le règlement. J'en suis désolé.

« Dans l'affaire Kramer contre Kramer, la requérante est la mère légitime de l'enfant, William, âgé de cinq ans et demi. Dans cette procédure, la mère demande la garde de l'enfant, confié préalablement au père, à la suite du divorce qui a eu lieu un an et demi auparavant. Le tribunal a été guidé par l'intérêt de l'enfant dans sa décision et agit en sorte que cet intérêt soit préservé ; l'enfant qui est très jeune sera donc confié à la garde de sa mère.

La requérante réside à Manhattan à présent et a pris des dispositions pour que son foyer convienne parfaitement à l'enfant. Une décision antérieure portant sur la garde d'un enfant n'est pas considérée comme probante : voir l'affaire *Haskin contre Haskin*. La mère se trouvait dans un état d'extrême tension pendant sa vie conjugale, elle donne à présent toutes les preuves qu'elle est une mère compétente et responsable. Comme dans le cas *Burney contre Burney*, le tribunal doit faire le meilleur choix entre deux parents dignes et aptes à garder l'enfant qui est très jeune. L'affaire *Robeline contre Robeline* a fait jurisprudence et le tribunal a choisi de confier l'enfant à la requérante.

Jugé, ordonné et décrété que la requérante a obtenu la garde de l'enfant mineur, qui sera effective à partir du lundi seize février. Que le défendeur paiera la pension dudit enfant : soit 400 dollars par mois. Que le père aura les droits de visite suivants : le dimanche de onze heures à dix-sept heures, et deux semaines pendant les mois de juillet ou août. Sans frais. » Et voilà, Ted, c'est tout.

— C'est tout ? Et à quoi j'ai droit, moi ? Les dimanches de onze heures à dix-sept heures ? C'est tout ce à quoi j'ai droit avec mon fils ?

— Au moins, vous n'aurez pas à payer les frais de justice.

— Qu'est-ce que ça peut me faire ! Je l'ai perdu. Je l'ai perdu !

— Ted, vous serez toujours dans sa vie, si vous le voulez.

Parfois les parents se bagarrent comme des bêtes pour avoir la garde de l'enfant, et celui qui perd laisse tomber et ne voit plus tellement son gosse.

— De toute façon, nous deviendrons des étrangers.

— Pas nécessairement.

— Lundi… Ça commence lundi. C'est rapide.

— Ce n'est pas forcément pour toujours. Si les conditions changent, vous pourrez de nouveau engager une procédure contre elle.

— Bien sûr !

— Nous pouvons également faire appel. Mais vous devez quand même vous exécuter. Et, en général, ils maintiennent la décision.

— Alors je dois lui donner Billy ? Hein ? je n'ai plus qu'à le lui donner !

— Je suis désolé, Ted. Honnêtement, je crois que nous avons fait tout ce que nous avons pu.

— Mon Billy ! Mon petit Billy ! Oh, mon Dieu...

— Je ne sais pas ce que nous aurions pu faire d'autre...

— Formidable. Et maintenant, c'est celui qui n'est pas digne de le garder, moi en l'occurrence, qui doit annoncer la nouvelle. Oh, mon Dieu !...

Ce jour-là, Ted Kramer quitta le bureau plus tôt ; il n'avait pas l'esprit au travail, il se sentait trop mal. Il rentra chez lui et fouilla dans la chambre de Billy, se demandant comment il allait s'y prendre. Fallait-il ranger tout ce qui était la vie de son fils dans des boîtes ? Fallait-il laisser certaines choses en place pour qu'il les retrouve lorsqu'il viendrait en visite ? Il cherchait ce qu'il allait lui dire, comment il allait le lui expliquer.

Ron Willis servait d'intermédiaire à Joanna ; il appela Ted chez lui après avoir essayé de le joindre au bureau. Il fut très courtois au téléphone : le gagnant ayant le pouvoir, il se montrait gracieux envers le perdant. Il voulait savoir si lundi matin à dix heures conviendrait à Ted, et si Ted pouvait préparer une ou deux valises contenant les affaires de Billy les plus indispensables. Ils s'arrangeraient pour venir prendre les autres jouets et les livres plus tard.

Etta revint des courses et Ted lui annonça que c'était Joanna qui avait obtenu la garde de l'enfant. Etta avait été quelqu'un de très important pour Billy, et l'amour qu'elle lui avait donné resterait pour toujours. Il avait décidé de demander à Joanna de garder Etta comme gouvernante ; Etta lui dit que, bien entendu, elle acceptait de continuer à prendre soin de Billy. Ensuite elle s'occupa dans l'appartement et rangea les provisions qu'elle avait achetées. Un peu plus tard, il l'entendit dans la salle de bains : elle pleurait.

Billy allait bientôt rentrer de l'école et Ted demanda à Etta de l'emmener faire un tour au parc. Il avait des choses à mettre au point et ne supportait pas de le voir pour le moment. Il commença à téléphoner pour annoncer sa défaite à tout le monde ; il espérait tomber sur des secrétaires, des tiers ou des répondeurs automatiques, préférant laisser un message plutôt qu'entrer dans de longues conversations-explications. Il se dit qu'il valait mieux quitter la ville et partir en week-end comme prévu, tout au moins pendant deux jours ; ils reviendraient le dimanche soir. Là-bas, il n'y aurait pas de téléphone ; de plus, Billy serait très déçu si on le privait de cette grande aventure. Après avoir laissé des messages, parlé à ses amis et partagé leur déception, il téléphona à sa mère. Dora Kramer ne hurla pas comme il s'y attendait.

« Joanna a la garde de l'enfant », lui dit-il, et elle répondit calmement : « C'est ce que je craignais. »

— Je ne le reverrai jamais, alors ? demanda-t-elle, et pendant un instant, Ted ne sut pas quoi répondre. Il ignorait le fonctionnement du droit de visite pour les grands-parents.

— Je te promets que tu le verras, maman. Et s'il n'y a rien de prévu légalement, tu le verras quand je le prendrai chez moi.

— Mon pauvre chéri ! dit-elle.

Il était prêt à lui répondre pour la rassurer sur le sort de Billy, lorsqu'elle lui demanda :

— Que vas-tu faire ?

Il se rendit soudain compte que c'était de lui, Ted, qu'elle parlait.

Le problème d'Etta était la première chose à régler. Il fallait contacter Joanna avant qu'elle ne prévoie autre chose. S'il lui envoyait une lettre en exprès immédiatement, elle l'aurait le lendemain matin. Il ne tenait pas à lui parler personnellement. Il avait également d'autres choses à lui communiquer concernant Billy. Il ne pouvait tout de même pas épingler une note sur le manteau de l'enfant comme pour un réfugié. Il prit du papier et rédigea :

Joanna, je t'écris pour te présenter William Kramer. C'est un enfant adorable, comme tu le verras. Il est allergique au jus de raisin, mais se rattrape sérieusement sur le jus de pomme. Il n'est pourtant absolument pas allergique au raisin fruit. Ne me demande pas pourquoi. Il est également allergique au beurre de cacahuètes qui se vend dans les magasins d'alimentation diététique – celui qui est frais – mais en revanche, il supporte très bien celui que l'on trouve dans les supermarchés – et ne me demande pas pourquoi non plus. Quelquefois, la nuit, des monstres lui rendent visite ; un en particulier, dont le nom est « le Visage ». « Le Visage », pour autant que je sache, ressemble à un clown qui n'aurait pas de corps ; d'après ce que m'en a dit le pédiatre et ce que j'ai lu également par ailleurs, il peut s'agir de la crainte de perdre son pénis, ou de la peur de sa propre colère, ou tout simplement d'un clown qu'il aurait vu un jour. Je te signale que son médecin est le docteur Feinman. Le médicament qui lui convient le mieux pour le rhume est le Sudafed. Les histoires qu'il préférait, jusqu'à présent, étaient « Babar » et « Winnie the Pooh » le petit ours, mais maintenant c'est « Batman » qui vient en tête. La dame qui s'occupait de lui s'appelle Etta Willewska. C'est surtout à son sujet que je t'écris. C'est une femme très affectueuse, consciencieuse et qui s'occupe très bien de Billy. Elle a beaucoup d'expérience et c'est une gouvernante parfaite. De plus, ce qui est très important, Billy l'aime beaucoup et est très habitué à elle. J'espère que tu n'éprouveras pas le besoin de faire table rase au point de ne pas vouloir l'engager. Je te conseille vivement de la prendre. Son numéro de téléphone est : 555-73-06, et je pense qu'elle acceptera si tu lui proposes. Il y aura probablement d'autres choses par la suite. Si tu as besoin de savoir quoi que ce soit, n'hésite pas à me le demander. Je suppose que, plus tard, nous pourrons nous parler. Je ne vois rien d'autre pour l'instant. Essaye de ne pas dire de mal de moi devant lui ; moi, de mon côté, quoi que j'en aie, j'essayerai de faire de même, puisque c'est « dans l'intérêt de l'enfant », comme ils disent.

TED

Il se rendit à la poste pour expédier la lettre en exprès, et revint à la maison attendre Billy. Le petit arriva, les joues toutes rosies par l'air du dehors. Il se précipita sur Ted : « Papa, tu es rentré bien tôt, aujourd'hui », lui dit-il en l'entourant de ses petits bras. Ce n'était pas le moment d'annoncer à l'enfant que, désormais, ils n'habiteraient plus ensemble ; il ne pourrait pas non plus le lui dire au cours de leur dernier dîner au restaurant Burger King, ni au moment d'aller au lit lorsque Billy éteindrait toutes les lampes pour essayer sa « torche super-puissante-à-détecter-les-ratons-laveurs ». Ted décida de n'aborder le sujet que le lendemain, au petit déjeuner. Finalement, incapable de reculer plus longtemps, il se résolut à lui parler avant l'arrivée de Larry et d'Ellen.

— Billy, tu sais que ta maman habite à New York, maintenant ?

— Je sais.

— Eh bien, lorsque des parents divorcent, il arrive que l'on se pose des questions pour savoir si l'enfant vivra avec sa maman ou avec son papa. Il y a un monsieur qui est un homme très sage et qu'on appelle un juge. Ce juge a beaucoup d'expérience en ce qui concerne les divorces, les papas, les mamans et les enfants. Et c'est lui qui décide de ce qui est le mieux pour l'enfant.

— Pourquoi c'est lui qui décide ?

— Eh bien, c'est comme ça. C'est un monsieur très important.

— Comme le directeur de l'école ?

— Encore plus important. Le juge siège dans un grand fauteuil vêtu d'une longue robe noire. Il a beaucoup réfléchi à propos de nous, de toi, de maman, de moi, et il a décidé qu'il serait préférable que tu vives avec maman dans son appartement. Et j'ai beaucoup de chance, car même si tu habites chez maman, moi je te verrai tous les dimanches. Et je le ferai, Billy, je te le promets. Je ne serai pas un de ces pères dont Shaunessy parlait.

— Je ne comprends pas, papa.

« Moi non plus, Billy… »

— Qu'est-ce que tu ne comprends pas, chéri ?

— Où sera mon lit ? Où est-ce que je vais dormir ?

— Chez maman. Tu auras un lit pour toi dans une chambre à toi.

— Et mes jouets ?

— Nous enverrons tes jouets là-bas, et je suis sûr que tu en auras d'autres.

— Qui me lira des histoires ?

— Maman.

— Et Mme Willewska, elle sera là-bas aussi ?

— Ça, je ne le sais pas encore. Nous devons en parler.

— Tu viendras me dire bonsoir tous les soirs ?

— Non, Billy. Moi j'habiterai toujours ici. Je te verrai le dimanche.

— J'habiterai chez maman ?

— Oui, à partir de lundi. Ta maman viendra te chercher ici le matin.

— Mais on devait partir pour le week-end ! Tu m'avais promis !

— Nous partons toujours. Nous reviendrons un jour plus tôt, c'est tout.

— Ah bon ! Ça va alors.

— Oui, ça va.

L'enfant mit un moment à comprendre ce qu'il venait d'entendre, puis :

— Papa, ça veut dire qu'on ne jouera plus aux singes ?

« Oh, mon Dieu, je n'en peux plus, c'est trop dur... ! »

— Mais si, mon chéri, nous jouerons aux singes. Nous serons des singes-du-dimanche, c'est tout !

Dans la voiture, sur la route de Long Island, les grandes personnes essayaient désespérément d'égayer ce début de week-end en chantant à tue-tête « Elle descend de la montagne » et autres airs du même acabit. Pendant les interludes entre deux envolées lyriques et forcées, Ellen lançait des regards en direction de Ted et de Billy, mais détournait vite les yeux car elle ne pouvait supporter de les regarder. Dès que les chants s'arrêtaient, les personnes de plus de cinq ans et demi prenaient un visage solennel. Billy bavardait sans arrêt, fasciné par ce qui se passait sur l'île en dehors de la saison. « Où vont les oiseaux ? » « Il y a des enfants qui habitent ici ? » « Est-ce que le ferry brise aussi la glace comme les navires brise-glaces ? » Puis il s'arrêtait à son tour et réfléchissait.

— Papa, j'ai un secret.

Et il chuchota pour que les autres n'entendent pas.

— Qu'est-ce qui arrivera si « le Visage » vient quand je serai chez maman ?

— Maman est au courant pour « le Visage ». Toi et maman vous lui direz de décamper.

Pendant la traversée en ferry, Billy regarda par la fenêtre ; il ne voulait rien manquer de cette aventure, pas la moindre vague. Puis tout à coup, son intérêt tomba et il fut à nouveau saisi d'appréhension.

— Maman, elle sait que je ne peux pas boire de jus de raisin ?

— Oui, elle le sait. Elle ne te donnera rien qui puisse te faire du mal.

En arrivant sur l'île, Billy transforma les villas en châteaux à fantômes, inventant ainsi un jeu qui les occupa toute la matinée, Ted et lui. Ils cherchèrent les revenants, grimpèrent et escaladèrent les vérandas des maisons, s'effrayant mutuellement en riant. Ne rends pas ces heures trop merveilleuses, se disait Ted. Il vaudrait peut-être mieux se séparer sur une impression dégueulasse.

L'enthousiasme de l'enfant était contagieux. La journée était froide et nuageuse, mais Larry et Ellen, ragaillardis par le rhum qu'ils avaient bu pour se réchauffer, se joignirent à eux pour jouer au fantôme. Ensuite ils firent du footing tous ensemble sur la plage. Après le dîner, muni de sa torche, Billy sortit à la recherche de petits animaux, mais la ville fantôme devint soudain réelle. Il ne put rester plus de dix minutes dans le noir ; il rentra vite, effrayé par les ombres et les bruits de la nuit.

— Tu as vu des biches ? demanda Larry. Il y a des biches sur l'île, tu le savais ?

— Non, pas à Ocean Bay Park, dit Ted. On refuse de leur louer des maisons.

Ils se mirent à rire avec Billy qui trouvait ça très drôle.

— Vous vous rendez compte, si la biche entrait dans une épicerie pour faire ses courses ? dit Billy.

Une plaisanterie faite par un gosse de cinq ans, le rire, le rhum et une longue journée en plein air, il n'en fallut pas plus pour qu'ils s'endorment tous dans leur sac de couchage complètement hilares.

Le dernier jour, le dimanche, Ted et Billy rangèrent leurs affaires et descendirent construire un château de sable au bord de la mer. La plage était vide. Ils avaient une île pour eux tous seuls. Ils jouèrent au ballon, se promenèrent le long du rivage, se reposèrent sur le quai et, finalement, rentrèrent à la maison pour s'abriter du mauvais temps. Ted et Billy jouèrent au Mikado ; le petit se concentra au début, puis son esprit se mit à vagabonder, comme cela lui était déjà arrivé à plusieurs reprises. Soudain il se tourna vers son père et lui lança un regard effaré. Ted Kramer sentait que le moment était venu d'être le « papa » ; malgré son profond chagrin, il devait aider l'enfant à surmonter le sien.

— Tout ira bien, Billy. Maman t'aime. Et moi je t'aime. Et tu peux nous demander tout ce que tu veux. Tout.

— Bien sûr, papa.

— Tout ira bien, tu verras. Tous les gens qui t'entourent t'aiment tendrement.

Sur le ferry du retour, personne ne riait plus. Quant à Ted, la douleur de la séparation était si intense qu'elle l'empêchait presque de respirer.

Arrivés en ville, Larry et Ellen les déposèrent devant chez eux. « Accroche-toi, mon pote », dit Larry à Ted. Puis Ellen prit Billy dans ses bras :

— Tu peux venir nous voir sur l'île quand tu voudras. N'oublie pas, surtout. On ira chercher une biche chez l'épicier.

— Il faudra que ce soit un dimanche, dit Billy.

Il était de plain-pied dans la réalité.

Après lui avoir fait brosser les dents et mettre son pyjama, Ted lut une histoire à Billy. Il lui dit bonne nuit, évitant délibérément un ton attristé : « À demain matin, Billy. »

Il essaya de regarder un film à la télévision, mais heureusement pour lui, il était fourbu. Il alla jeter un dernier coup d'œil sur Billy qui dormait. N'avait-il pas trop investi sur l'enfant, se demanda-t-il. Peut-être, d'une certaine façon, se dit-il. Mais après tout, c'est presque inévitable quand on vit seul avec un gosse. Il en sera de même pour Joanna. Il décida qu'il n'aurait pu en aller autrement pendant toute cette période, et que c'était bien ainsi. Il était heureux d'avoir vécu ces moments. Ils avaient existé, et jamais personne ne pourrait les lui retirer. Il n'était plus le même qu'avant. C'était grâce à l'enfant qu'il avait changé. Il était devenu plus affectueux, plus aimant, plus ouvert grâce à l'enfant, plus fort grâce à lui, et meilleur aussi ; grâce à Billy, il avait appris à mieux jouir de ce que la vie pouvait lui offrir.

Il se pencha et l'embrassa dans son sommeil en lui disant : « Au revoir, mon petit garçon. Merci. »

20.

Il restait quelques heures avant l'arrivée de Joanna.

— Dis, mon pote, qu'est-ce que tu dirais d'aller prendre un petit déjeuner dehors ?

— Je pourrais avoir un beignet ?

— Après.

Ted Kramer avait bien assimilé le langage codé parental.

Ils se rendirent dans un petit snack du quartier et s'installèrent dans un box. Bientôt, il serait comme les autres « pères-du-dimanche » ; il chercherait à « faire des choses » – au-dehors. Ils revinrent à l'appartement et mirent les affaires les plus nécessaires dans deux valises. Il n'y avait plus rien à faire à présent qu'attendre Joanna. Pendant qu'il lisait les journaux au salon, Ted autorisa Billy à regarder les programmes du matin à la télévision.

Joanna était en retard. Il était dix heures et quart. Elle aurait tout de même pu s'arranger pour que ce jour-là soit le moins douloureux possible ? pensa-t-il. À dix heures et demie, il faisait les cent pas. C'est dégueulasse ce que tu fais, Joanna ! À onze heures, il se rendit compte qu'il n'avait même pas son numéro de téléphone. Et il n'était pas dans l'annuaire. Il essaya en vain de trouver Ron Willis. À onze heures vingt, le téléphone sonna enfin.

— Ted ?

— Va te faire foutre, Joanna !

— Je suis désolée.

— Mais où es-tu, bon Dieu ?

— Chez moi.

— Mais qu'est-ce qui te prend ?

— Ted, je ne viendrai pas.

— Tu ne…

— Je ne peux pas.

— Joanna !

— Je ne peux pas, c'est tout. Je ne peux pas, je n'y arrive pas, c'est impossible.

— Tu n'y arrives pas ?

— Non.

— Tu veux dire, ce matin, aujourd'hui ? Qu'est-ce que tu racontes, bon Dieu ?

— Je ne peux pas… Je n'y arrive pas, c'est tout.

Et elle se mit à pleurer.

— Qu'est-ce que tu ne peux pas ?

— Je veux dire… dans ce tribunal… J'ai entendu tout ce que tu avais fait… Tout ce que ça implique…

Il avait du mal à comprendre ce qu'elle disait : « les responsabilités… »

— Et alors, Joanna ? Qu'est-ce qu'il y a avec les responsabilités ?

— Je ne peux pas m'y faire !

— Joanna, il y a ici un petit garçon avec ses valises !

— Il est adorable…

— Oui, c'est vrai.

— Adorable.

— Joanna.

— J'avais cru que ce serait différent. Mais quand il faut en venir à le faire… Je veux dire, à le faire vraiment…

— Quoi, mais quoi, bon Dieu ?

— Je crois que je ne suis pas quelqu'un de très bien. Je crois… que les choses qui m'ont fait partir… sont encore en moi. Je n'ai pas l'impression d'être quelqu'un de très valable pour l'instant.

— Joanna, qu'est-ce que tu racontes ? Pour l'amour du ciel, dis-moi ce qui se passe.

— Je n'y arrive pas, Ted. Je ne peux pas m'engager à…

— Joanna !

— Il est à toi, Ted.

— Il est à moi ?

— Je le voulais vraiment. Je le voulais, tu sais…

— Tu penses réellement ce que tu dis ?

— Je ne viens pas, Ted. Je ne viendrai pas.

— C'est vrai ce que tu dis ?

— Je ne me battrai plus contre toi pour l'avoir.

— Je peux garder Billy ?

— Je ne crois pas qu'un juge y verra d'objection, à présent.

Et sa voix se brisa dans un sanglot.

— Oh, Ted, Ted, Ted…

— Calme-toi, Joanna.

— Tu sais, je crois que j'ai tout raté. J'ai tout raté, comme l'a dit ton avocat.

— Mon Dieu, le mal que nous nous sommes fait…

— Tu peux le prendre, Ted. Il est à toi.

— Il est vraiment à moi ?

— Oui, Ted.

— Oh, mon…

— Seulement, je peux… je peux te demander quelque chose ?

— Quoi, Joanna ?

— Pourrais-je le voir quelquefois ?

Elle était si vulnérable maintenant, il sentait qu'il pourrait la détruire d'un seul mot. S'il disait non, simplement, elle partirait. Mais il ne pouvait faire une chose pareille, il trouvait qu'il n'en avait pas le droit.

— On trouvera un moyen.

— Merci, Ted. Je… ne peux plus parler.

Et elle raccrocha. Il s'appuya contre le mur, car ses jambes ne le supportaient plus. Il s'assit à la table de la salle à manger, anéanti, secouant la tête, essayant d'y croire. Billy était à lui. Finalement il était à lui. Il restait assis, les larmes ruisselant sur son visage.

Un jour, Etta lui avait dit qu'il avait de la chance. Il savait que c'était vrai, à présent. Il éprouvait de la joie et de la gratitude. Il avait vraiment de la chance. Il se leva et se dirigea vers les valises qui étaient prêtes, dans le couloir. Et toujours sans cesser de pleurer, il les apporta dans la chambre du petit.

Billy regardait la télévision. Il fallait le lui dire. Ted fit un effort pour se reprendre puis entra dans sa chambre. Il éteignit la télévision et s'agenouilla devant l'enfant.

— Billy, maman vient d'appeler. Et… eh bien, Billy, … tu vas habiter ici, avec moi, finalement.

— Maman ne vient pas ?

— Pas aujourd'hui. Elle t'aime. Elle t'aime vraiment beaucoup. Mais on continuera comme avant.

— C'est vrai ?

— Parce que moi aussi, je t'aime, Billy.

Ses yeux se remplirent de larmes à nouveau.

— Et j'aurais été très… seul sans toi.

— Alors je peux dormir dans mon lit ?

— Oui, dans ta chambre.

— Et tous mes jouets resteront ici ?

— Oui.

— Et Batman aussi ?

— Oui.

— Et mes livres ?

— Tout.

L'enfant essayait de comprendre.

— Alors, je ne vais pas là-bas aujourd'hui ?

— Non.

— Alors on peut aller au jardin d'enfants, papa ?

— Oui, Billy, on peut y aller.

Ils firent des choses ordinaires, ce jour-là. Ils allèrent au jardin d'enfants, rapportèrent une pizza à la maison, regardèrent les « Muppets » à la télévision. Puis Billy alla se coucher, et c'est ainsi que Ted Kramer finit par garder son fils.

pavillons poche

Titres parus

Peter Ackroyd
Un puritain au paradis

Woody Allen
Destins tordus

Margaret Atwood
La Servante écarlate
Faire surface
La Femme comestible
Mort en lisière

Nicholson Baker
À servir chambré
La Mezzanine

Robert Benchley
Le Supplice des week-ends

Mikhaïl Boulgakov
Le Roman théâtral

Vitaliano Brancati
Le Bel Antonio

Dino Buzzati
Le régiment part à l'aube
Nous sommes au regret de…
Un amour

Upamanyu Chatterjee
Les Après-midi d'un fonctionnaire très déjanté

Michael Chabon
Les Mystères de Pittsburgh
Les Loups-garous dans leur jeunesse

John Collier
Le Mari de la guenon

Helen DeWitt
Le Dernier Samouraï

Roddy Doyle
La femme qui se cognait dans les portes
The Commitments
Paddy Clarke Ha Ha Ha
The Snapper
The Van

Joan Didion
Maria avec et sans rien
Un livre de raison

E. L. Doctorow
Ragtime

Lawrence Durrell
Affaires urgentes

F. Scott Fitzgerald
Un diamant gros comme le Ritz

Zelda Fitzgerald
Accordez-moi cette valse

Carlo Fruttero
Des femmes bien informées

Carlo Fruttero et *Franco Lucentini*
L'Amant sans domicile fixe

Graham Greene
Les Comédiens
La Saison des pluies
Le Capitaine et l'Ennemi
Rocher de Brighton
Dr Fischer de Genève

Bohumil Hrabal
Une trop bruyante solitude
Moi qui ai servi le roi d'Angleterre

Kent Haruf
Colorado Blues

Jerry Hopkins et *Daniel Sugerman*
Personne ne sortira d'ici vivant

John Kennedy Toole
La Bible de néon

Pa Kin
Le Jardin du repos

Jaan Kross
Le Fou du Tzar

John Lennon
En flagrant délire

Siegfried Lenz
La Leçon d'allemand

Norman Mailer
Le Chant du bourreau
Bivouac sur la Lune
Les vrais durs ne dansent pas

Dacia Maraini
La Vie silencieuse de Marianna Ucrìa

Guillermo Martínez
Mathématique du crime

Somerset Maugham
Les Trois Grosses Dames d'Antibes
Madame la Colonelle

Arthur Miller
Les Sorciètes de Salem
Mort d'un commis voyageur
Les Misfits

Vítězslav Nezval
Valérie ou la Semaine des merveilles

Geoff Nicnolson
Comment j'ai raté mes vacances

Joseph O'Connor
À l'irlandaise

Saki
Le Cheval impossible
L'Insupportable Bassington

J. D. Salinger
Dressez haut la poutre maîtresse, charpentiers, *suivi de* Seymour, une introduction

Roberto Saviano
Le Contraire de la mort (bilingue)

Sam Shepard
Balades au paradis

Johannes Mario Simmel
On n'a pas toujours du caviar

Alexandre Soljenitsyne
Le Premier Cercle
Zacharie l'Escarcelle
La Maison de Matriona
Une journée d'Ivan Denissovitch

Quentin Tarantino
Inglourious Basterds

James Thurber
La Vie secrète de Walter Mitty

John Updike
Jour de fête à l'hospice

Alice Walker
La Couleur pourpre

Evelyn Waugh
Retour à Brideshead
Grandeur et décadence
Le Cher Disparu

Tennessee Williams
Le Boxeur manchot
Sucre d'orge
Le Poulet tueur et la Folle honteuse

Tom Wolfe
Embuscade à Fort Bragg

Richard Yates
La Fenêtre panoramique
Onze histoires de solitude

Titres à paraître

Michael Chabon
Des garçons épatants

Siegfried Lenz
Le dernier bateau

Evelyn Waugh
Scoop

Cet ouvrage a été imprimé
en septembre 2010 par

CPI
FIRMIN-DIDOT

27650 Mesnil-sur-l'Estrée
N° d'édition : 51191/01
N° d'impression : 101745
Dépôt légal : septembre 2010

Imprimé en France